■2025年度高等学校受験用

二松学舎大学附属高等学校

収録内容一覧

★この問題集は以下の収録内容となっています。また、編集 … 略させていただいている場合もございますのでご了承ください。

… 録、一部は未収録）

入試問題と解説・解答の収録内容		解答用紙
2024年度	英語・数学・国語	○
2023年度	英語・数学・国語	○
2022年度	英語・数学・国語	○
2021年度	英語・数学・国語	○
2020年度	英語・数学・国語	○
2019年度	英語・数学・国語	○
2018年度	英語・数学・国語	○

★当問題集のバックナンバーは在庫がございません。あらかじめご了承ください。

●凡例●

【英語】

≪解答≫

〔　〕　①別解
②置き換え可能な語句（なお下線は置き換える箇所が2語以上の場合）
(例) <u>I am</u>〔I'm〕glad〔happy〕to ~

（　）　省略可能な言葉

≪解説≫

1, 2…　本文の段落（ただし本文が会話文の場合は話者の１つの発言）

〔　〕　置き換え可能な語句（なお〔　〕の前の下線は置き換える箇所が 2 語以上の場合）

（　）　①省略が可能な言葉
(例)「(数が) いくつかの」
②単語・代名詞の意味
(例)「彼（＝警察官）が叫んだ」
③言い換え可能な言葉
(例)「いやなにおいがするなべにはふたをするべきだ（＝くさいものにはふたをしろ）」

//　訳文と解説の区切り

cf.　比較・参照

≒　ほぼ同じ意味

【数学】

≪解答≫

〔　〕　別解

≪解説≫

（　）　補足的指示
(例)（右図１参照）など

〔　〕　①公式の文字部分
(例)〔長方形の面積〕=〔縦〕×〔横〕
②面積・体積を表す場合
(例)〔立方体 ABCDEFGH〕

∴　ゆえに

≒　約、およそ

【社会】

≪解答≫

〔　〕　別解

（　）　省略可能な語

＿＿　使用を指示された語句

≪解説≫

〔　〕　別称・略称
(例) 政府開発援助〔ODA〕

（　）　①年号
(例) 壬申の乱が起きた（672 年）。
②意味・補足的説明
(例) 資本収支（海外への投資など）

【理科】

≪解答≫

〔　〕　別解

（　）　省略可能な語

＿＿　使用を指示された語句

≪解説≫

〔　〕　公式の文字部分

（　）　①単位
②補足的説明
③同義・言い換え可能な言葉
(例) カエルの子（オタマジャクシ）

≒　約、およそ

【国語】

≪解答≫

〔　〕　別解

（　）　省略してもよい言葉

＿＿　使用を指示された語句

≪解説≫

〈　〉　課題文中の空所部分（現代語訳・通釈・書き下し文）

（　）　①引用文の指示語の内容
(例)「それ（＝過去の経験）が ～」
②選択肢の正誤を示す場合
(例)（ア，ウ…×）
③現代語訳で主語などを補った部分
(例)（女は）出てきた。

／　漢詩の書き下し文・現代語訳の改行部分

二松学舎大学附属高等学校

所在地	〒102-0074 東京都千代田区九段南2-1-32
電　話	03-3261-9288
ホームページ	https://www.nishogakusha-highschool.ac.jp/
交通案内	JR総武線　飯田橋駅・市ヶ谷駅より徒歩15分 東京メトロ半蔵門線・東西線・都営新宿線　九段下駅より徒歩6分

普通科

男女共学

くわしい情報はホームページへ

応募状況

年度	募集数	受験数	合格数	倍率
2024	推薦 120名 一般 130名	220名 371名	204名 321名	1.1倍 1.2倍
2023	推薦 120名 一般 130名	222名 328名	201名 262名	1.1倍 1.3倍
2022	推薦 120名 一般 130名	185名 209名	181名 193名	1.0倍 1.1倍

沿　革

二松學舎は明治10年，三島中洲が当時の欧化偏向の風潮を憂え，東洋の道徳学問に基づいて，温故知新の精神と陽明学の知行合一・実学とを旨とした教育を行うため，現在の地に設立した。

昭和23年に本校の母体である二松学舎高等学校が設置された。昭和28年，二松学舎大学附属高等学校と改称し，現在に至る。

本校の特色

＜論語＞中国の古典「論語」を３年間学び，人生の指針を見出す。

＜高大連携＞２年次に，実際に二松学舎大学で学べる学問にふれられる二松学舎「学び」のコースがあるほか(希望制)，３年次には自由選択科目として大学の授業を学ぶことができる。

＜語学教育＞ネイティブ教員による指導やオンライン英会話のほか，３年次には中国語・韓国語を選択できる。海外語学研修(２週間・３か月)も実施。

＜コース制＞「特進コース」と「進学コース」がある。理系の大学・学部を目指す生徒は，２年次より「理系コース」を選択できる。また，「体育コース」(硬式野球部のみで編成)も設置。

入試情報【2025年度（予定）】

○募集人員

・A・B・C推薦…120名

・一般Ⅰ・併願優遇Ⅰ…80名

・一般Ⅱ・併願優遇Ⅱ…50名

○試験日

・A・B・C推薦…１月22日(水)

・一般Ⅰ・併願優遇Ⅰ…２月10日(月)

・一般Ⅱ・併願優遇Ⅱ…２月12日(水)

○試験科目

・A・B・C推薦・併願優遇Ⅰ・Ⅱ
…適性検査(英国数)・個人面接

・一般Ⅰ・Ⅱ…筆記試験(英国数)・個人面接

※適性検査はマークシート式

イベント日程（予定）

○学校説明会【要予約】

９月７日(土)・９月21日(土)・10月12日(土)・10月26日(土)・11月９日(土)・11月16日(土)・11月30日(土)

※各日，１回目9:30～11:00，２回目14:00～15:30

※１回目は，授業見学も行う予定。

○個別相談会【要予約】

・受験なんでも相談会

12月７日(土)　9:00～15:00

・入試個別相談会

12月25日(水)　9:00～15:00

○二松学舎祭(文化祭)【要予約】

９月28日(土)・９月29日(日)　10:00～15:00

※他に，学校見学会，授業見学会なども予定。

編集部注―本書の内容は2024年6月現在のものであり，変更されている場合があります。正確な情報は，学校のホームページ等で必ずご確認ください。

出題傾向と今後への対策

英語

出題内容

	2024	2023	2022
大問数	5	5	5
小問数	35	45	48
リスニング	×	×	×

◎大問５題，小問数35～45問程度である。出題構成は，長文読解が２～３題のほか，適語選択や書き換えなどの文法問題，整序結合，単語問題などが出題されている。出題構成は年度によってまちまちである。

2024年度の出題状況

1 長文読解総合－スピーチ

2 長文読解総合－説明文

3 対話文完成－適語・適文選択

4 書き換え－適語補充

5 整序結合

解答形式

2024年度	記　述／マーク／併　用

出題傾向

長文読解は，英文はやや短めで総合問題が多い。記述式の設問が含まれているので，英文をしっかり理解したうえで正確に問われた内容を表現できるか，単語を書けるかどうかが試される。文法問題や整序結合は基本的な構文，熟語が出題されている。単語問題は語形変化や単語の綴りなどである。

今後への対策

中学で学習する基礎的な知識で解ける問題が中心なので，教科書の単語や重要構文を全て暗記するくらい教科書を読み込み，単語や構文は自分でノートにまとめておこう。問題集は１冊決めて繰り返し解くとよい。テストで間違えた問題は見直し，わからない点を質問して解決しておくこと。

英語出題分野一覧表

分野			2022	2023	2024	2025 予想※
音声	放送問題					
	単語の発音・アクセント					
	文の区切り・強勢・抑揚					
語彙・文法	単語の意味・綴り・関連知識		●	●		◎
	適語(句)選択・補充		●	●		◎
	書き換え・同意文完成		■	■	●	◎
	語形変化		■	●	●	◎
	用法選択		●	●		◎
	正誤問題・誤文訂正					
	その他					
作文	整序結合		■	■	■	◎
	日本語英訳	適語(句)・適文選択				
		部分・完全記述				
	条件作文				●	△
	テーマ作文					
会話文	適文選択				●	△
	適語(句)選択・補充				●	△
	その他					
長文読解	内容把握	主題・表題				
		内容真偽	●	■	●	◎
		内容一致・要約文完成				
		文脈・要旨把握	●	●	●	◎
		英問英答	●		●	◎
	適語(句)選択・補充		■	●	■	◎
	適文選択・補充			●		△
	文(章)整序					
	英文・語句解釈(指示語など)		●	●	●	◎
	その他					

●印：１～５問出題，■印：６～10問出題，★印：11問以上出題。
※予想欄　◎印：出題されると思われるもの。　△印：出題されるかもしれないもの。

出題傾向と今後への対策　数学

出題内容

2024年度

大問５題，20問の出題。[1]は計算問題４問。[2]は各分野から計７問。[3]は特殊・新傾向問題から，規則性に関する問題。紙を貼り合わせてできる長方形の横の長さの変化の規則に気づけるかがポイント。[4]は平面図形で，中点連結定理や相似な図形を利用した計量題３問。線分の長さや三角形の面積比について問われた。[5]は関数で，放物線と直線に関するもの。比例定数や点の座標などを求めるもの。

2023年度

大問５題，20問の出題。[1]は計算問題４問。[2]は各分野から計７問。[3]は特殊・新傾向問題から，規則性に関する問題。規則に従ってできた数が繰り返すことに気づけるかがポイント。[4]は空間図形で，正四面体を利用した計量題３問。線分の長さや内部にできる三角形の面積，三角錐の体積について問われた。[5]は関数で，放物線と直線に関するもの。比例定数や点の座標，三角形の面積を求めるもの。

作…作図問題　証…証明問題　グ…グラフ作成問題

解答形式

2024年度　記　述／マーク／併　用

出題傾向

近年は，大問５題，設問20問の出題。[1]は計算問題４問，[2]は小問集合で６～８問。基礎基本を問うものが大半。ここまでで過半数を占める。[3]以降は関数，図形がほぼ必出。関数は放物線と直線に関するものが毎年のように顔を見せている。図形は相似や三平方の定理を利用する計量題が中心。規則性に関するものなどが出題されることもある。

今後への対策

教科書の章末問題や練習問題をひと通り解いて，基礎事項を確認しよう。解けない問題は教科書で再確認を。基礎を確認したら問題演習をして問題に慣れていこう。初めは基礎を定着させるために基本問題集で，その後標準レベルの問題集を用いて演習を積もう。関数や図形では，いろいろな解法や考え方を一つ一つマスターしていこう。

◆◆◆◆◆ 数学出題分野一覧表 ◆◆◆◆◆

分野		2022	2023	2024	2025予想※
数と式	計算，因数分解	★	★	★	◎
	数の性質，数の表し方	■	●		◎
	文字式の利用，等式変形				
	方程式の解法，解の利用	■	■	★	◎
	方程式の応用	●	■	●	◎
関　数	比例・反比例，一次関数				
	関数$y=ax^2$とその他の関数	★	★	★	◎
	関数の利用，図形の移動と関数				
図　形	（平面）計　量	●	●	★	◎
	（平面）証明，作図				
	（平面）その他				
	（空間）計　量	★	★		◎
	（空間）頂点・辺・面，展開図				
	（空間）その他				
データの活用	場合の数，確率	●	●	●	◎
	データの分析・活用，標本調査	■			△
その他	不等式				
	特殊・新傾向問題など		★	★	◎
	融合問題				

●印：１問出題，■印：２問出題，★印：３問以上出題。
※予想欄　◎印：出題されると思われるもの。　△印：出題されるかもしれないもの。

出題傾向と今後への対策

国語

出題内容

2024年度

- 論説文
- 二 古文
- 三 慣用句
- 四 語句

課題文

一内田　樹『下流志向』
二『十訓抄』

2023年度

- 論説文
- 二 和歌
- 三 国語の知識
- 四 四字熟語

課題文

一工藤尚悟『私たちのサステイナビリティ』
二『古今和歌集』

2022年度

- 論説文
- 二 古文
- 三 語句
- 四 国語の知識

課題文

一藤田正勝『はじめての哲学』
二鴨長明『無名抄』

解答形式

2024年度	記　述（○）／マーク／併　用

出題傾向

設問は，現代文の読解問題に９～13問，古文の読解問題や和歌の問題に７～９問，国語の知識の問題に10問出題されている。記述式の解答の設問もあるが，ほとんどが本文からの抜き書きである。課題文は，現代文・古文ともに比較的短く，現代文は比較的新しい作品からの出題が目立ち，古文は平安・鎌倉時代の作品が選ばれることが多い。

今後への対策

読解問題については，課題文の分量が比較的少なめなので，文章を正確に読む力を身につける必要がある。こうした力を養うには，基礎学力養成用の問題集を数多くこなすことが大切である。国語の知識については，全体に占める割合が多いので，語句関連を中心に参考書などを使って知識を整理し，問題集で確認しておくこと。

◆◆◆◆◆ 国語出題分野一覧表 ◆◆◆◆◆

分野		年度	2022	2023	2024	2025予想※
現代文	論説文 説明文	主題・要旨	●	●	●	◎
		文脈・接続語・指示語・段落関係	●	●	●	◎
		文章内容	●	●	●	◎
		表現			●	△
	随筆 日記 手紙	主題・要旨				
		文脈・接続語・指示語・段落関係				
		文章内容				
		表現				
		心情				
	小説	主題・要旨				
		文脈・接続語・指示語・段落関係				
		文章内容				
		表現				
		心情				
		状況・情景				
韻文	詩	内容理解				
		形式・技法				
	俳句 和歌 短歌	内容理解	●	●		◎
		技法				
古典	古文	古語・内容理解・現代語訳	●	●	●	◎
		古典の知識・古典文法	●	●	●	◎
	漢文	（漢詩を含む）				
国語の知識	漢字 語句	漢字	●	●	●	◎
		語句・四字熟語	●	●	●	◎
		慣用句・ことわざ・故事成語	●	●	●	◎
		熟語の構成・漢字の知識				
	文法	品詞				
		ことばの単位・文の組み立て				
		敬語・表現技法				
	文学史		●	●	●	◎
作文・文章の構成・資料						
その他						

※予想欄　◎印：出題されると思われるもの。　△印：出題されるかもしれないもの。

合格を勝ち取るための

本書の使い方

本書に掲載されている過去問をご覧になって，「難しそう」と感じたかもしれません。でも，大丈夫。ほとんどの受験生が同じように感じるのです。高校入試の出題範囲は中学校の定期テストに比べて広いですし，残りの中学校生活で学ぶはずの，まだ習っていない内容からも出題されているかもしれません。

ですから，初めて本書に取り組む際には，点数を気にする必要はありません。点数は本番で取れればいいのです。

過去問で重要なのは「間違えること」です。自分の弱点を知るために，過去問に取り組むのです。当然，間違った問題をそのままにしておいては意味がありません。

本書には，長年にわたって高校受験に関わってきたベテランスタッフによる詳細な解説がついています。間違えた問題は重点的に解説を読み，何度も解きなおしてください。時にはもう一度，教科書で復習するのもよいでしょう。

別冊として，抜き取って使える解答用紙を収録しました。表示してあるように拡大コピーをとれば，実際の入試と同じ条件で，何度でも過去問に取り組むことができます。特に記述問題では解答欄の大きさがヒントになる場合があります。そうした，本番で使える受験テクニックの練習ができるのも，本書の強みです。

前のページにある「出題傾向と今後への対策」もよく読んで，本校の出題傾向に慣れておきましょう。

2024年度 二松学舎大学附属高等学校

【英　語】（50分）〈満点：100点〉

1　次の英文は，ある生徒が授業で発表したスピーチの内容です。英文を読んで後の問いに答えなさい。

Hello, everyone.　Today, I'm going to talk about popular sports around the world.

What are your favorite sports ?　Which do you like better, playing sports or watching sports ? Most people think that both playing and watching them are exciting and a lot (A) fun.　Now, I will show you what sport is the most popular in the world.

In (B) place is *field hockey.　Have you ever ①[hear] about field hockey ?　It is like ice hockey but it is not played on ice.　Field hockey is not very popular in Japan, but about two *billion people play or watch field hockey around the world.　It is very popular in Europe, Canada, and the U.S.　It is played (C) two teams of 11 players.　Hockey players use sticks ②[make] of wood and hit a small ball into the goal.　Field hockey has a very long history.　In *Egypt, there are some pictures which show people playing field hockey about 4,000 years ago.　③<u>That's surprising.</u>

*Cricket is number two.　Cricket is an outdoor team sport played with a bat and ball.　People in England started cricket a long time ago, but today it is also popular in Australia, New Zealand, and some African countries.　About three billion people around the world watch or play cricket.　Some people say that baseball comes from cricket ④<u>but [are / many / there / between / different things] cricket and baseball</u>.　So I think it is difficult to explain it in this speech.　Please watch movies on the Internet if you are ⑤[interest] in it.

The most popular sport in the world is football.　We call it soccer in Japan.　About 3.5 billion people watch or play football today.　As you know, football is popular all around the world.　The World Cup *was held last year in *Qatar.　Did you watch the games ?　I really enjoyed it with my brother but it was really hard that ⑥<u>I [to / up / early / get / had] in the morning</u>.　This year, the Women's World Cup was held in Australia and New Zealand.

In this speech, I was surprised to know that cricket and field hockey are very popular around the world.　I didn't know much about them.　I want to learn more about world popular sports.　⑦<u>I'm sure that interesting sports are waiting for me.</u>

*　field hockey：フィールドホッケー　　billion：10億　　Egypt（国名）：エジプト
　cricket：クリケット　　was held：開催された　　Qatar（国名）：カタール

1．空欄 A ～ C に入る語として適切なものを次から選び記号で答えなさい。

A	あ	of	い	for	う	with	え	in
B	あ	first	い	second	う	third	え	fifth
C	あ	in	い	by	う	for	え	between

2．①②⑤の単語を正しい形に直しなさい。

3．下線部③とありますが，それはなぜなのか本文の内容に沿って日本語で説明しなさい。

4．下線部④⑥がそれぞれ次の意味になるように，与えられた語句を並べ替えて，英文を完成させなさい。

④「しかし，クリケットと野球の間には多くの違うところがあります」

⑥「私は朝早くに起きなければなりませんでした」

5．下線部⑦を和訳しなさい。

6．次の英文の中から，本文の内容と合っているものを２つ選び，記号で答えなさい。

あ　Both field hockey and cricket were started long time ago.

い　Field hockey is more popular than cricket.

う　Baseball is the most popular sport in Japan.

え　Players use a ball in all of the three most popular sports.

7．次の質問に対する自分の考えを英語で答えなさい。なお，英単語は５単語以上使うこと。

What's your favorite sport?　And why?

2　アボカドについての話を読み，後の問いに答えなさい。

Avocados grow in trees in warm countries like Brazil and Mexico. They are dark on the outside, but the inside is bright green. Many people think avocados are vegetables. That is because they are not sweet, and people enjoy eating them in salads and other dishes. However, scientists say they are a kind of fruit because they have seeds.

①Fruits and seeds are〔　　　　　〕for plants such as avocados. When animals eat fruit, they usually eat the seeds, too. They carry seeds in their stomachs. This way, seeds spread from one place to the next. However, avocados have large seeds that are ②〔for / to / modern animals / too / eat / big〕. In ancient times, there were huge elephants and horses. One professor discovered that these large animals ate avocados and spread the seeds around ③Central and〔 A 〕America.

After these animals all died, avocado seeds were not spread by animals. People who moved to these areas started growing avocados on their farms. For many years, avocados have become one of the most important foods in ③Central and〔 A 〕America. Today, ④more〔　　　　〕500 kinds of avocados are grown around the world.

1．下線部①が「果実や種子はアボカドのような植物にとって重要だ」となるように，空所に入れる英単語を本文中から抜き出しなさい。

2．下線部②が「現代の動物には大きすぎて食べられない」となるように，与えられた語句を並べ替えて，英文を完成させなさい。

3．２つの下線部③が「中南米」となるように，空所 A に入れる方角を英単語で答えなさい。

4．下線部④が「500種類以上」となるように，空所に適語を入れなさい。

5．アボカドが野菜だと思われている理由を２つ，日本語で述べなさい。

6．次の質問に英語で答えなさい。

What animals ate avocados a long time ago?

3　次の各文の(　)内に入る最適なものを語群より選び，記号で答えなさい。

1．A：It's (　　　) a beautiful day.　Why don't you play catch with me?

B：OK, let's go to the park together.

ア　many　　イ　all　　ウ　any　　エ　such

2．A：Did Haruto study (　　　) when he was a student?

B：Yes, he went to school in Canada.

ア　useful　　イ　behind

ウ　abroad　　エ　possible

3. A : Where do you (　　) off the train ?
B : At the next station.
ア put　イ stay　ウ get　エ take

4. A : How are you feeling this morning ?
B : (　　　) I think I can go to school today.
ア I have a bad cold.　イ That's too bad.
ウ Much better, thank you.　エ I'm sorry to hear that.

5. A : I'm sorry I'm late. I overslept.
B : (　　　)
ア You, too.　イ Never mind.　ウ You're welcome.　エ I'll be happy to.

4 次の各組の英文がほぼ同じ意味になるように，空所に適語を書きなさい。

1. Did many people visit the city last year ?
(　　) the city (　　) by many people last year ?
2. Speaking Chinese is difficult for me.
It is difficult for me (　　) (　　) Chinese.
3. My brother cooks well.
My brother (　　) good at (　　).
4. This is my first visit to Okinawa.
I (　　) (　　) been to Okinawa before.
5. Your sister and I are the same age.
I'm (　　) old (　　) your sister.

5 (　)内の語句を並べ替えて，正しい英文を完成させなさい。ただし，文頭に来る語も小文字になっている。

1. なんてわくわくする試合なんだろう！
(is / exciting / how / game / the) !
2. 君に話すことは何もありません。
(tell you / have / I / to / nothing).
3. 彼が帰宅した時，父は台所にいました。
(came home, / in / he / his father / when / was / the kitchen).
4. 私にこの本を読んでくれませんか。
(read / you / could / me / for / book / this) ?
5. おじは私に辞書を買ってくれました。
(me / my uncle / a / bought / dictionary).

【数　学】（50分）〈満点：100点〉

1　次の各式を計算して，最も簡単な形で表しなさい。

(1)　$(-2)^3-3^3\times(-4)$

(2)　$\left\{-2^2+(3-5^2)\div4\right\}-\left(\dfrac{13}{4}-0.75\right)$

(3)　$(\sqrt{2}+\sqrt{3})^2-\sqrt{8}\times\dfrac{\sqrt{15}}{\sqrt{5}}$

(4)　$\dfrac{2024^2-2\times2024\times1659+1659^2}{365^2}$

2　次の問いに答えなさい。

(1)　1次方程式 $0.2x+3=\dfrac{x+1}{4}$ を解きなさい。

(2)　連立方程式 $\begin{cases}\dfrac{x}{2}-\dfrac{y}{4}=1\\[4pt]\dfrac{x}{3}+\dfrac{y}{2}=2\end{cases}$ を解きなさい。

(3)　2次方程式 $(x-3)^2=18$ を解きなさい。

(4)　$9a^2-(2b+c)^2$ を因数分解しなさい。

(5)　大小2つのサイコロを同時に投げるとき，出る目の数の和の2乗が25以下になる確率を求めなさい。

(6)　男子18人，女子22人のクラスで100点満点のテストを行ったところ，男子の平均点より女子の平均点の方が4点高くクラス全体の平均点は60点であった。このとき，男子の平均点を求めなさい。

(7)　図のように，ABを直径とする半円とその周上の点Pを通る接線があります。また，A，Bを通る直径ABの垂線と接線の交点をそれぞれC，Dとします。
AC＝9 cm，BD＝16 cmのとき，直径ABの長さを求めなさい。

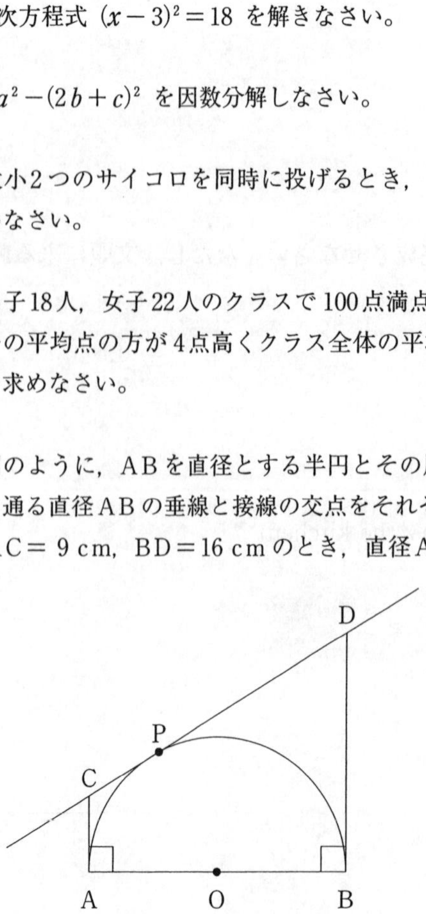

3 縦 2 cm，横 6 cm の長方形の紙を図のようにのりしろを 2 cm としてはりあわせるとき，次の問いに答えなさい。

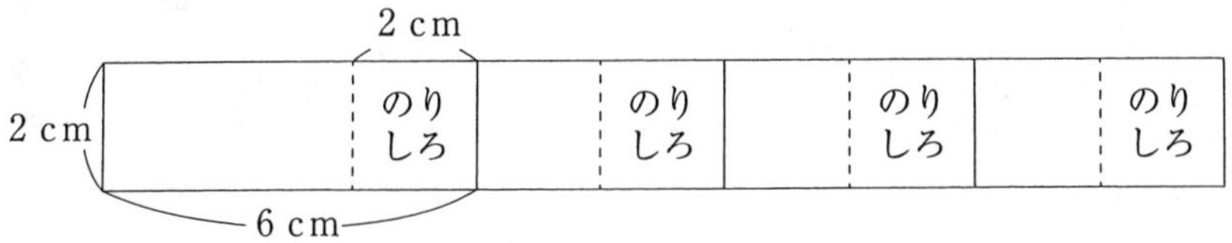

(1) 5枚の紙をはりあわせたとき，紙全体の周囲の長さを求めなさい。

(2) 5枚の紙をはりあわせたとき，紙全体の面積を求めなさい。

(3) 紙全体の面積が 900 cm^2 のとき，何枚の紙をはりあわせたか答えなさい。

4 図のような AB＝ 5 cm，BC＝ 7 cm，AC＝ 3 cm である△ABC がある。∠A の二等分線と辺BC の交点を E とする。また，頂点C を通る直線が，線分AE と垂直に交わる点を H，直線CH と辺AB との交点を D とする。また，辺BC の中点を O とし，線分AO と線分CD の交点を P とする。

このとき，次の問いに答えなさい。

(1) 線分OH の長さを求めなさい。

(2) 線分EP の長さを求めなさい。

(3) △OPE と△ABC の面積比を求めなさい。

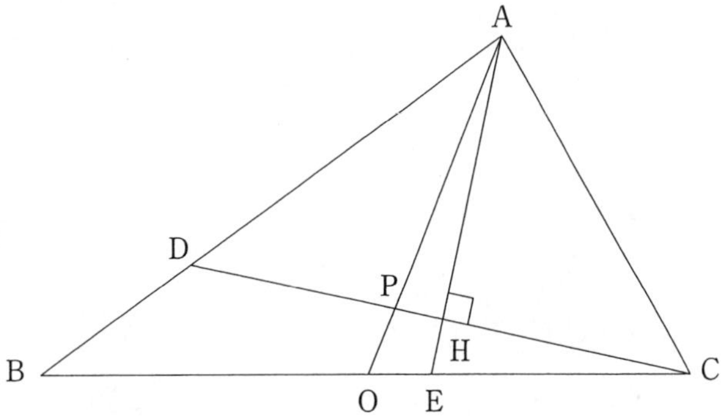

5 図のように関数 $y=ax^2(a>0)$ のグラフ上に3点A，B，C がある。点A，B の x 座標はそれぞれ3，2 であり，直線AB の傾きは5 である。点D が y 軸上にあり，四角形ABCD が平行四辺形になるとき，次の問いに答えなさい。

(1) a の値を求めなさい。

(2) 点C の座標を求めなさい。

(3) y 軸上に△OBC：△PBC＝1：4 となるような点P をとるとき，点P の座標を求めなさい。ただし，点P の y 座標は正とする。

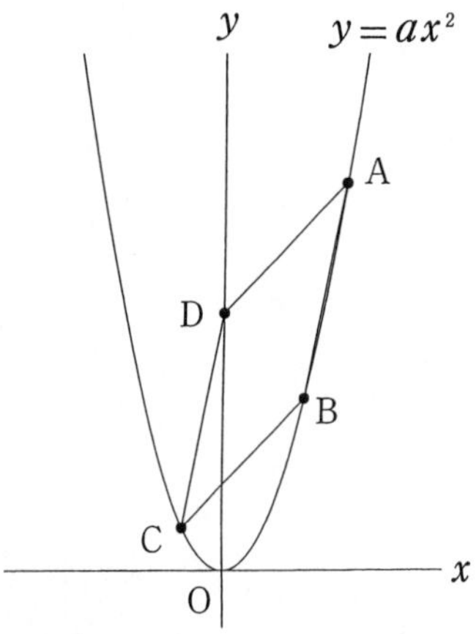

四 次の語句の対義語を後の語群から選び記号で答えなさい。

1 需要　2 権利　3 集合　4 疎遠　5 反抗

《語群》

ア 服従　イ 親密　ウ 供給　エ 平等　オ 解散

カ 遠近　キ 義務　ク 病弱　ケ 総合　コ 理性

問四　傍線部④「笑ひあはれけり」の理由の説明として適切なものを次から選び、記号で答えなさい。

ア　あまりの失敗に笑うしかなかった。　イ　隠し事を笑うことで誤魔化《ごまか》した。

ウ　言い間違いをからかって笑った。　エ　悲しさを押し殺して笑った。

問五　空欄【　Ａ　】に入る適語を本文中から三字で抜き出しなさい。

問六　傍線部⑤「のたまひけるなり」を構成している単語数を算用数字で答えなさい。

問七　傍線部⑥「さし入れよ」の活用形を次から選び、記号で答えなさい。

ア　未然形　イ　連用形　ウ　已然形　エ　命令形

問八　十訓抄の成立年代として適切なものを次から選び、記号で答えなさい。

ア　奈良時代　イ　平安時代　ウ　鎌倉時代　エ　室町時代

三　次の空欄【Ａ】～【Ｅ】に適する一字を補って、慣用句を完成させなさい。

・枚挙に【Ａ】がない

・【Ｂ】の居所が悪い

・藪から【Ｃ】

・渡りに【Ｄ】

・【Ｅ】を忘れる

二　次の文章を読み、後の問いに答えなさい。

楊梅《やまももの》大納言《だいなごん》顕雅《あきまさ》卿《きやう》は、若くより①いみじく言失をぞし給ひける。

②神無月のころ、ある宮腹に参りて、③御簾の外にて、女房たちとものがたりせられけるに、時雨のさとしければ、供なる雑色を呼びて、「車の降るに、時雨さし入れよ」とのたまひけるを、「車軸とかやにや、おそろしや」とて、御簾の内、④笑ひあはれけり。

さて、ある女房の、「御いひたがへ、つねにありと聞こゆれば、まことにや、御祈りのあるぞや」といはれければ、「そのために、三尺の【　Ａ　】をつくり、供養せむと思ひ侍る」といはれたりける。をりふし、ねずみの御簾のきはを、走り通りけるを見て、観音に思ひまがへて、⑤のたまひけるなり。「⑥時雨さし入れよ」には、まさりてをかしかりけり。越度の次《ついで》にいひ出さる。

（『十訓抄より』）

問一　傍線部①「いみじく言失をぞし給ひける」に用いられている文法事項を答えなさい。

問二　傍線部②「神無月」の意味として適切なものを次から選び、記号で答えなさい。

ア　九月　　イ　十月　　ウ　十一月　　エ　十二月

問三　傍線部③「御簾」の読み方をひらがな二字で答えなさい。

問八　傍線部③「そういう大人」が指す内容を本文より三五字以内で抜き出し、最初の五字を答えなさい。

問九　空欄〈　④　〉にあてはまる語句として最も適切なものを、次の選択肢より一つ選び、記号で答えなさい。

ア　話題を逸らして質問をかわす　　イ　親身になって子どもと共に考える

ウ　説得力のある答えを用意できる　　エ　驚愕のあまり絶句する

問十　傍線部⑤「子どもたちにもわかるような答え」を言い換えている個所を、ここより後の本文中より二〇字で抜き出し、最初の五字を答えなさい。

問十一　傍線部⑥「戦争や災害で学ぶ機会そのものを奪われている子どもたち」を言い換えている個所を、ここより後の本文中より一六字で抜き出し、最初の五字を答えなさい。

問十二　次に示す文章は、本文を読んだ生徒の会話である。本文の主旨に合致しないものを二つ選び、記号で答えなさい。

ア　学校で勉強していると、これはいったい何の役に立つんだろうと思うことが誰でも一度はあるだろうけれど、筆者は、そういう質問が出てくる背景にあるものを考えようとしているね。

イ　「等価交換」という言葉が出てくるけど、要するにこれは、子どもたちが授業という「苦役」に対して何かしらの「見返り」を求めているというふうに理解できるんじゃないかな。

ウ　「見返り」を求めるのは悪いことなのかな。子どもたちが勉強という「苦痛」に耐えた見返りを期待して、「これは何の役に立つんですか?」という問いかけをすることは自然なことに思えるけど。

エ　だけど、見返りなんてあってもなくても、勉強すること自体が大切なことだよ。世界には学びたくてもそれが叶わない子どもがたくさんいるんだし、私たちには教育を受ける義務があるんだから。

オ　筆者は、大人たちにも批判の目を向けていたね。学ぶことの意味をきちんと説明できない大人が増えたことも、子どもたちが勉強嫌いになる大きな一因になっているということだと理解したよ。

問二　空欄 A ・ B に入る適語を次から選び、それぞれ記号で答えなさい。

ア　もし　イ　だから　ウ　でも　エ　たしかに　オ　すると　カ　たとえば

問三　空欄 C ・ D に入る適語を次から選び、それぞれ記号で答えなさい。

ア　おろおろ　イ　ふらふら　ウ　くらくら　エ　ぼろぼろ　オ　すらすら

問四　空欄【　Ⅰ　】に入る適語を次から一つ選び、記号で答えなさい。

ア　転ばぬ先の杖　イ　背水の陣

ウ　身から出たさび　エ　弘法にも筆の誤り

オ　ボタンのかけ違え

問五　空欄【　Ⅱ　】・【　Ⅲ　】に入る適語を次から選び、それぞれ記号で答えなさい。

ア　功利的　イ　本質的　ウ　例外的　エ　本能的　オ　普遍的

問六　傍線部①「そのような問いがあるとは想像もできずに絶句する、というのが大人の側としては当然の対応のはずです」とあるが、その理由を簡潔に説明した一文を、ここより前の本文より探し、最初の五字を抜き出して答えなさい。

問七　傍線部②「子どもたちを功利的に誘導しようとする」とはどういうことかを説明した文章として最も適切なものを、次の選択肢より一つ選び、記号で答えなさい。

ア　利益を得るために、子どもたちをだまそうとすること。

イ　おこづかいをあげることを条件に、勉強させようとすること。

ウ　目先の利益や効果を示して、学習させようとすること。

エ　目には見えない価値のために、学びを促すこと。

問いがありうるとは思ってもいませんでした」と答えるのが「正解」という問いだって世の中にはあるんです。（中略）

世界には⑥戦争や災害で学ぶ機会そのものを奪われている子どもたちが無数にいます。他のどんなことよりも教育を受ける機会を(a)セツボウしている数億の子どもたちが世界中に存在することを知らない子どもたちだけが「学ぶことに何の意味があるんですか？」というようなことを口にすることができる。そして、自分たちがそのような問いを口にすることができるということそのものが歴史的に見て【 Ⅱ 】な事態なのだということを、彼らは知りません。

先ほどの「人を殺してどうしていけないのか？」と問う中学生は「自分が殺される側におかれる可能性」を(b)勘定に入れていません。同じように、「どうして教育を受けなければいけないのか？」と問う小学生は「自分が学びの機会を構造的に奪われた人間になる可能性」を勘定に入れていません。自分が(c)キョウジュしている特権に気づいていない人間だけが、そのような「想定外」の問いを口にするのです。

しかし、このような問いかけに対して、今の大人たちは、断固として絶句して、そのような問いは「ありえない」と斥《しりぞ》けることができない。絶句して D するか、子どもにもわかるような【 Ⅲ 】な動機づけで子どもを勉強させようとする。子どもたちは、自分の差し出した問いが大人を絶句させるか、あるいは幼い知性でも理解できるような無内容な答えを引き出すか、そのどちらかであることを人生の早い時期に学んでしまいます。これはまことに不幸なことです。というのは、それがある種の達成感を彼らにもたらしてしまうからです。

そして、この最初の成功の記憶によって、子どもたちは以後あらゆることについて、「それが何の役に立つんですか？それが私にどんな『いいこと』をもたらすんですか？」と訊《たず》ねるようになります。その答えが気に入れば「やる」し、気に入らなければ「やらない」。そういう採否の基準を人生の早い時期に身体化してしまう。

こうやって「等価交換する子どもたち」が(d)タンジョウします。

（内田樹『下流志向　学ばない子どもたち　働かない若者たち』「第一章　学びからの逃走」）

※　作問の都合上、一部本文を改めた箇所がある。

問一　二重傍線部(a)～(d)のカタカナを漢字に直し、漢字の読みをひらがなで答えなさい。

いで、子どもには「教育を受ける義務」なんかありません。子どもには「教育を受ける権利」があるだけです。「その保護するところの子女に普通教育を受けさせる義務を負う」のは親たちの方です。教育を受ける権利は、子どもたちにとって、その人生の可能性を広げてゆくための、もっともたいせつな権利です。その権利について、当の子どもたちの側から「どうしてこんな権利を行使しなくちゃいけないの？」という問いが差し出されることを、日本国憲法の起草者だって想像してはいなかったでしょう。「ちゃんと説明してくれたら、権利を行使するけれど、説明の意味がわからなかったら、教育を受ける権利なんか要らない」と子どもたちは言い出しているのです。

ですから、「どうして教育を受けなくちゃいけないの？」という問いに対しては、①そのような問いがあるとは想像もできずに絶句する、というのが大人の側としては当然の対応のはずです。「すべて国民は、健康で文化的な最低限度の生活を営む権利を有する」という憲法二十五条の「生存権」について、「どうして健康で文化的な生活を営まなくちゃいけないの？」と問うてくる子どもがいたら、誰だって絶句するでしょう。もし、こういう基本的人権について、「それはね」と［C］「子どもにもわかるような説明」をしてしまう教師がいたとしたら、そういう人間に僕はむしろ警戒心を抱きます。

しかし、現に経済合理性を動機づけにして子どもを学習に導き入れようとする大人たちがいます。彼らは「勉強すると、これこれこういう『いいこと』があるんだよ」という言い方で②子どもたちを功利的に誘導しようとする。勉強すると「いい学校」に入れるし、「尊敬されるポスト」に就けるし、「高い給料」が取れるし、「レベルの高い異性」を配偶者に迎えることができる、というような説明をする。③そういう大人がいるというより、今ではもう教師たちも親たちもほとんどがそういう説明に逃げてしまう。子どもに「なぜ学ぶ必要があるのか？」と問いかけられて〈　④　〉という、まっとうな教師、まっとうな親の方がむしろ少数派でしょう。

そういう問いかけそのものが「想定外」なのだというところから始めたならば、「教育とは何か？」という根本的な問題に大人たちも子どもたちも向かうことになったのでしょう。しかし、残念ながら現状はそうはなっていません。大人たちもまた「そのような問いかけはあってしかるべきだし、その問いに対して、⑤子どもたちにもわかるような答えがなければならない」と考えている。これが最初の、最大の「【　I　】」だと僕は思っています。

答えることのできない問いには答えなくてよいのです。

以前テレビ番組の中で、「どうして人を殺してはいけないのですか？」という問いかけをした中学生がいて、その場にいた評論家たちが絶句したという事件がありました。でも、これは「絶句する」というのが正しい対応だったと僕は思います。「そのような

二〇二四年度
二松学舎大学附属高等学校

【国語】（五〇分）〈満点：一〇〇点〉

（字数制限のある問は、句読点も一字と数えること。）

一　次の文章を読み、後の問いに答えなさい。

小学校に入ると、だれでもまずはひらがなやカタカナや、算数やローマ字なんかを教わるわけですけれど、一年生の教室で、ひらがなを教えようとしたところで、もうすぐに手が挙がってくる。

「先生、これは何の役に立つんですか?」

子どもたちがそう訊いてくるわけです。

少なくともここにおられる方たちの年齢の人たちが子どものころに、小学校一年生の教室で、生まれてはじめて学校での授業を受けるときに、「これは何の役に立つのですか?」といったようなラディカルな問いかけをする人はいなかったと思います。そんな問いかけがあることを思いつきさえしなかったでしょう。

［A］、今の子どもたちは、学びの場に立たされたとき、最初の質問として、「学ぶことは何の役に立つのか?」と訊いてくる。非常にシビアな、ある意味で非常にビジネスライクな質問をしてくる。

たしかに、その問いには一理あるわけです。子どもにとって、四十分なり五十分なり、教室に座ってじっとしていて、沈黙して先生の話す話を聞いて、ノートを取るというのは、ある種の「苦役」です。この「苦役」を、たぶん、子どもたちは教師に対して支払いをしているというふうにとらえている。別の言い方をすれば、「苦痛」や「忍耐」というかたちをした「貨幣」を教師に対して支払っている。［B］、それに対して、どのような財貨やサービスが「等価交換」されるのかを彼らは問うているわけです。

「僕はこれだけ払うんだけど、それに対して先生は何をくれるの?」と子どもたちは訊いている。

そのような問いに対して、教師は答えることができない。できるはずがない。これはできないのが当然なのです。そんな問いが子どもの側から出てくるはずがない、ということが教育制度の前提だからです。

「義務教育」という言葉を、今の子どもたちは「教育を受ける義務がある」というふうに理解しています。もちろんこれは間違

英語解答

1
1　[A]…あ　[B]…う　[C]…い
2　①　heard　②　made
　⑤　interested
3　(例)エジプトに，約4000年前にフィールドホッケーをしていた人々を示した絵がいくつかあるため。
4　④　there are many different things between
　⑥　had to get up early
5　私は，おもしろいスポーツが私を待っていると確信している。
6　あ，え
7　(例) My favorite sport is soccer because it is fun for me.

2
1　important
2　too big for modern animals to eat
3　South　4　than
5　・アボカドは甘くないため。
　・多くの人々がサラダやほかの料理に入れて，アボカドを食べることを楽しんでいるため。
6　Huge elephants and horses (did).

3
1　エ　2　ウ　3　ウ　4　ウ
5　イ

4
1　Was, visited　2　to speak
3　is, cooking　4　have never
5　as, as

5
1　How exciting the game is
2　I have nothing to tell you
3　When he came home, his father was in the kitchen
4　Could you read this book for me
5　My uncle bought me a dictionary

1〔長文読解総合―スピーチ〕

≪全訳≫❶こんにちは，皆さん。今日は，世界中で人気のあるスポーツについてお話しします。❷皆さんの好きなスポーツは何ですか？　スポーツをするのと見るのとでは，どちらが好きですか？　ほとんどの人は，スポーツをするのも見るのもわくわくしてとても楽しいと思っています。ここで私は皆さんに，世界でどのスポーツが最も人気があるかをお見せしましょう。❸第3位はフィールドホッケーです。皆さんはフィールドホッケーについて聞いたことがありますか？　それはアイスホッケーに似ていますが，氷の上でプレーされるのではありません。フィールドホッケーは日本ではそれほど人気がありませんが，世界では約20億人の人々がフィールドホッケーをプレーしたり観戦したりします。それはヨーロッパ，カナダ，そしてアメリカでとても人気があります。それは11人の選手からなる2つのチームで行われます。ホッケー選手は木でできた棒を使い，小さいボールをゴールに打ち込みます。フィールドホッケーにはとても長い歴史があります。エジプトには，約4000年前にフィールドホッケーをしていた人々を表す絵がいくつかあります。これには驚きです。❹クリケットが第2位です。クリケットはバットとボールを使って屋外で行うチームスポーツです。イギリスの人々がずっと昔にクリケットを始めましたが，現在ではオーストラリア，ニュージーランド，そして一部のアフリカの国でも人気があります。世界中で約30億人がクリケットを観戦したりプレーしたりしています。野球の起源はクリケットだという人もいますが，クリケットと野球の間には多くの違うところがあります。ですから，このスピーチの中でそれを説明するのは難しいと思います。もし興味があったら，インターネットの動画を見てください。❺世界で最も人気のあるスポーツはフットボールです。日本ではそれをサッカーと呼びます。現在，約35億人の人々が，フットボールを観戦したりプレーしたりしています。ご存じのように，フットボールは世界中で人気があります。去年，ワールドカップがカタールで開催されました。皆さんは試合を見ましたか？　私は兄〔弟〕と一緒に大いに楽しみましたが，朝早くに起きなければならないのは本当に大変でした。今年は女子のワールドカップがオーストラリアとニュージーランドで開催されました。❻このスピーチで，私はクリケットとフィールドホッケーが世界で大人気であることを知って驚きました。私はそれらについてよく知りませんでした。世界で人気のあるスポーツについてもっと知りたいと思います。私は，おもしろいスポーツが私を待っていると確信しています。

1＜適語選択＞🄰 a lot of ～「たくさんの～」　🄱次の段落が「クリケットが第２位です」，その次の段落が「世界で最も人気のあるスポーツは…」で始まるので，第３位→第２位→第１位の順で紹介しているとわかる。　🄲受け身形（‘be動詞＋過去分詞’）の文で「～によって」を表すbyが適切。

2＜語形変化＞①現在完了（‘have/has＋過去分詞’）の疑問文。　hear－heard－heard　②「(～で)つくられた」という受け身の意味でsticksを修飾する形にする。過去分詞には，受け身の意味のまとまりをつくるはたらきがある。　make－made－made　⑤be interested in ～「～に興味がある」

3＜文脈把握＞下線部③のthat「それ」はその直前の，エジプトに約4000年も前にフィールドホッケーがプレーされていたことを示す絵があるということを指しているので，この内容をまとめればよい。　surprising「驚くべき」

4＜整序結合＞④ there are ～「～があります」で始め，‘～’に当たるmany different thingsを続ける。「クリケットと野球の間には」はbetween cricket and baseballとなる。　⑥「～なければなりませんでした」をhad to ～で表す。これにget up early「早くに起きる」を続ける。

5＜英文和訳＞I'm sure that ～で「私は～と確信している」。wait for ～「～を待つ」は現在進行形なので，「待っている」と訳す。

6＜内容真偽＞あ.「フィールドホッケーとクリケットは両方ともずっと昔に始まった」…○　第３段落最後から３文目および第４段落第３文に一致する。　い.「フィールドホッケーはクリケットより人気がある」…×　第３，４段落それぞれの第１文参照。フィールドホッケーは第３位，クリケットは第２位。　う.「野球は日本で一番人気のあるスポーツだ」…×　野球の人気についての記述はない。　え.「最も人気のある３つのスポーツではどれも，選手はボールを使う」…○　第３段落最後から４文目および第４段落第２文に一致する。第５段落で述べられているフットボール(サッカー)もボールを使う。

7＜英問英答―条件作文＞質問は「あなたのお気に入りのスポーツは何ですか。それはなぜですか」という意味。５単語以上で好きなスポーツと，その理由を書く。解答例の訳は「私にとって楽しいので，私の気に入っているスポーツはサッカーです」。

2〔長文読解総合―説明文〕

≪全訳≫❶アボカドはブラジルやメキシコといった温暖な国の木で育つ。外側の色は暗いが，内側は明るい緑である。多くの人がアボカドは野菜だと思っている。それは，アボカドが甘くなくて，サラダやほかの料理に入れて食べるのを楽しんでいるからだ。しかし，科学者によると，アボカドには種があるので，それは果物の一種である。❷果実や種はアボカドのような植物にとって重要だ。動物が果実を食べるとき，たいていは種も食べる。彼らは種を胃に入れて運ぶ。このようにして，種はある場所からその次へと広がる。しかし，アボカドの種は現代の動物には大きすぎて食べられない。古代には，巨大なゾウやウマがいた。ある教授が，これらの大型動物がアボカドを食べて種を中南米一帯に広めたことを発見した。❸これらの動物が絶滅した後，アボカドの種は動物によって広まらなかった。この地域に移ってきた人々が農園でアボカドの栽培を始めた。長い年月をかけて，アボカドは中南米で最も重要な食べ物の１つになった。現在，500種類以上のアボカドが世界で栽培されている。

１＜適語補充＞「重要だ」に当たるimportantが当てはまる。importantは第３段落第３文にある。

２＜整序結合＞‘too ～ for … to —’「～すぎて…は—できない」の形にする。下線部③の２語前のthatは主格の関係代名詞で，that以下が先行詞seedsを修飾している。

３＜適語補充＞Centralは「中央の」なので，空所には「南の」を意味するSouthが当てはまる。

４＜適語補充＞‘more than＋数詞’で「～より大きい，～以上」を表せる。

５＜文脈把握＞第１段落第３文に「多くの人がアボカドを野菜だと思っている」とあり，その次の文にその理由が述べられている。「甘くない」「サラダなどの料理で食べる」の２点を答える。

６＜英問英答＞質問は「ずっと昔，どの動物がアボカドを食べたか」という意味。第２段落最後の２文参照。最終文のthese large animalsは，huge elephants and horsesを指す。

3〔対話文完成—適語・適文選択〕

１．Ａ：とてもいい天気だね。僕とキャッチボールをしない？／Ｂ：いいよ，一緒に公園に行こう。／／‘such (a/an)＋形容詞＋名詞’で「こんなに〔とても〕～な…」を表す。Why don't you ～？は「～してはどうですか？」と‘提案’する表現。

２．Ａ：ハルトは学生の頃，海外に留学したの？／Ｂ：うん，彼はカナダの学校に行ったよ。／／study abroadで「(海外に)留学する」。

３．Ａ：どこで電車を降りるの？／Ｂ：次の駅で。／／get off ～で「(電車，バスから)降りる」。

４．Ａ：今朝の気分はどう？／Ｂ：ずっと良くなったよ，ありがとう。今日は学校に行けると思うよ。／／直後の内容から，気分が良くなったのだとわかる。Much betterはI'm feeling much better.が省略された形で，feel good「気分が良い」のgoodが比較級になっている。

５．Ａ：遅刻してすみません。寝坊しました。／Ｂ：気にしないで。／／謝罪を受けて「気にしないで」と言うときに使うNever mind.が適する。

4〔書き換え—適語補充〕

１．「去年，大勢の人がこの市を訪れましたか」→「この市は大勢の人によって訪問されましたか」受け身形(‘be動詞＋過去分詞’)で書き換える。過去の文で，主語がthe cityという単数なので，be動詞はwasにする。

２．「私にとって中国語を話すのは難しい」　動名詞のSpeaking「話すこと」が主語になっている文を，‘It is ～ for … to —’「…が〔…にとって〕—することは～だ」の形(形式主語構文)で書き換える。

3.「私の兄〔弟〕は上手に料理をする」→「私の兄〔弟〕は料理をするのが得意だ」　be good at ～「～が得意だ」で書き換える。at の後ろの‘～’に動詞を置くときは，動名詞(～ing)にする。

4.「これは私の初めての沖縄訪問です」→「私は今までに沖縄に来たことがありません」　‘have/has been to ～’「～に行った〔来た〕ことがある」という現在完了の‘経験’用法の文を否定文にする。このとき，一般的に否定語には never「一度も～ない」を用いる。

5.「あなたの姉〔妹〕と私は同い年だ」　‘～ as old as ….’で「～は…と同じ年齢〔同い年〕だ」を表せる。

5〔整序結合〕

1．語群に How があるので，‘How＋形容詞〔副詞〕＋主語＋動詞…!’「～はなんと…なのだろう！」の形の感嘆文をつくるとわかる。

2．I have nothing「(私には)何もありません」で始める。nothing の後に，「～するべき」という意味で nothing を修飾する形容詞的用法の to不定詞として to tell you を置く。

3.「彼が帰宅した時」を when he came home とまとめる。home の後ろにコンマがあるのでこの部分を前に置き，後ろに his father was in the kitchen「父は台所にいました」を続ける。

4.「～してくれませんか」という‘依頼’を表す Could you で始める。「私に」は for me と表し，最後に置く。

5．‘buy＋人＋物’「〈人〉に〈物〉を買ってあげる〔買ってくれる〕」の形を用いる。

2024年度／二松学舎大学附属高等学校

数学解答

1 (1) 100　(2) -12　(3) 5

(4) 1

2 (1) $x=55$　(2) $x=3$, $y=2$

(3) $x=3\pm3\sqrt{2}$

(4) $(3a+2b+c)(3a-2b-c)$

(5) $\frac{5}{18}$　(6) 57.8点　(7) 24cm

3 (1) 48cm　(2) 44cm^2　(3) 112枚

4 (1) 1cm　(2) $\frac{3}{4}$cm　(3) 1：32

5 (1) 1　(2) $(-1,\ 1)$

(3) $(0,\ 10)$

1 〔独立小問集合題〕

(1)<数の計算>与式 $=-8-27\times(-4)=-8+108=100$

(2)<数の計算>与式 $=\left\{-4+(3-25)\times\frac{1}{4}\right\}-\left(\frac{13}{4}-\frac{3}{4}\right)=\left(-4-22\times\frac{1}{4}\right)-\frac{10}{4}=\left(-4-\frac{11}{2}\right)-\frac{5}{2}=-\frac{19}{2}-\frac{5}{2}=-\frac{24}{2}=-12$

(3)<数の計算>与式 $=2+2\sqrt{6}+3-2\sqrt{2}\times\sqrt{3}=5+2\sqrt{6}-2\sqrt{6}=5$

(4)<数の計算>$2024=A$，$1659=B$ とおくと，与式 $=\frac{A^2-2AB+B^2}{365^2}=\frac{(A-B)^2}{365^2}$ と変形できる。$A-B=2024-1659=365$ だから，与式 $=\frac{365^2}{365^2}=1$ である。

2 〔独立小問集合題〕

(1)<一次方程式>両辺を20倍して，$4x+60=5(x+1)$，$4x+60=5x+5$，$4x-5x=5-60$，$-x=-55$　$\therefore x=55$

(2)<連立方程式>$\frac{x}{2}-\frac{y}{4}=1$……①，$\frac{x}{3}+\frac{y}{2}=2$……②とする。①×4より，$2x-y=4$……①′　②×6より，$2x+3y=12$……②′　②′－①′より，$3y-(-y)=12-4$，$4y=8$　$\therefore y=2$　これを①′に代入して，$2x-2=4$，$2x=6$　$\therefore x=3$

(3)<二次方程式>$(x-3)^2=18$ より，$x-3=\pm3\sqrt{2}$　$\therefore x=3\pm3\sqrt{2}$

(4)<式の計算—因数分解>$2b+c=A$ とおくと，与式 $=(3a)^2-A^2=(3a+A)(3a-A)$ と因数分解できる。Aをもとに戻すと，与式 $=\{3a+(2b+c)\}\{3a-(2b+c)\}=(3a+2b+c)(3a-2b-c)$ となる。

(5)<確率—サイコロ>大小2個のサイコロを同時に投げるとき，それぞれ6通りの目の出方があるから，目の出方は全部で $6\times6=36$(通り)ある。このうち，出た目の数の和の2乗が25以下になるのは，出た目の和が $\sqrt{25}=5$ 以下になるときで，(大，小)$=(1,\ 1)$，$(1,\ 2)$，$(1,\ 3)$，$(1,\ 4)$，$(2,\ 1)$，$(2,\ 2)$，$(2,\ 3)$，$(3,\ 1)$，$(3,\ 2)$，$(4,\ 1)$ の10通りだから，求める確率は $\frac{10}{36}=\frac{5}{18}$ である。

(6)<一次方程式の応用>男子の平均点を x 点とすると，女子の平均点は $x+4$ 点と表せ，男子18人の合計点は $18x$ 点，女子22人の合計点は $22(x+4)$ 点となる。このクラスの $18+22=40$(人)の平均点が60点であったことから，$18x+22(x+4)=40\times60$ が成り立つ。これを解くと，$18x+22x+88=2400$，$40x=2312$，$x=57.8$ となる。よって，男子の平均点は57.8点である。

(7)<平面図形—長さ>次ページの図のように，点C，D，Pと中心Oをそれぞれ結ぶと，点Pは半円の周と接線CDとの接点だから，CD⊥OPである。△POCと△AOCにおいて，CO＝CO，∠CPO

＝∠CAO＝90°，半円の半径より，PO＝AO だから，斜辺と他の 1 辺がそれぞれ等しく，△POC≡△AOC となり，PC＝AC＝9 である。同様に，△POD≡△BOD より，PD＝BD＝16 である。ここで，右図のように，点 C から辺 BD に垂線 CE を引くと，∠CAB＝∠ABE＝∠CEB＝90°より，四角形 ABEC は長方形であるから，AB＝CE，EB＝CA＝9 となる。よって，DE＝BD－EB＝16－9＝7，CD＝PC＋PD＝9＋16＝25 だから，△CED で三平方の定理より，$CE=\sqrt{CD^2-DE^2}=\sqrt{25^2-7^2}=\sqrt{576}=24$ となり，AB＝24(cm) である。

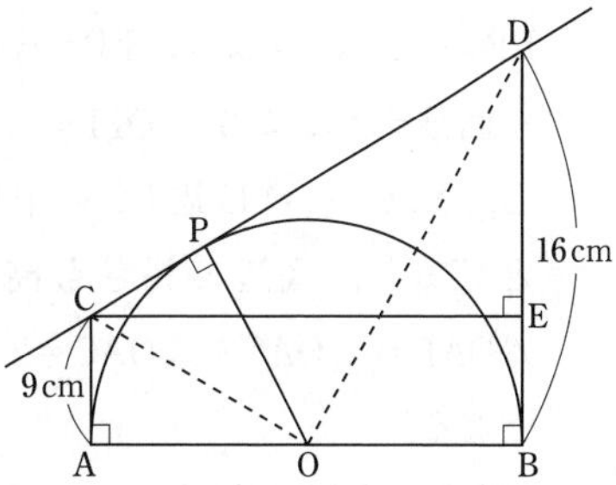

3〔特殊・新傾向問題―規則性〕

(1)＜長さ＞右図のように，縦 2cm，横 6cm の長方形の紙を，のりしろを 2cm として 5 枚の紙をはりあわせたとき，のりしろは 5－1＝4(か所) あるので，縦 2cm，横 6×5－2×4＝22(cm) の長方形ができる。よって，紙全体の周囲の長さは，(2＋22)×2＝48(cm) である。

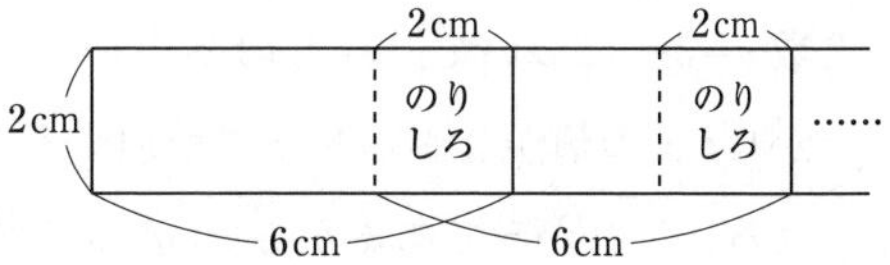

(2)＜面積＞5 枚の紙をはりあわせたときの紙全体は，(1)より，縦 2cm，横 22cm の長方形だから，その面積は 2×22＝44(cm^2) である。

(3)＜枚数＞x 枚の紙をはりあわせたときの紙全体の面積が 900cm^2 となるとする。(1)と同様に，x 枚の紙をはりあわせたとき，のりしろは $x-1$ か所あるので，紙全体の横の長さは，$6x-2(x-1)=6x-2x+2=4x+2$ と表せる。これより，紙全体の面積から，$2\times(4x+2)=900$ が成り立ち，これを解くと，$4x+2=450$，$4x=448$，$x=112$ となる。よって，このときはりあわせた紙は，112 枚である。

4〔平面図形―三角形〕

≪基本方針の決定≫(1)　点 H が線分 CD の中点であることに気づきたい。　(2)，(3)，△OPE と△OAC の関係を利用する。

(1)＜長さ＞右図の△ADH と△ACH において，AH＝AH，直線 AE は∠A の二等分線より，∠DAH＝∠CAH，AE⊥CH より，∠AHD＝∠AHC＝90°だから，1 辺とその両端の角がそれぞれ等しく，△ADH≡△ACH となり，AD＝AC＝3，DH＝CH である。△CBD において，2 点 H，O はそれぞれ辺 CD，CB の中点だから，中点連結定理より，OH∥BD，$OH=\frac{1}{2}BD$ となる。よって，BD＝AB－AD＝5－3＝2 より，$OH=\frac{1}{2}\times2=1$(cm) である。

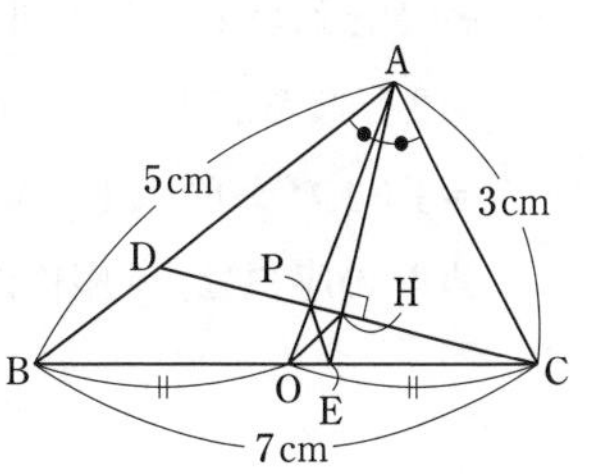

(2)＜長さ＞(1)より OH∥BD で，OH∥AD だから，△OHP∽△ADP となり，相似比は OH：AD＝1：3 となる。これより，OP：AP＝1：3 となるから，OP：OA＝OP：(OP＋AP)＝1：(1＋3)＝1：4 である。また，OH∥BA より，△EOH∽△EBA で，その相似比は OH：BA＝1：5 だから，OE：BE＝1：5 となり，OE：OB＝OE：(BE－OE)＝1：(5－1)＝1：4 である。これと OB＝OC より，OE：OC＝1：4 となる。よって，△OPE と△OAC において，OE：OC＝OP：OA＝1：4，∠POE＝∠AOC だから，2 組の辺の比とその間の角がそれぞれ等しいので，△OPE∽△OAC となる。よって，

EP：CA＝1：4より，$EP=\frac{1}{4}CA=\frac{1}{4}\times3=\frac{3}{4}$(cm)である。

⑶＜面積比＞⑵より △OPE∽△OACで，相似比が1：4より，△OPE：△OAC＝1^2：4^2＝1：16となる。また，点Oは辺BCの中点で，OC＝OBだから，△OACと△OABの底辺をそれぞれOC，OBと見ると，底辺の長さも高さも等しく，△OAC＝△OABである。よって，△ABC＝△OAC＋△OAB＝△OAC＋△OAC＝2△OACより，△OPE：△ABC＝△OPE：2△OAC＝1：2×16＝1：32となる。

5 〔関数─関数 $y=ax^2$ と一次関数のグラフ〕

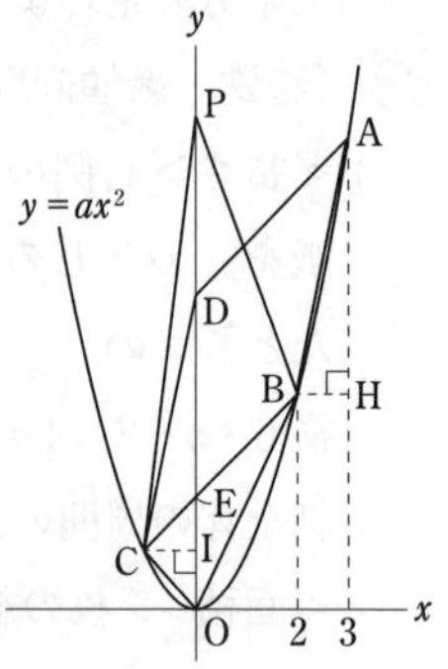

⑴＜比例定数＞右図の直線ABの傾き5は，関数 $y=ax^2$ で，x の値が点Bの x 座標の2から，点Aの x 座標の3まで増加するときの変化の割合である。関数 $y=ax^2$ について，$x=2$ のとき $y=a\times2^2=4a$，$x=3$ のとき $y=a\times3^2=9a$ だから，x の値が2から3まで増加するときの変化の割合は $\frac{9a-4a}{3-2}=5a$ と表せる。これが5であるから，$5a=5$ が成り立ち，$a=1$ となる。

⑵＜座標＞⑴より，関数 $y=ax^2$ の式は $y=x^2$ となり，A(3, 9)，B(2, 4)である。右図のように，点Bから，点Aを通り y 軸と平行な直線に垂線BHを，点Cから y 軸に垂線CIを引く。四角形ABCDは平行四辺形だから，AB＝DC，AB∥DCであり，△ABH≡△DCIとなるので，CI＝BH＝3－2＝1となる。これより，点Cの x 座標は－1で，関数 $y=x^2$ のグラフ上にあるので，y 座標は $y=(-1)^2=1$ となる。よって，C(－1, 1)である。

⑶＜y 座標＞右上図のように，直線BCと y 軸の交点をEとし，y 軸上の正の部分に点Pをとると，高さの等しい三角形の面積の比は，底辺の長さの比に等しいから，△OBE：△PBE＝△OCE：△PCE＝OE：PEである。これより，(△OBE＋△OCE)：(△PBE＋△PCE)＝△OBC：△PBC＝OE：PEとなる。ここで，2点B(2, 4)，C(－1, 1)を通る直線の傾きは $\frac{4-1}{2-(-1)}=1$ だから，その式は $y=x+b$ とおける。この直線はB(2, 4)を通るので，$y=x+6$ に $x=2$，$y=4$ を代入すると，$4=2+b$，$b=2$ となる。よって，E(0, 2)より，OE＝2であり，△OBC：△PBC＝1：4となるとき，OE：PE＝1：4だから，PE＝4OE＝4×2＝8となり，OP＝OE＋PE＝2＋8＝10である。したがって，求める点Pの座標は，y 座標が正だから，(0, 10)となる。

2024年度／二松学舎大学附属高等学校

国語解答

一　問一　(a)　切望　(b)　かんじょう
(c)　享受　(d)　誕生
問二　A…ウ　B…イ
問三　C…オ　D…ア　　問四　オ
問五　Ⅱ…ウ　Ⅲ…ア
問六　そんな問い　　問七　ウ
問八　経済合理性　　問九　エ
問十　幼い知性で
問十一　学びの機会　　問十二　エ，オ

二　問一　係り結び(の法則)　　問二　イ
問三　みす　　問四　ウ
問五　ねずみ　　問六　3　　問七　エ
問八　ウ

三　A　暇　　B　虫　　C　棒　　D　船
E　我

四　1　ウ　　2　キ　　3　オ　　4　イ
5　ア

一〔論説文の読解―教育・心理学的分野―教育〕出典：内田樹『下流志向　学ばない子どもたち　働かない若者たち』「学びからの逃走」。

≪本文の概要≫今の子どもたちは，初めての学びの場で，学ぶことは何の役に立つのかを質問をする。これは，授業という「苦役」に耐えるという「貨幣」を教師に支払うことに対して，どのような財貨やサービスが「等価交換」されるのかを問うている。しかし，そんな問いが子どもから出てくるはずがないということが，教育制度の前提なので，教師は，当然その問いに答えることができない。「なぜ学ぶ必要があるのか？」という想定外の問いに対しては，絶句するというのが大人の側の当然の対応であるが，今の大人たちは，勉強するといいことがあると，効果や利益になることを示して，子どもたちに学習させようとする。世界には，戦争や災害で学ぶ機会を奪われ，教育の機会を切望する多くの子どもたちが存在しているが，そのことを知らず，自分が学びの機会を与えられているという特権を享受していることに気づいていない子どもたちだけが，なぜ学ぶ必要があるのかを問うのである。しかし，今の大人たちは，そのような想定外の問いを拒否することができない。そのため，子どもたちは，自分の問いが大人たちを絶句させるか，幼い知性でも理解できる答えを引き出すかのどちらかであることを学び，以後あらゆることについて，それが何の役に立つのかを尋ね，気に入ることだけをやるという採否の基準を，人生の早い時期に身につける。

問一＜漢字＞(a)「切望」は，ひたすら望むこと。　(b)「勘定」は，ある事態などを予測して考慮すること。「勘定に入れる」は，考えることや予想することの対象にする，という意味。　(c)「享受」は，受け入れて味わい楽しむこと。　(d)「誕生」は，物事や状態が新しくできること。

問二＜接続語＞A．以前は，小学校一年生の初めての授業で「これは何の役に立つのですか？」という問いかけをする人は「いなかった」し，「そんな問いかけがあることを思いつきさえしなかった」けれども，今の子どもたちは「最初の質問として，『学ぶことは何の役に立つのか？』」ときいてくる。　B．子どもたちは，先生の話を聞いてノートを取るという「『苦痛』や『忍耐』というかたちをした『貨幣』を教師に対して支払っている」ととらえているので，「それに対して，どのような財貨やサービスが『等価交換』されるのか」を問うている。

問三＜表現＞C．「誰だって絶句する」ような質問について，「それはね」とよどみなく「『子どもにもわかるような説明』をしてしまう教師がいた」ならば，そういう人間に「僕」は警戒心を抱く。　D．なぜ教育を受けなければいけないのかというような問いかけに対し，今の大人たちは，「断固として絶句して，そのような問いは『ありえない』と斥けることが」できず，絶句してうろたえるか，子どもに「動機づけ」を与えて勉強させようとする。

問四＜ことわざ＞「ボタンのかけ違え」は，手順を最初の方で間違えたために，後から不都合が生じたり，当事者間での認識や考えにずれが生じたりすること。「転ばぬ先の杖《つえ》」は，失敗しないように前もって十分に用意しておくことが大切であること。「背水の陣」は，一歩も退くことはできないという切羽詰まった立場で事に当たること。「身から出たさび」は，自分の悪行の結果として自分が苦しむこと。「弘法にも筆の誤り」は，どんな名人でも，ときにはまさかの失敗をすることがあるということ。

問五＜表現＞Ⅱ．学ぶ機会を奪われ，「教育を受ける機会を切望している数億の子どもたちが世界中に存在する」のであり，「学ぶことに何の意味があるんですか？」という問いかけをすることができることそのものが，歴史的に見てまれで特別な状態である。　Ⅲ．子どもの，なぜ教育を受けなければいけないのかというような質問に，今の大人たちは，勉強すると「いいこと」があるといった効果や利益のみを重視した「動機づけ」で，子どもを勉強させようとする。

問六＜文章内容＞「学ぶことは何の役に立つのか？」といった問いに対して，教師は，絶句して答えることが「できないのが当然」である。なぜなら，「そんな問いが子どもの側から出てくるはずがない，ということが教育制度の前提だから」である。

問七＜文章内容＞大人たちは，「勉強すると，これこれこういう『いいこと』がある」という説明で，目の前にある効果や利益になることを示して，子どもたちを学習するように仕向けようとする。

問八＜文章内容＞「勉強すると『いい学校』に入れるし，『尊敬されるポスト』に就ける」というような説明をして，「経済合理性を動機づけにして子どもを学習に導き入れようとする大人たち」がいる。

問九＜文章内容＞「なぜ学ぶ必要があるのか？」というような問いには，その問いの存在を「想像もできずに絶句する」というのが，大人の「当然の対応」であるはずだが，ほとんどの大人は「経済合理性を動機づけに」した説明で逃げ，まともな対応をする大人は「少数派」である。

問十＜文章内容＞子どもの，なぜ教育を受けなければいけないのかというような問いに対して，「子どもたちにもわかるような答えがなければならない」と考える大人たちは，「幼い知性でも理解できるような無内容な答え」を与える。

問十一＜文章内容＞「戦争や災害で学ぶ機会そのものを奪われている子どもたち」とは，なぜ教育を受けなければいけないのかと問う小学生が，自分がそうなる可能性を「勘定」に入れていない，「学びの機会を構造的に奪われた人間」である。

問十二＜要旨＞「僕」は，子どもたちが「学ぶことは何の役に立つのか？」といった大人たちにとって「想定外」の質問をするのはなぜかと考え，その問いが出てくる事情を探っている(ア…○)。子どもたちは，授業という「苦役」に耐えるという「貨幣」を教師に「支払っている」と考え，その代償として「どのような財貨やサービスが『等価交換』されるのか」を問うのであり(イ…○)，子どもの「学ぶことは何の役に立つのか？」という問いには「一理」ある(ウ…○)。子どもは，教育を受ける義務があると考えているが，子どもには「『教育を受ける権利』があるだけ」である(エ…×)。「答えることのできない問いには答えなくてよい」のだが，ほとんどの大人が「なぜ学ぶ必要があるのか？」といった問いに，「功利的な動機づけ」で説明しようとするため，子どもたちは，以後あらゆることに対し，「何の役に立つ」のかを尋ねるようになる(オ…×)。

二〔古文の読解―説話〕出典：『十訓抄』一ノ三十九。

≪現代語訳≫楊梅大納言顕雅卿は，若い頃からたいそう言い間違いをなさった。／十月の頃，（顕雅卿が)ある宮腹のもとに参上して，すだれの外で，女房たちと話していらっしゃったところ，時雨がさあっと降ってきたので，(顕雅卿は)お供の雑色を呼んで，「車が降るから，時雨を中に入れなさい」とおっしゃったので，「車軸でも降ってくるのかしら，恐ろしいこと」と言って，すだれの内で，(女房たちが)笑い合われたのだった。／さて，ある女房が，「(あなたは)お言い間違いが，いつもあると伺いましたが，本当ですか，お祈りをなさるというのは」と言われたので，(顕雅卿は)「そのために，三尺の〈ねずみ〉をつくって，供養しようと思っています」とおっしゃったのだという。ちょうどそのとき，ねずみがすだれの端を，走って通ったのを(顕雅卿は)見て，観音と錯覚して，おっしゃったのである。「時雨を中に入れなさい」より，もっとおかしかった。失敗の(話の)ついでに言い出された(話である)。

問一＜古典文法＞「言失をぞ」の係助詞「ぞ」があることで，係り結びの法則により，文末の過去の助動詞「けり」が連体形「ける」となっている。

問二＜古典の知識＞旧暦の月の異名は，一月から順に，睦月，如月，弥生，卯月，皐月，水無月，文月，葉月，長月，神無月，霜月，師走となる。

問三＜古語＞「御簾」は，貴人のいる部屋のすだれのこと。

問四＜古文の内容理解＞時雨が降ってきたとき，顕雅卿が車が降るから時雨を中に入れなさいと言ったので，女房たちは，その言い間違いをおもしろがり，からかって笑った。

問五＜古文の内容理解＞ある女房から，言い間違いのためのお祈りをするというのは本当かと尋ねられて，顕雅卿は，そのために三尺の観音像をつくることを言おうとした。ところが，ちょうどそのとき，ねずみがすだれの端を走って通ったのを見て，顕雅卿は，ねずみを観音に錯覚して，三尺のねずみをつくって供養しようと思っています，と言ってしまった。

問六＜古典文法＞単語に区切ると，「のたまひ(動詞)／ける(過去の助動詞)／なり(断定の助動詞)」となる。

問七＜古典文法＞「さし入れよ」は，ラ行下二段活用の動詞「さし入る」の命令形。

問八＜文学史＞『十訓抄』は，鎌倉時代中期に成立した説話集。

三〔慣用句〕

A.「枚挙に暇《いとま》がない」は，数えきれないほど多いさま。　B.「虫の居所が悪い」は，機嫌が悪く，ちょっとしたことにも腹を立てやすい状態にあるさま。　C.「藪《やぶ》から棒」は，突然に物事を行うさま。　D.「渡りに船」は，何事かをしたいと考えているときに，必要なものや望ましい条件がたまたま具合よくそろうこと。　E.「我を忘れる」は，あることに夢中になって自分の存在を忘れる，また，興奮して理性を失う，という意味。

四〔語句〕

1.「需要」は，あるものを必要として求めること。また，個人や企業などの経済主体が市場から商品を買い求めようとすること。「供給」は，要求や必要に応じて物を与えること。また，販売または交換のために市場に商品を出すこと。　2.「権利」は，自分の意思によってある物事を自由に行うことのできる資格のこと。「義務」は，人がそれぞれの立場に応じて当然しなくてはならないこと。3.「集合」は，ある目的のために，人などが一か所に集まること。「解散」は，集会・団体行動などが終わって，集まっていた人が別れていくこと。　4.「疎遠」は，交際・音信などが絶えて親しみが薄れること。「親密」は，親しい関係，また，深い関係にあること。　5.「反抗」は，さからうこと。「服従」は，他人の命令や意志にそのまま従うこと。

2023年度 二松学舎大学附属高等学校

【英　語】（50分）〈満点：100点〉

1　次の英文を読んで，あとの問いに答えなさい。

Tomoya is a high school student. Last summer, he had a chance to go to Canada to study English.

Now he is going to give a speech about his experience in his English class.

Have you (A) been to Canada ? Last【❶ 8月】, I joined a homestay program there. It was my first time to visit other countries, so I was very *nervous in the airplane.

I stayed with Mr. and Mrs. Wilson for three weeks. When I arrived at their house, Mr. Wilson said to me, "This is your home in Canada, Tomoya. There is some food in the kitchen. If you are (①), go to the kitchen and eat something." In the evening, Mrs. Wilson was making dinner in the kitchen. I was *unpacking my suitcase in my room. Then, Mrs. Wilson asked me, "(②)" I was very surprised, but I answered, "Sure, I'm coming." I felt that Mr. and Mrs. Wilson *treated me like a member of their family, so I was very happy.

I went to a supermarket with my host family on the next day. I saw many things which I couldn't see in Japan. Mrs. Wilson asked me to get a *meat pie. However, ③I had a problem there. I visited the supermarket for the first time, so I didn't know where I should go to get a meat pie. I walked around the supermarket. When I was in trouble, one lady helped me. Thanks to her, I could get it.

On the third day, Mr. Wilson introduced Harry to me. Harry is a high school student and one year older (B) me. He lives near Mr. and Mrs. Wilson's house. We became good【❷ 友だち(複数形)】. During my stay, Harry (C teach) me many things about Canada, and took me to many famous places.

On the second weekend, ④Harry invited me to his home for lunch. I enjoyed the lunch and (D eat) too much. After lunch, Harry said to me, "Would you like some cookies ? My mother made them for you." I didn't want to eat any more, but I couldn't tell it to him, and said, "Yes, please." Then his mother asked me, "Would you like some coffee ?" I didn't like coffee, but I couldn't say, "(⑤)" I tried to eat the cookies and drink coffee, but I couldn't. Soon Harry found that I was full and said, "Tomoya, when you are full and don't want them, please say so. You should say 'No' when you have to say it. If you don't say what you want to do or what you don't want to do, ⑥(enjoy / you / life / won't / in / Canada / your)". After that, I tried saying 'Yes' or 'No' clearly.

Through my experience in Canada, I learned that many things were different from those in my own country. After I visited Canada, I got more interested in foreign cultures, *customs and languages. I want to know more about them.

＊ nervous：緊張して　unpack：荷ほどきをする　treat：扱う
　meat pie：ミートパイ　custom：慣習

1．空所①に入れるのに最も適した語を選び，記号で答えなさい。

ア delicious　イ fresh　ウ hungry　エ sweet

2．空所②に入れるのに最も適した発言を選び，記号で答えなさい。

ア May I help you?　イ Can you help me, please?

ウ What are you doing now?　エ What do you want to have for dinner?

3．下線部③とあるが，どのようなことがあったのか。日本語で説明しなさい。

4．下線部④を以下の文に書き換えたとき，空所に入れる語を答えなさい。

I (　　) (　　) to Harry's home for lunch.

5．空所⑤に入れるのに最も適した発言を選び，記号で答えなさい。

ア No, thank you.　イ Yes, I'd love to.　ウ Coffee, please.　エ I'm thirsty.

6．下線部⑥の語句を並べ替えて，英文を完成させなさい。

7．A・B に入れるのに適した語を語群から選びなさい。

(than / as / for / of / ever / since)

8．C・D の語を過去形に直しなさい。

9．❶・❷の日本語を英単語に直しなさい。

10．本文の内容と一致している場合は○，一致していない場合は×で答えなさい。

(1) トモヤはこの留学以前に外国に行ったことはない。

(2) トモヤはクッキーが好きではない。

11．次の質問に日本語で答えなさい。

(1) トモヤはどのくらいの期間カナダにいたか。

(2) クッキーを作ったのは誰か。

2　次の英文を読んで，あとの問いに答えなさい。

Many people think pizza comes from Italy. But actually, it was first [① make] in Greece. (ア)Around the 1st or 2nd century, the Greeks baked large, flat pieces of bread, and put herbs, onions, and other vegetables on top. In the early 1500s, travelers thought that (イ)tomatoes were dangerous to eat, but poor people in Naples, Italy, tried them because they were hungry. They baked tomatoes and herbs on flat pieces of bread. In the 1600s, people [② visit] the poor areas of Naples to try this new dish.

In the 1940s, many U.S. soldiers were in Italy during (ウ)World War Ⅱ. These soldiers tasted pizza for the first time, and they loved it. When they went back home after the war, (エ)they wanted to eat it again. Soon, there were pizza restaurants in most U.S. cities, and pizza became a popular food all around (オ)the country.

1．[①]と[②]の単語を最も適切な形に直しなさい。

2．下線部(ア)を以下のように和訳したときに，空欄の中に適する日本語を記入しなさい。

「1～2（ ア ）ごろ，（ イ ）人たちは大きくて平らなパンを焼いて，その上にハーブ，（ ウ ），そのほかの（ エ ）を載せた」

3．下線部(イ)・(エ)の不定詞と同じ用法のものを下から選び，記号で答えなさい。

あ His motto is to be honest.

い I need something to write with.

う This book is difficult to read.

4．下線部(ウ)を最も適切な日本語に直しなさい。

5．下線部(オ)とはどこのことか，日本語で答えなさい。

6．本文の内容に合致していれば○，していなければ×を記入しなさい。

(1) Pizza comes from Italy.

(2) Poor people in Naples, Italy, ate tomatoes because they were delicious.

(3) Many U.S. soldiers tasted pizza in the 1940s.

(4) Most U.S. cities had pizza restaurants, and pizza became popular all over the country.

3 次の各文の(　)内に入る最適なものを語群より選び，記号で答えなさい。

1．He is taller than (　　　　) boy in his class.

ア the other　イ the others　ウ any other　エ any others

2．Wine is made (　　) grapes.

ア by　イ from　ウ of　エ with

3．He can't swim and she can't (　　).

ア also　イ too　ウ either　エ so

4．We are looking forward to (　　) you.

ア see　イ saw　ウ seen　エ seeing

5．This house (　　) ten years ago.

ア built　イ was building　ウ was built　エ have built

4 各組が同意となるように(　)内に適語を入れなさい。

1．It is not necessary for you to speak English.

You (　　) (　　) to speak English.

2．How many days does a week have ?

How many days (　　) (　　) in a week ?

3．I have an uncle living in Osaka.

I have an uncle (　　) (　　) in Osaka.

4．Don't open the door.

You (　　) (　　) open the door.

5．My car is not as good as yours.

Your car is (　　) (　　) mine.

5 (　)内の語を並べかえて，正しい英文を完成させなさい。ただし，文頭に来る語も小文字になっている。

1．(the / castle / is / built / this / in) 1600.

これは1600年に建てられた城だ。

2．(bag / I / whose / this / don't / know / is).

このカバンが誰のものなのかわからない。

3．(cleaning / they / their / now / are / classroom).

彼らは今，教室を掃除しています。

4．I'll (if / stay / tomorrow / it / home / rains).

もし明日雨が降ったら，私は家にいるだろう。

5．Which (use / you / like / color / would / to), blue or green ?

青と緑のどちらの色を使いたいですか。

【数　学】（50分）〈満点：100点〉

1 次の各式を計算して，最も簡単な形で表しなさい。

(1) $2-4\times(3-5)$

(2) $5+\left(-\frac{3}{4}\right)\times(-4)^2$

(3) $\frac{1}{2}(3x-6)-\frac{1}{6}(12x-7)$

(4) $\sqrt{3}(\sqrt{8}-\sqrt{6})-\frac{8}{\sqrt{2}}$

2 次の問いに答えなさい。

(1) 1本80円の鉛筆を何本かと，120円のノートを1冊買ったら，代金の合計は840円でした。買った鉛筆の本数は何本か求めなさい。

(2) 連立方程式 $\begin{cases} 2ax-by=-5 \\ bx+ay=7 \end{cases}$ の解が $x=1$，$y=2$ のとき，定数a，bの値を求めなさい。

(3) 2次方程式 $(x-3)^2=18$ を解きなさい。

(4) $\sqrt{120n}$ が自然数となるような自然数nのうち，最も小さいnの値を求めなさい。

(5) A，B，Cの3人が1回じゃんけんをするとき，Aだけが勝つ確率を求めなさい。

(6) 3%と9%の2種類の食塩水を混ぜて，5.4%の食塩水500gを作るには9%の食塩水を何gにすればよいか。

(7) 図の△ABCは ∠A＝75°，∠C＝60°，AC＝6 である。辺BCの長さを求めなさい。

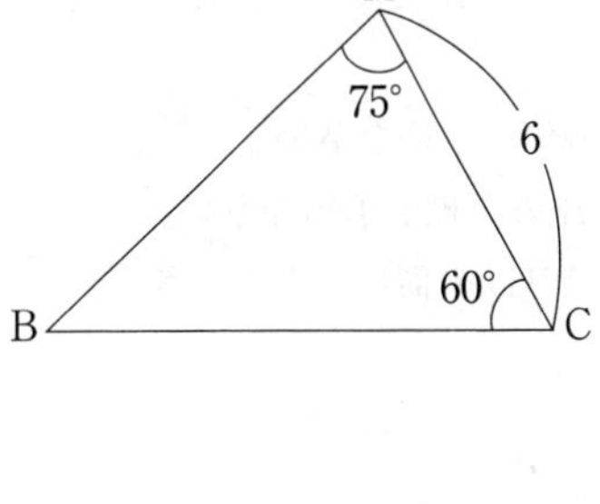

3 次のような規則に従って数を並べていくとき，次の問いに答えなさい。

規則①．1番目の数は1，2番目の数は4とする。

規則②．3番目の数は（2番目の数＋1）÷（1番目の数）とする。

規則③．4番目の数は（3番目の数＋1）÷（2番目の数）とする。

規則④．5番目の数は（4番目の数＋1）÷（3番目の数）とする。

(1) 規則②をもとに，3番目の数を求めなさい。

(2) 規則③をもとに，4番目の数を求めなさい。

(3) この規則を繰り返していくとき，2023番目の数を求めなさい。

4 図のような1辺の長さが12である正四面体において，辺BC，CDの中点をそれぞれ点P，Qとし，点QからAPに引いた垂線とAPとの交点をRとする。
このとき，次の問いに答えなさい。

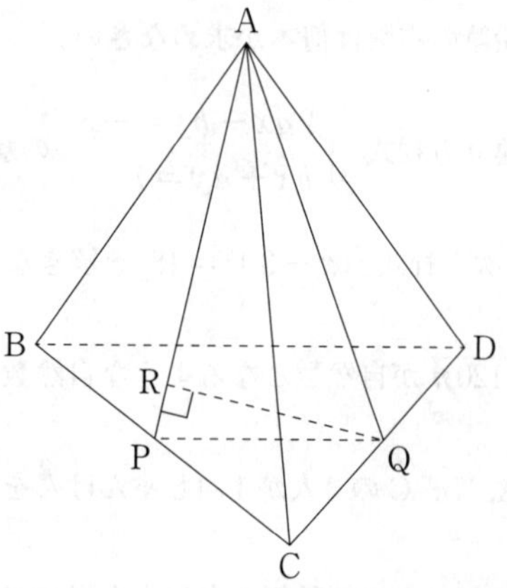

(1) AQの長さを求めなさい。

(2) △APQの面積を求めなさい。

(3) 三角錐RBCDと正四面体ABCDの体積比を求めなさい。

5 図のように，関数 $y=ax^2$ ($a>0$) のグラフ上に3点A, B, Dをとり，直線ABとy軸との交点をCとする。B(1, 1), C(0, 2)，AB∥DOのとき，次の問いに答えなさい。

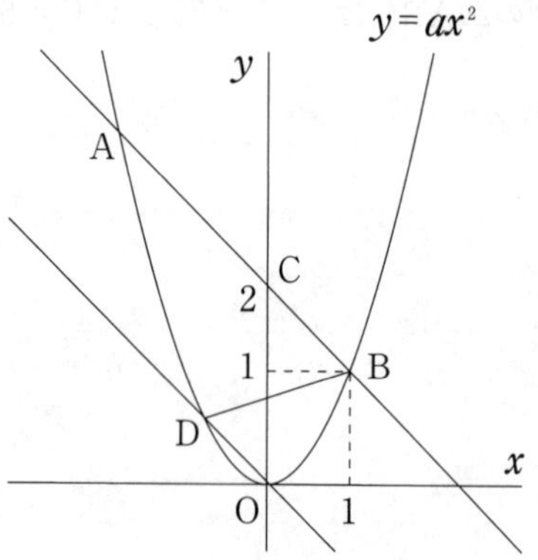

(1) aの値を求めなさい。

(2) 点Aの座標を求めなさい。

(3) △ABDの面積を求めなさい。

三 次の空欄【A】～【E】に適する一字を補って、慣用句を完成させなさい。

・青菜に【A】
・借りてきた【B】
・転ばぬ先の【C】
・【D】をなでおろす
・光陰【E】のごとし

四 次の空欄【A】～【E】に適する漢数字を補って、熟語を完成させなさい。

・【A】挙両得
・孟母【B】遷
・【C】里霧中
・三寒【D】温
・【E】束三文

問三　傍線部③「帝」の読み方をひらがな三字で答えなさい。

問四　傍線部④「かしらおろしてけり」とは具体的に何をすることですか。適当なものを次から選び、記号で答えなさい。

ア　麓《ふもと》一帯を見下ろすこと　イ　深々と頭を下げること　ウ　出家すること　エ　首をはねられること

問五　傍線部⑤「閉ぢよ」の活用形を次から選び、記号で答えなさい。

ア　未然形　イ　終止形　ウ　連体形　エ　命令形

問六　空欄【　A　】に該当する適語を次から選び、記号で答えなさい。

ア　をとめ　イ　夢　ウ　みやび　エ　天使

問七　傍線部⑥「花ぞ昔の香ににほひける」に用いられている文法事項を答えなさい。

問八　本文中の四首の和歌は日本で最初にできた勅撰和歌集に収められています。この和歌集の名前を次から選び、記号で答えなさい。

ア　万葉集　イ　古今和歌集　ウ　新古今和歌集　エ　奥の細道

二 次の文を読んで、後の問いに答えなさい。

はちすの露を見てよめる

はちす葉の①にごりにしまぬ心もて②なにかは露を玉とあざむく

深草の③帝の御時に、蔵人頭《くらうどのとう》にて夜昼慣れ仕うまつりけるを、諒闇《りやうあん》になりにければ、さらに世にも交じらずして、比叡の山に登りて、④かしらおろしてけり。そのまたの年、皆人御ぶく脱ぎて、あるはかうぶり賜はりなど、喜びけるを聞きてよめる。

皆人は花の衣になりぬなり苔のたもとよ乾きだにせよ

五節の舞姫を見てよめる

天つ風雲の通ひ路吹き⑤閉ぢよ【　A　】の姿しばしとどめむ

人はいさ心も知らずふるさとは⑥花ぞ昔の香ににほひける

注　はちす…蓮　帝…天皇のこと
諒闇…天皇が亡くなって、喪に服すること　御ぶく脱ぎて…喪服を脱いで
かうぶり賜はり…新しく官位につくこと

問一　傍線部①「にごりにしまぬ」を構成している単語数を算用数字で答えなさい。

問二　傍線部②「なにかは」の品詞を次から選び、記号で答えなさい。
ア　副詞　イ　名詞　ウ　動詞　エ　接続詞

問九　傍線部④「逐一」の意味を次から選び、記号で答えなさい。

ア　くわしく細部までもらさずにすること　　イ　めったにないがごくまれにあること

ウ　競いあってすすんでいくこと　　エ　一つだけでほかにないこと

問十《　Ⅳ　》に入る適語を本文中から六字で抜き出して答えなさい。

問十一　傍線部⑤「個々人の行動変容」の具体例を本文中から一〇字程度で二か所、抜き出して答えなさい。

問十二　次の一文が入る適当な箇所を本文中からさがし、直前の七字を抜き出して答えなさい。

> プラスチックを徹底的に排除したら、私たちの身の回りの多くのものは姿を消し、手に入れられる場合にも非常に高額となって、最終的には生活の質が大きく下がってしまうことになるでしょう。

問十三　本文の内容として不適当なものを次から選び、記号で答えなさい。

ア　環境問題について、私たちは自分に直接関係があることととらえていないことがある。

イ　環境問題についての情報は多くあるため、今後の変化が予測できるようになってきている。

ウ　環境問題解決のための行動ができないのは、社会の仕組みに原因があるため非難すべきである。

エ　環境問題に対して改善の行動が難しいのは、環境における人間と自然との関係性とかかわりがある。

外側にいるものとして扱われます。

（工藤尚悟『私たちのサステイナビリティ――まもり、つくり、次世代につなげる』）

問一　二重傍線部(a)～(e)のカタカナを漢字に直し、漢字の読みをひらがなで答えなさい。

問二　空欄［A］～［C］に入る適語を次から選び、それぞれ記号で答えなさい。

ア　ところで　イ　例えば　ウ　しかし　エ　および　オ　さて　カ　一方で

問三　傍線部①「サステイナビリティ」の意味を「～性」と続くように本文中から四字で抜き出して答えなさい。

問四　《　Ⅰ　》に入る適語を次から選び、記号で答えなさい。

ア　人間　イ　自然　ウ　気候　エ　社会

問五　傍線部②「このこと」が示す内容を本文中から四字で抜き出して答えなさい。

問六　《　Ⅱ　》に入る数値として適当なものを次から選び、記号で答えなさい。

ア　一五～三五　イ　二六～四五　ウ　三六～五二　エ　四五～八二

問七　《　Ⅲ　》に入る適語を次から選び、記号で答えなさい。

ア　暖かい　イ　安い　ウ　冷たい　エ　大きい

問八　傍線部③「これら」が示す内容を本文中から六〇字程度でさがし、最初と最後の五字を抜き出して答えなさい。

どうも日々の生活に引き寄せて考えてみると、必要な行動ができているのかどうかわからなくなります。例えば温暖化の事実を知っていても暑い日にはエアコンの設定温度を低めに設定しますし、自動販売機でペットボトル入りの《　Ⅲ　》飲み物を買ってしまいます。これらは熱中症対策と解釈して納得することにしたとしても、ではコンビニでドリップコーヒーを買ったときのマドラーやフタ、スーパーでプラスチック容器に詰められているお惣菜を買うことはどうなのでしょう。③これらについても、利便性が勝っている部分が大きいようです。環境問題に照らしての判断よりも、消費行動に正当な解釈が付けられるかどうかが、私たちのとる行動のひとつの基準になっているようです。こうした状況には、環境問題に照らして、私たちの消費行動の一つひとつに、④逐一理由説明が求められているような、そんな息苦しさも感じます。

　こうした状況に陥ると、今度はそもそもプラスチック製の容器に入っているものを買わざるを得ない状況が悪いのだと仕組みのほうを非難したくなってきますが、これも建設的な議論とは言えなさそうです。なぜなら、プラスチック容器があるおかげで私たちは様々な商品を遠くから品質を落とすことなく輸送でき、かつ安価に購入することができているからです。プラスチックの代わりに、紙をはじめとする(e)代替品の開発が進められていますので、今後、徐々に脱《　Ⅳ　》が進んでいくことを期待したいです。

　プラスチック製品はほんの一例で、電気、ガス、上下水道、ガソリンや灯油と他の資源についてもまったく同じことが言えます。環境負荷と引き換えに便利な暮らしを手に入れているわけですから、頭では理解していながらも、なかなか⑤個々人の行動変容に結びついていない、というのが現状かと思います。

　先述のスウェーデンの一〇代の環境活動家グレタ・トゥーンベリさんが二〇一九年九月に国連で気候変動に対する早急な行動を求めた演説は、日本でも広く報じられ大変話題になりました。［C］、あの力強い演説を聞いたあとも、著者である私個人の基本的な消費行動は、プラスチック製レジ袋の有料化に伴ってマイバックを持参したり、自動販売機でジュースを買わなくてもよいようにマイボトルで水を持ち歩くようになった程度で、残念ながら本質的な変化を遂げてはいません。これは私の共感力や行動力のなさを示しているのでしょうか。それとも、もっと違うところに理由があるのでしょうか。

　ここでひとつの仮説ですが、こうして環境問題に対して具体的な行動を起こすことが難しいのは、環境よりも経済性を優先する仕組みになっているということと共に、「環境」という言葉が前提とする人間と自然の関係性に原因があるのではないでしょうか。環境問題について話しているとき、私たちは環境が観察でき、分析できて、より好ましい状態に変化させていくために、外部から働きかけることができるものとして扱っています。こうした前提において、環境に働きかける私（＝人間）は、対象である環境の

二〇二三年度　二松学舎大学附属高等学校

【国　語】（五〇分）〈満点：一〇〇点〉

（字数制限のある問は、句読点も一字と数えること。）

一　次の文章を読み、後の問に答えなさい。

私たちという主語で①サステイナビリティを考えるということを提案した上で、本章の最後に問い直したいのは、自然のとらえ方です。サステイナビリティの議論のなかで常に中心的な位置にあるのは《　Ⅰ　》と人間の関係性です。これは持続可能な開発という概念を提唱した一九八七年のブルントラントレポートにおいても、人間社会の開発と環境のバランスとして出てきています。サステイナビリティについて考えるとき、人がどのように自然をとらえるのかというのは重要な問題です。主語を検討したことに続いて、今度は対象を検討していきましょう。

森林破壊や生物多様性の(a)ソウシツ、気候変動に伴う温暖化や海面上昇など、サステイナビリティの議論において最頻出のテーマである環境問題ですが、私たちはなかなか自分たちに直接関係のあることととらえられていない部分があるのではないでしょうか。確かに毎年、夏に猛暑日の日数を更新したり、季節外れの台風によって(b)甚大な被害を受けた地域が出たり、というようなニュースを(c)頻繁に耳にするようになっていますが、［A］環境問題の状況を伝える情報はもうかれこれ三〇年来あり、②どうもこのことについて解決に向かっているという感覚が持てません。

環境問題の状況を伝える情報は、少し調べただけでも(d)ボウダイに出てきます。［B］、気候変動については、気候変動に関する政府間パネル（ＩＰＣＣ）の報告書が広く知られています。二〇一三年に発表された第五次評価報告書では、温暖化対策を最も積極的に実施した場合には、一九八六～二〇〇五年の二〇年間の平均気温に比べて、二〇八一～二一〇〇年の二〇年間の平均気温が〇・三～一・七℃上昇し、同時に海面水位は二六～五五㎝上昇する可能性が高いと予測されています。また、温暖化対策をほとんど行わなかった場合には、平均気温が二・六～四・八℃上昇し、海面水位が《　Ⅱ　》㎝上昇するとされ、科学的予測に基づいた情報が示されています。

このようにして環境問題について詳しく知ることは容易で、予測される変化についてもイメージがしやすいのですが、それでも

英語解答

1
1 ウ　2 イ
3 (例)ミートパイがどこにあるのかわからなかった
4 was invited　5 ア
6 you won't enjoy your life in Canada
7 A ever　B than
8 C taught　D ate
9 ❶ August　❷ friends
10 (1)…○　(2)…×
11 (1) 3週間　(2) ハリーの母親

2
1 ① made　② visited
2 ア 世紀　イ ギリシャ　ウ タマネギ　エ 野菜
3 (イ)…う　(エ)…あ
4 第二次世界大戦　5 アメリカ
6 (1)…×　(2)…×　(3)…○　(4)…○

3
1 ウ　2 イ　3 ウ　4 エ
5 ウ

4
1 don't need〔have〕
2 are there
3 who〔that〕lives
4 must not　5 better than

5
1 This is the castle built in
2 I don't know whose bag this is
3 They are cleaning their classroom now／Now they are cleaning their classroom／They are now cleaning their classroom
4 stay home if it rains tomorrow
5 color would you like to use

1〔長文読解総合―スピーチ〕

≪全訳≫❶トモヤは高校生だ。去年の夏，彼は英語を学びにカナダに行く機会があった。❷これから彼は，英語の授業で彼の経験についてスピーチをする。❸皆さんはカナダに行ったことがありますか？去年の8月，僕は現地でのホームステイプログラムに参加しました。僕が外国に行くのはそれが初めてだったので，飛行機の中ではとても不安でした。❹僕はウィルソン夫妻の家に3週間滞在しました。彼らの家に着いたとき，ウィルソン氏が言いました。「ここがカナダの君の家だよ，トモヤ。台所には食べ物がある。もしおなかがすいたら台所に行って何か食べなさい」　夕方には，ウィルソン夫人が台所で夕食をつくっていました。僕は自分の部屋でスーツケースを開いて物を取り出していました。そのときウィルソン夫人が僕に尋ねました。「②私の手伝いをしてもらえないかしら？」　僕はとても驚きましたが，「もちろんです。行きます」と答えました。ウィルソン夫妻が僕を家族の一員のように扱ってくれたと感じて，とてもうれしかったです。❺次の日にはホストファミリーと一緒にスーパーマーケットに行きました。日本では見られないものをたくさん目にしました。ウィルソン夫人は僕にミートパイを取ってくるよう頼みました。ところが，そこで1つ困ったことがありました。僕がそのスーパーマーケットに行くのは初めてだったので，ミートパイを取るのにどこに行けばいいのかわからなかったのです。僕はスーパーマーケットの中を歩き回りました。僕が困っていると，1人の女性が僕を助けてくれました。彼女のおかげで，僕はそれを手に入れることができました。❻3日目には，ウィルソン氏が僕にハリーを紹介してくれました。ハリーは高校生で，僕より1歳年上です。彼はウィルソン夫妻の家の近くに住んでいます。僕たちは良い友達になりました。僕が滞在していた間，ハリーは僕にカナダについてたくさんのことを教えてくれ，多くの有名な場所に連れていってくれました。❼2週目の週末には，ハリーが僕を彼の家に招いてくれてお昼ご飯を食べました。僕はそのお昼ご飯を楽しみ，食べすぎてしまいました。お昼ご飯の後，ハリーが僕に言いました。「クッキーを食べるかい？　僕のお母さんが君のためにつくったんだ」　僕はもう何も食べたくありませんでしたが，それを彼に言えなかったので，「うん，頼むよ」と言いました。そのとき彼のお母さんが僕に尋ねました。「コーヒーはいかが？」　僕はコーヒーが好きではなかったのですが，「⑤いいえ，けっこうです」とは言えませんでした。僕はクッキーを食べたりコーヒーを飲んだりしようとしましたが，できませんでした。ハリーは僕がおなかいっぱいであることにすぐに気がついて言いました。「トモヤ，おなかがいっぱいでそれが欲しくなかったら，そう言ってくれればいい。言わなくてはいけないときには，『いいえ』と言うべきだよ。自分がしたいことやしたくないことを言わないと，⑥カナダでの生活は楽しめないよ」　それから，僕は「はい」と「いいえ」をはっきり言うようにしました。❽カナダでの僕の経験を通して，多くの物事が自分の国の物事とは異なっていることを知りました。カナダに行ってから，僕は外国の文化，習慣，言語に対する興味が大きくなりました。そういったことをもっと知りたいと思います。

1＜適語選択＞空所の後が「台所に行って何か食べなさい」と続くので，どういう場合に台所に行って何か食べようとするかを考える。　hungry「空腹の」

2＜適文選択＞この発言に対してトモヤはSure, I'm coming.「もちろんです。行きます」と答えているので，この返答を導く疑問文を選ぶ。手伝いを頼まれて，承諾したのである。

3＜要旨把握＞ここでのproblemは「困ったこと」という意味。その内容は次の文で説明されている。

4＜書き換え―適語補充＞下線部④では目的語のmeが，与えられた文では主語のIになっているので，受け身(‘be動詞＋過去分詞’)の形に直せばよい。

5＜適文選択＞好きではないコーヒーを飲もうとしているのは，断ることができなかったからである。No, thank you.「いいえ，けっこうです」は，相手の申し出を断るときの定型表現。

6＜整序結合＞ifを用いた文の主節をつくる。動詞enjoy「～を楽しむ」があるので，主語は人のyouとする。助動詞willの否定形won'tは動詞の前にくるので，you won't enjoyとまとめ，enjoyの目的語にyour life「君の生活」を置く。残りは場所を表す語句のin Canadaとなる。

7＜適語選択＞[A] ‘Have/Has＋主語(＋ever)＋been to＋場所？’「〈主語〉は(これまでに)〈場所〉に行ったことがありますか」の形。ここでのeverは「これまでに」を表し，現在完了の‘経験’用法でよく使われる。　[B] ‘比較級＋than ～’「～よりも…である」

8＜語形変化＞[C] teach－taught－taught　[D] eat－ate－eaten

9＜単語の綴り＞❶「8月」はAugust。月の名は大文字で始める。　❷「友だち」はfriend(s)。日本語の「フレンズ」につられてiを忘れないよう注意。

10＜内容真偽＞(1)…○　第3段落第3文に一致する。　(2)…×　第7段落前半参照。トモヤがクッキーを食べたくなかったのは，嫌いだったからではなく満腹だったから。

11＜要旨把握＞(1)第4段落第1文参照。for three weeksとある。このforは‘期間’を表す。　(2)第7段落第4文参照。このthemは前文にあるsome cookiesを指す。

2〔長文読解総合─説明文〕

≪全訳≫❶ピザはイタリアが発祥だと多くの人たちが考えている。だが実際には，それはギリシャで最初につくられた。１～２世紀頃，ギリシャ人たちは大きくて平らなパンを焼いて，その上にハーブ，タマネギ，その他の野菜をのせた。1500年代初め，旅人たちはトマトを食べるのは危険だと考えていたが，イタリアのナポリの貧しい人々は飢えていたのでトマトを食べてみた。彼らは平らなパンの上でトマトとハーブを焼いた。1600年代には，人々はナポリの貧しい地域を訪れてその新しい料理を食べてみた。❷1940年代，第二次世界大戦の間に多くのアメリカ人兵士たちがイタリアにいた。それらの兵士たちは初めてピザを味わい，それをとても気に入った。戦後に彼らが母国に戻ると，それをもう一度食べたいと感じた。まもなく，ほとんどのアメリカの都市にピザ料理店が存在するようになり，ピザは国中で人気の食べ物になった。

１＜語形変化＞①主語の it は pizza を指す。前に be動詞の was があるので，‘be動詞＋過去分詞’の受け身で「つくられた」とする。 make－made－made ②1600年代の出来事なので過去形にする。visit の過去形は visited。

２＜英文和訳＞ア．century「世紀」 イ．Greek(s)「ギリシャ人」 ウ．onion(s)「タマネギ」 エ．vegetable(s)「野菜」

３＜用法選択＞(イ)副詞的用法。これと同じ用法を含むのは，う．「この本を読むのは難しい」。 (エ)名詞的用法「～すること」。これと同じ用法を含むのは，あ．「彼のモットーは正直でいることだ」。

４＜単語の意味＞World War Ⅱは「第二次世界大戦」。the Second World War ともいう(the がつくことに注意)。

５＜語句解釈＞the country「その国」とは，この前で話題になっている(the) U.S.「アメリカ」を指す。U.S. は United Sates の略称。

６＜内容真偽＞(1)「ピザはイタリアが発祥である」…× 第１段落第２文参照。 (2)「イタリアのナポリの貧しい人々がトマトを食べたのは，それがおいしかったからだ」…× 第１段落最後から３文目参照。貧しかったからである。 (3)「多くのアメリカ人兵士たちが1940年代にピザを味わった」…○ 第２段落第１，２文の内容に一致する。 (4)「ほとんどのアメリカの都市にピザ料理店があり，ピザは国中で人気を得た」…○ 第２段落最終文に一致する。

3〔適語(句)選択・語形変化〕

１．‘比較級＋than any other＋単数名詞’「他のどの～より…」の形。 「彼はクラスの他のどの少年よりも背が高い」

２．be made from ～「～からつくられた」は材料が変化している場合に使う。変化していない場合は from ではなく of を使う。 「ワインはぶどうからつくられる」

３．not ～ either で「(…)もまた～ない」という意味を表す。ここでは either の前に繰り返しとなる swim が省略されている。 「彼は泳げないし，彼女もまた泳げない」

４．look forward to ～「～を楽しみにしている」の to は前置詞なので，後ろにつく動詞は動名詞(～ing)にする。

５．build は「(建物)を建てる」という他動詞なので，建物が主語の場合は受け身形(‘be動詞＋過去

分詞’)にする。　build－built－built

4〔書き換え─適語句補充〕

1.「君が英語を話す必要はない」　上は‘It is ～ for … to ─’「…が〔…にとって〕─することは～だ」の形式主語構文の否定形。下ではdon’t need〔have〕to ～「～する必要がない」を使って書き換える。

2.「1週間は何日ありますか」　‘There＋be動詞 ～’「～がいる〔ある〕」の構文を使って書き換える。この構文の疑問文は‘be動詞＋there ～?’の語順になる。how many daysが複数なのでbe動詞はareになる。

3.「私には大阪に住むおじがいる」　上のan uncle living in Osakaは‘名詞＋現在分詞＋語句’の形(現在分詞の形容詞用法)。これを下では関係代名詞を使って書き換える。liveには3単現のsがつくことに注意。

4.「ドアを開けるな」→「あなたはドアを開けてはいけません」　上は否定命令文のDon’t ～「～するな」の形。これを下では‘禁止’を表すmust not ～「～してはならない」の形で書き換える。

5.「私の車はあなたの車ほど良くはない」→「あなたの車は私の車より良い」　上は‘not as〔so〕＋原級＋as ～’「～ほど…でない」の形。これを下では比較級で表す。　good－better－best

5〔整序結合〕

1.「これは～だ」を表すThis is ～で文を始める。「1600年に建てられた城」は，‘名詞＋過去分詞＋語句’の形でthe castle built in 1600と表せる(過去分詞の形容詞的用法)。

2.「(私は)～がわからない」を表すI don’t know ～で文を始める。「このカバンが誰のものなのか」は「これは誰のカバンなのか」と読み換えてwhose bag this isとまとめる。間接疑問なので‘疑問詞(whose bag)＋主語(this)＋動詞(is)’の語順にすることに注意。

3.「掃除しています」は現在進行形(is/am/are ～ing)で表せる。now「今」のような‘時’を表す副詞は文頭，文末，一般動詞の前，be動詞・助動詞の後に置くことができる。

4.「もし明日雨が降ったら」はif it rains tomorrowで表せる。‘条件’を表す副詞節なので未来の出来事も現在時制で表していることに注意。また，このitは‘天候’を表す文の主語になる用法。

5.「どちらの色」はWhich colorで表せる。その後は，助動詞を含む疑問文の‘助動詞＋主語＋動詞…?’の語順にまとめる。　would like to ～「～したい」

数学解答

1 (1) 10　(2) -7　(3) $-\frac{1}{2}x-\frac{11}{6}$　(4) $2\sqrt{6}-7\sqrt{2}$

2 (1) 9本　(2) $a=\frac{3}{2}$，$b=4$　(3) $x=3\pm3\sqrt{2}$　(4) 30　(5) $\frac{1}{9}$　(6) 200g　(7) $3+3\sqrt{3}$

3 (1) 5　(2) $\frac{3}{2}$　(3) 5

4 (1) $6\sqrt{3}$　(2) $9\sqrt{11}$　(3) 1：6

5 (1) 1　(2) $(-2,\ 4)$　(3) 3

1〔独立小問集合題〕

(1)＜数の計算＞与式$=2-4\times(-2)=2+8=10$

(2)＜数の計算＞与式$=5+\left(-\frac{3}{4}\right)\times16=5+(-12)=5-12=-7$

(3)＜式の計算＞与式$=\frac{3}{2}x-\frac{6}{2}-\frac{12}{6}x+\frac{7}{6}=\frac{3}{2}x-3-2x+\frac{7}{6}=\frac{3}{2}x-2x-3+\frac{7}{6}=\frac{3}{2}x-\frac{4}{2}x-\frac{18}{6}+\frac{7}{6}=-\frac{1}{2}x-\frac{11}{6}$

(4)＜数の計算＞与式$=\sqrt{24}-\sqrt{18}-\frac{8\times\sqrt{2}}{\sqrt{2}\times\sqrt{2}}=2\sqrt{6}-3\sqrt{2}-\frac{8\sqrt{2}}{2}=2\sqrt{6}-3\sqrt{2}-4\sqrt{2}=2\sqrt{6}-7\sqrt{2}$

2〔独立小問集合題〕

(1)＜一次方程式の応用＞買った鉛筆の本数をx本とすると，鉛筆は1本80円なので，鉛筆の代金は$80x$円となり，120円のノート1冊と合わせた代金が840円であることから，$80x+120=840$が成り立つ。これを解くと，$80x=720$より，$x=9$となるので，買った鉛筆の本数は9本である。

(2)＜連立方程式―解の利用＞$2ax-by=-5$……①，$bx+ay=7$……②とする。①，②の連立方程式の解が$x=1$，$y=2$であることから，これらの値を①，②に代入すると，$2a-2b=-5$……③，$b+2a=7$，$2a+b=7$……④が成り立つ。③，④を連立方程式として解くと，④−③より，$b-(-2b)=7-(-5)$，$3b=12$　$\therefore b=4$　これを④に代入して，$2a+4=7$，$2a=3$　$\therefore a=\frac{3}{2}$

(3)＜二次方程式＞$(x-3)^2=18$より，$x-3=\pm3\sqrt{2}$　$\therefore x=3\pm3\sqrt{2}$

(4)＜数の性質＞$\sqrt{120n}=\sqrt{2^2\times30n}=2\sqrt{30n}$より，$n=30p^2$($p$は自然数)となるときに$\sqrt{120n}$は自然数となる。よって，$n$が最も小さくなるのは，$p=1$のときで，$n=30\times1^2=30$となる。

(5)＜確率―じゃんけん＞A，B，Cの3人がじゃんけんをするとき，3人とも手の出し方はグー，チョキ，パーの3通りあるので，3人の手の出し方は全部で$3\times3\times3=27$(通り)ある。これらの中で，Aだけが勝つ手の出し方は，(A，B，C)＝(グー，チョキ，チョキ)，(チョキ，パー，パー)，(パー，グー，グー)の3通りなので，求める確率は$\frac{3}{27}=\frac{1}{9}$である。

(6)＜一次方程式の応用＞9％の食塩水の量をxgとすると，その中に含まれる食塩の量は$\frac{9}{100}x$gとなる。また，混ぜたあとの食塩水の量が500gなので，3％の食塩水の量は$500-x$gであり，その中に含まれる食塩の量は$\frac{3}{100}(500-x)$gとなる。さらに，混ぜたあとの食塩水の濃度が5.4％なので，含まれる食塩の量は$\frac{54}{1000}\times500=27$(g)となる。以上より，含まれる食塩の量について，$\frac{9}{100}x+\frac{3}{100}(500-x)=27$が成り立ち，これを解くと，$\frac{9}{100}x+15-\frac{3}{100}x=27$，$9x+1500-3x=2700$，$6x=1200$より，$x$

$=200$ となる。よって，9%の食塩水を 200g にすればよい。

(7)<平面図形—長さ>右図のように，頂点 A から辺 BC に垂線 AD を引くと，△ACD は 3 辺の比が $1:2:\sqrt{3}$ の直角三角形になる。よって，$\mathrm{CD}=\frac{1}{2}\mathrm{AC}=\frac{1}{2}\times6=3$, $\mathrm{AD}=\sqrt{3}\,\mathrm{CD}=\sqrt{3}\times3=3\sqrt{3}$ となる。また，$\angle\mathrm{CAD}=30^\circ$ なので，$\angle\mathrm{BAD}=\angle\mathrm{BAC}-\angle\mathrm{CAD}=75^\circ-30^\circ=45^\circ$ となり，△ABD は直角二等辺三角形で，$\mathrm{BD}=\mathrm{AD}=3\sqrt{3}$ となる。したがって，$\mathrm{BC}=\mathrm{CD}+\mathrm{BD}=3+3\sqrt{3}$ である。

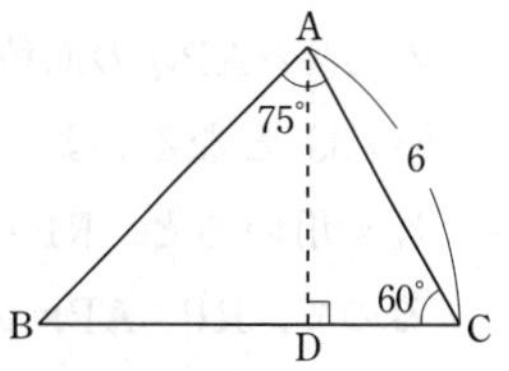

3 〔特殊・新傾向問題—規則性〕

(1)<数の値>1 番目の数は 1，2 番目の数は 4 なので，規則②より，3 番目の数は $(4+1)\div1=5\div1=5$ となる。

(2)<数の値>2 番目の数は 4 であり，(1)で 3 番目の数は 5 なので，規則③より，4 番目の数は $(5+1)\div4=6\div4=\frac{6}{4}=\frac{3}{2}$ となる。

(3)<規則性>規則④より，5 番目の数は $\left(\frac{3}{2}+1\right)\div5=\frac{5}{2}\div5=\frac{1}{2}$ であり，6 番目の数は，$\left(\frac{1}{2}+1\right)\div\frac{3}{2}=\frac{3}{2}\div\frac{3}{2}=1$，7 番目の数は，$(1+1)\div\frac{1}{2}=2\times\frac{2}{1}=4$，8 番目の数は $(4+1)\div1=5$ となる。これらの数を 1 番目から並べると，1，4，5，$\frac{3}{2}$，$\frac{1}{2}$，1，4，5…となり，1，4，5，$\frac{3}{2}$，$\frac{1}{2}$ の 5 個の数がこの順番で繰り返されることがわかる。よって，$2023\div5=404$ あまり 3 より，2023 番目の数は 3 番目の 5 となる。

4 〔空間図形—正四面体〕

≪基本方針の決定≫(2)　△APQ が二等辺三角形であることに気づきたい。　(3)　底面が共通なので，高さを比較する。

(1)<長さ>正四面体は 4 つの合同な正三角形でできているので，右図 1 の △ACD は 1 辺 12 の正三角形である。よって，点 Q は辺 CD の中点なので，$\mathrm{AQ}\perp\mathrm{CD}$ となり，$\angle\mathrm{ACQ}=60^\circ$ より，△ACQ は 3 辺の比が $1:2:\sqrt{3}$ の直角三角形となる。よって，$\mathrm{AQ}=\frac{\sqrt{3}}{2}\mathrm{AC}=\frac{\sqrt{3}}{2}\times12=6\sqrt{3}$ となる。

図1

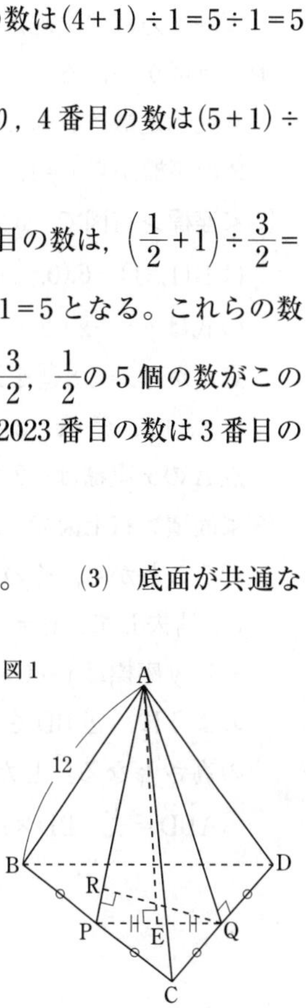

(2)<面積>右図 1 で，(1)と同様に $\mathrm{AP}=\mathrm{AQ}=6\sqrt{3}$ となる。また，2 点 P，Q はそれぞれ辺 BC，CD の中点だから，△BCD で中点連結定理より，$\mathrm{PQ}=\frac{1}{2}\mathrm{BD}=\frac{1}{2}\times12=6$ となる。これより，△APQ は二等辺三角形になり，頂点 A から底辺 PQ に垂線 AE を引くと，点 E は辺 PQ の中点になるので，$\mathrm{PE}=\frac{1}{2}\times\mathrm{PQ}=\frac{1}{2}\times6=3$ となる。△APE に三平方の定理を用いると，$\mathrm{AE}=\sqrt{\mathrm{AP}^2-\mathrm{PE}^2}=\sqrt{(6\sqrt{3})^2-3^2}=\sqrt{108-9}=\sqrt{99}=3\sqrt{11}$ となる。よって，$\triangle\mathrm{APQ}=\frac{1}{2}\times\mathrm{PQ}\times\mathrm{AE}=\frac{1}{2}\times6\times3\sqrt{11}=9\sqrt{11}$ となる。

(3)<体積比>次ページの図 2 で，三角錐 RBCD と正四面体 ABCD は，ともに △BCD を底面とする三角錐なので，これらの体積比は高さの比と等しくなる。図 2 のように，それらの高さを RF，AG とすると，2 点 F，G はともに線分 DP 上にあり，RF∥AG となることから，RF：AG＝RP：AP となる。そこで，右上図 1 を利用して線分 RP の長さを求める。まず，(2)より，$\triangle\mathrm{APQ}=9\sqrt{11}$ であり，

QR=hとすると，△APQ=$\frac{1}{2}$×AP×QR=$\frac{1}{2}$×$6\sqrt{3}$×h=$3\sqrt{3}h$となるから，△APQの面積について，$3\sqrt{3}h=9\sqrt{11}$が成り立つ。これより，$h=\sqrt{33}$となる。よって，QR=$\sqrt{33}$，PQ=6より，△QRPに三平方の定理を用いると，RP=$\sqrt{\mathrm{PQ}^2-\mathrm{QR}^2}=\sqrt{6^2-(\sqrt{33})^2}=\sqrt{36-33}=\sqrt{3}$となるので，RP：AP=$\sqrt{3}$：$6\sqrt{3}$=1：6となる。したがって，RF：AG=1：6より，〔三角錐RBCD〕：〔正四面体ABCD〕=RF：AG=1：6である。

図2

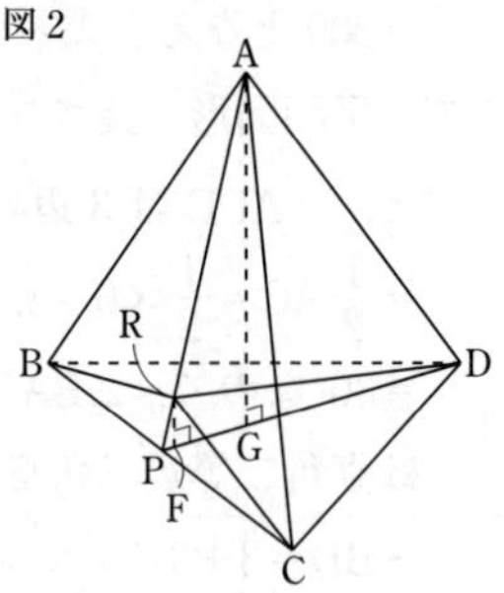

5〔関数—関数 $y=ax^2$ と一次関数のグラフ〕

≪基本方針の決定≫(2)　直線と放物線の交点として求める。　(3)　点Dの座標を求めると，三角形の特徴がわかる。

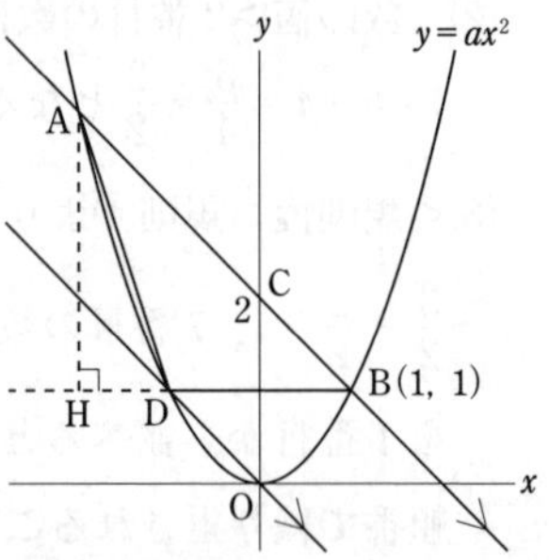

(1)＜比例定数＞右図で，点Bは放物線 $y=ax^2$ 上にあるので，$y=ax^2$ に点Bの座標から $x=1$，$y=1$ を代入すると，$1=a\times1^2$ より，$a=1$ となる。

(2)＜座標＞右図で，(1)より，放物線の式は $y=x^2$ である。また，直線BCはB(1，1)，C(0，2)より，切片が2で，傾きが$\frac{1-2}{1-0}=-1$なので，その式は $y=-x+2$ となる。点Aは放物線 $y=x^2$ と直線 $y=-x+2$ の交点だから，①と②を連立方程式として解く。2式から y を消去して，$x^2=-x+2$，$x^2+x-2=0$，$(x+2)(x-1)=0$ より，$x=-2$，1となるので，点Aの x 座標は−2であり，y 座標は $y=(-2)^2=4$ となる。よって，A(−2，4)となる。

(3)＜面積＞右上図で，AB∥DOより，直線DOの傾きは直線ABの傾きと等しく−1となり，原点を通ることから，その式は $y=-x$ である。点Dは，この直線と放物線 $y=x^2$ の交点だから，2式から y を消去して，$x^2=-x$，$x^2+x=0$，$x(x+1)=0$ より，$x=0$，−1となる。よって，点Dの x 座標は−1，y 座標は $y=(-1)^2=1$ より，D(−1，1)なので，B(1，1)より，辺BDは x 軸と平行になる。図のように，辺BDを延長し，点Aから垂線AHを引くと，AHが△ABDの底辺をBDとしたときの高さとなる。したがって，A(−2，4)より，AH=4−1=3となり，BD=1−(−1)=2なので，△ABD=$\frac{1}{2}$×BD×AH=$\frac{1}{2}$×2×3=3となる。

2023年度／二松学舎大学附属高等学校

国語解答

一 問一 (a) 喪失 (b) じんだい
(c) ひんぱん (d) 膨大
(e) だいたい〔だいがえ／だいかえ〕

問二 A…カ B…イ C…ウ

問三 持続可能[性] 問四 イ

問五 環境問題 問六 エ

問七 ウ

問八 コンビニで～を買うこと

問九 ア 問十 プラスチック

問十一 ・マイバッグを持参(したり)
・マイボトルで水を持ち歩く

問十二 いるからです。 問十三 ウ

二 問一 4 問二 ア 問三 みかど

問四 ウ 問五 エ 問六 ア

問七 係り結び(の法則) 問八 イ

三 A 塩 B 猫 C 杖 D 胸
E 矢

四 A 一 B 三 C 五 D 四
E 二

一〔論説文の読解—自然科学的分野—環境〕出典；工藤尚悟『私たちのサステイナビリティ—まもり，つくり，次世代につなげる』。

≪本文の概要≫サステイナビリティについて考えるとき，人がどのように自然をとらえるかは，重要な問題である。そして，サステイナビリティの議論で最も多く取り上げられるテーマは，環境問題である。環境問題については，その状況を伝える情報が多いので，詳しく知ることは容易であり，今後の変化も科学的に予測できる。それでも，私たちは，日常生活の中で，環境問題を解決するために必要な行動ができているとはいえない。例えば，熱中症対策でエアコンの設定温度を低めにしたり，利便性の高いプラスチック容器入りのものを買ったりというように，私たちは，環境問題に照らしての判断よりも，消費行動に正当な解釈がつけられるかどうかを行動の一つの基準にしている。電気，ガス，ガソリンなどの資源についても同様であり，私たちは，環境負荷と引き換えに便利な暮らしを手に入れている。そのため，環境問題に対する意識は，一人ひとりの行動変容に結びついていない。このように環境問題に対する具体的な行動が難しいのは，環境よりも経済性を優先する仕組みがあることとともに，環境を考えるときの前提となる人間と自然の関係性に問題があると思われる。

問一＜漢字＞(a)「喪失」は，失うこと。 (b)「甚大」は，物事の程度がきわめて大きいさま。 (c)「頻繁」は，ひっきりなしに行われるさま。 (d)「膨大」は，きわめて数量の多いさま。また，非常に大きいさま。 (e)「代替」は，本来のものを，それに見合った他のものに代えること。

問二＜接続語＞A．気候変動については，確かに毎年，夏の猛暑日の日数の更新や季節外れの台風による被害といったニュースを「頻繁に耳にするようになって」いるが，それとは別の方では，「環境問題の状況を伝える情報はもうかれこれ三〇年来」ある。 B．「環境問題の状況を伝える情報」が「膨大に」出てくることについての例として，「気候変動については，気候変動に関する政府間パネル(IPCC)の報告書が広く」知られている。 C．スウェーデンの環境活動家グレタ・トゥーンベリさんが国連で行った「気候変動に対する早急な行動を求めた演説」は，日本でも「大変話題に」なったけれども，「あの力強い演説を聞いたあと」も，「私」の基本的な消費行動は「本質的な変化を遂げては」いない。

問三＜語句＞「サステイナビリティ」は，持続可能性のことで，環境や社会，人々の健康，経済といったあらゆる場面において，将来にわたって機能を失わずに続けていくことができるシステムやプロセスを指す。

問四＜文章内容＞「サステイナビリティについて考えるとき，人がどのように自然をとらえるのかというのは重要な問題」であるので，「サステイナビリティの議論のなかで常に中心的な位置にある」のは，自然と人間の関係性である。

問五＜指示語＞「環境問題の状況を伝える情報」が長い間伝えられてきていることを考えると，環境問題が「解決に向かっているという感覚」が持てない。

問六＜文章内容＞「温暖化対策を最も積極的に実施した場合」には，海面水位は「二六～五五 cm 上昇する可能性が高い」のである。したがって，「温暖化対策をほとんど行わなかった場合」には，海面水位は，最低でも二六 cm より多く，最高では五五 cm を超えて上昇すると考えられる。

問七＜文章内容＞私たちは，温暖化の事実を知っていても「暑い日」には冷たいものを求めて，自動販売機でペットボトル入りの飲み物を買ってしまう。

問八＜指示語＞エアコンを低めに温度設定することや自動販売機でペットボトルを買うことは，「熱中症対策」としての行動と考えられ，「コンビニ」や「スーパー」での買い物について考えてみると，「コンビニでドリップコーヒーを買ったときのマドラーやフタ，スーパーでプラスチック容器に詰められているお惣菜を買うこと」についても，「利便性が勝っている部分が大きい」のである。

問九＜語句＞「遂一」は，順を追って詳しく一つ残らず取り上げること。

問十＜文章内容＞プラスチック容器があるおかげで，さまざまな商品を安全に輸送でき，かつ安価に購入することができているので，プラスチック容器を排除すべきだというわけではない。プラスチックに代わるものの開発が進んでいるので，今後，プラスチックを使う状況から抜け出すことが進んでいくことを，「私」は期待したい。

問十一＜文章内容＞環境問題を解決していかなければいけないとは理解していても，その意識が，一人ひとりの行動を変えることに結びついていない。例えば「私」の消費行動は，「マイバックを持参」したり，「マイボトルで水を持ち歩くようになった」というほどの変化で，本質的な変化を遂げてはいない。

問十二＜文脈＞「プラスチック容器があるおかげ」で，私たちはさまざまな商品を「輸送でき，かつ安価に購入することができている」のであり，「プラスチックを徹底的に排除」したら，私たちの身の回りの多くの物は消え，手に入っても「高額」となり，「生活の質が大きく下がってしまうことになる」だろう。

問十三＜要旨＞環境問題について，私たちは「なかなか自分たちに直接関係のあることととらえられていない部分が」ある(ア…○)。環境問題の状況を伝える情報は多いので，環境の「予測される変化についてもイメージがしやすい」のである(イ…○)。環境問題を解決するための行動ができないのは「プラスチック製の容器に入っているものを買わざるを得ない状況が悪いのだ」というように，社会の仕組みに原因があるとして非難することは，「建設的な議論とは」いえない(ウ…×)。「環境問題に対して具体的な行動を起こすことが難しい」のは，環境というものを考えるときの前提となる「人間と自然の関係性に」原因がある(エ…○)。

二 〔和歌の鑑賞〕出典；『古今和歌集』。

≪現代語訳≫はすの露を見てよんだ歌。／蓮の葉は，(泥水の中に生えながら)濁りに染まらない(清らかな)心を持っているのに，どうして(葉の上に置く)露を宝石に見せかけて，人をだますのだろうか(僧正遍照)。／深草の帝の御代に，(私は)蔵人の頭であって夜も昼も親しくお仕え申し上げたが，帝が亡《な》くなり喪に服することになったので，すっかり朝廷への出仕もせず，比叡の山に登って，出家してしまった。その次の年，(廷臣たちは)皆喪服を脱いで，ある者は新しく官位につくなどで，喜んでいたことを聞いてよんだ歌。／人々は皆，(喪が明けたというので喪服を脱いで)華やかな衣服に着替えたそうだ。私の僧衣のたもとよ，(いつまでも悲しみの涙に濡れていないで)せめて乾いておくれ(僧正遍照)。／(豊明の節会で)五節の舞を披露する舞姫を見てよんだ歌。／天から吹いてくる風よ，(天女たちが帰っていく)雲の中の通り道を吹き閉じてくれ。若い娘たちの美しい舞姿を，もうしばらく地上にとどめておきたい(僧正遍照)。／人の心は変わりやすいので，さあ，あなたの心の内はわからないが，昔なじみのこの土地で，梅の花は昔と同じ香りで(咲いて)いる(紀貫之)。

問一＜古典文法＞品詞分解すると，「にごり(名詞)／に(格助詞)／しま(動詞「しむ」の未然形)／ぬ(打ち消しの助動詞「ず」の連体形)」となる。

問二＜古典文法＞「なにかは」は，どうして～か，という意味の疑問を表す副詞。

問三＜古語＞「帝」は，「みかど」と読み，天皇に対する尊称。

問四＜古語＞「かしらおろす」は，頭髪をそって出家する，という意味。

問五＜古典文法＞「閉ぢよ」は，上二段活用の動詞「閉づ」の命令形。

問六＜和歌の内容理解＞「をとめ」は，若い娘。五節の舞姫たちの美しい舞姿を，もうしばらく地上にとどめておきたいという気持ちが，よまれている。

問七＜古典文法＞「花ぞ昔の香ににほひける」では，係助詞「ぞ」のはたらきが及んで，文末の助動詞「けり」が連体形「ける」になっている。この文法上の決まりは，係り結び，あるいは，係り結びの法則である。

問八＜文学史＞『古今和歌集』は，平安時代初期に成立した，醍醐天皇の勅命による日本で最初の勅撰和歌集で，紀貫之，紀友則，凡河内躬恒，壬生忠岑が撰集した。『万葉集』は，奈良時代に成立した現存する日本最古の歌集。『新古今和歌集』は，鎌倉時代初期に成立した勅撰和歌集で，後鳥羽院の院宣により，藤原定家，寂連など六人が撰集した。『おくのほそ道』は，江戸時代初期に成立した松尾芭蕉の俳諧紀行。

三〔国語の知識〕

A＜ことわざ＞「青菜に塩」は，人が元気をなくしてしょげるさまを表す。　B＜ことわざ＞「借りてきた猫」は，ふだんと違って非常におとなしいさまを表す。　C＜ことわざ＞「転ばぬ先の杖」は，失敗しないように，前もって用意をしておくこと。　D＜慣用句＞「胸をなでおろす」は，心配事がなくなって，ほっと安心する，という意味。　E＜故事成語＞「光陰矢のごとし」は，月日がたつのが早いことを表す。

四〔四字熟語〕

A．「一挙両得」は，一つの行動によって，同時に二つの利益を得ること。　B．「孟母三遷」は，子どもの教育のためにはよい環境を選ばなくてはならない，ということ。　C．「五里霧中」は，どうすべきか迷い，見通しや方針が全く立たないこと。　D．「三寒四温」は，三日ほど寒い日が続いた後に，四日ほど暖かい日が続き，これを交互に繰り返す現象のこと。　E．「二束三文」は，数が多くても，きわめて値段が安いこと。

2022年度　二松学舎大学附属高等学校

【英　語】（50分）〈満点：100点〉

1　次の英文を読み，後の問いに答えなさい。

Toshio is a high school student and belongs〈 あ 〉a volunteer club. In【❶　7月】, he joined volunteer activities at a "children's cafeteria". He learned a lot there. Now he is going to talk about his experience in front of the class.

Hello, everyone. Today I'm going to talk about my experience with volunteer activities. ①【of / have / ever / heard / you】 "children's cafeteria" before? ②We call it "Kodomo Shokudo" in Japanese. In Japan, it is said that one out of six or seven children live in poverty now. Poverty in Japan means a family income under 2,120,000 yen per year.

In 2008, some people started to notice the poverty problem in Japan. Then in 2012, a vegetable shop owner opened a place to give free food to poor children. This was the start of children's cafeteria. Since then many groups of volunteers have worked hard and the number of such cafeterias is growing fast. There were about【❷　300　2語】places in 2016 and now there are more than 5,000 places around Japan. ③The cafeterias give children not (　　) food (　　) also a chance to have fun. Children can make friends, do their homework and enjoy (X　talk) with volunteers there. If they get interested〈 い 〉something, volunteers will help them learn more about it.

Some of the food《 i 》they are given are from ④food bank. Do you know about food bank? Food bank is a place where poor people can go to get free food which is donated from food industry. I was (Y　surprise) to hear the news that in Japan, more than 17,880,000 tons of food are thrown away every year. What a waste! So ⑤【give / is / food / important / to / it / to】 people who need it. If the amount of food waste gets smaller and poor people have enough food, Japanese society will be (Z　good) than now.

Today because of Covid-19 pandemic, it is difficult〈 う 〉people to get together at one place to eat lunch or dinner. Instead of a cafeteria, they are giving children a lunch box or one cardboard box of food now.

During the【❸　夏休み　2語】, I volunteered at a children's cafeteria near our school. I took a lot of food out of the cardboard boxes and put them on the counter or into the shelf and helped people choose food from them. Also, I went to the supermarket ⑥to buy some life necessities to give them.

I was very impressed by a mother and her two sons《 ii 》came to the cafeteria to get food at that time. The boys were about my age. The elder boy said, "When I become a grown-up, I'll work for a good company to help my mother. ⑦I want to make her happy, so I'm studying very hard now." The younger boy said, "I want to be a doctor because if my mom gets sick, I'll save her life." Then their mother said to me, "I'm proud〈 え 〉my sons because they are very kind to me and they are studying hard to have a better life in the future. So I'm doing my best for them." They may be poor, but look happy and are kind to each other.

⑧I was ashamed of myself because I've never said "thank you" to my parents though I live in comfort. Now in Japan, ⑨poverty is (　　) of (　　) (　　) important social problems we must solve, and it is said that the main causes of poverty are unstable employments, the increase in single-parent families and the tax system. I don't know what to do by myself, so I've decided to major in politics and economy at a university to study ⑩(　　) (　　) solve the problem. In the future, I'll work hard to solve poverty for everyone here in Japan.

Thank you for listening.

※ poverty：貧困　income：所得　per：…につき　problem：問題　donate：寄付する
food industry：食品産業　What a waste!：なんてもったいない。　amount：量　society：社会
because of ～：～のために　Covid-19 pandemic：コロナ禍　get together：集まる
instead of ～：～の代わりに　cardboard box：段ボール箱　counter：台　shelf：棚
life necessities：生活必需品　be impressed：感銘を受ける　grown-up：大人　company：会社
be ashamed of ～：～を恥ずかしく思う　live in comfort：何不自由なく暮らす
the main causes：主な原因　unstable employment：不安定な雇用
the increase in single-parent families：ひとり親家庭の増加　tax system：税制
major in ～：～を専攻する　politics and economy：政治経済

1．下線部①が「～について今までに聞いたことがありますか」という意味になるように【　】内の語を適切に並べかえなさい。ただし，文頭にくる文字も小文字になっている。

2．下線部②とほぼ同じ意味になるように，下の英文の(　)内に適語を入れなさい。
It is (　　) "Kodomo Shokudo" in Japanese.

3．下線部③が「この食堂は子どもたちに食べ物ばかりでなく，楽しむ機会を与えています。」という意味になるように(　)内に適語を入れなさい。

4．下線部④の説明として正しいものを１つ選び，記号で答えなさい。
ア　食品産業が運営している食料銀行である。
イ　貧しい人たちが食品産業から食べ物を安く買うことができる場である。
ウ　貧しい人たちが食品産業から寄付された食べ物を無料でもらえる場である。

5．下線部⑤が「食べ物を，それを必要としている人に与えることは大切だ。」という意味になるように【　】内の語を適切に並べかえなさい。

6．下線部⑥と同じ用法の不定詞を含む文を下から１つ選び，番号で答えなさい。
(1)　The book he wants to buy is very expensive.
(2)　He bought a lot of books to read.
(3)　The children sat down to eat dinner.
(4)　My dream is to be a singer.

7．下線部⑦の her の内容を明らかにして，適切な日本語に直しなさい。

8．下線部⑧で「僕は自分を恥ずかしく思った。」とあるが，その理由を日本語で説明しなさい。

9．下線部⑨が「貧困は解決しなければならない最も重要な問題の中の１つです。」という意味になるように(　)内に適語を入れなさい。

10．下線部⑩が「その問題を解決する方法」という意味になるよう(　)内に適語を入れなさい。

11．あ～え の〈　〉内に適する前置詞を下から選び，番号で答えなさい。
(1)　in　(2)　of　(3)　to　(4)　for

12．❶～❸の【　】内を英語に直しなさい。

13．ⅰ・ⅱの《　》内に適する語を下から選び，書きなさい。
what / which / how / who

14. X～Z の（　）内の語を適切な形に直しなさい。
15. 次の英語の問いに対する答えとして最も適切なものを１つ選び，記号で答えなさい。
(1) How much can people in poverty use per month ?
ア　About 377,000 yen.　　イ　About 277,000 yen.　　ウ　About 177,000 yen.
(2) When did a "children's cafeteria" open for the first time ?
ア　In 2008.　　イ　In 2012.　　ウ　In 2016.
16. 本文の内容に合っていないものを１つ選び，番号で答えなさい。
(1) 現在，日本では子どもの６～７人に１人が貧困家庭で育っている。
(2) ここ５年間で，子ども食堂の数は約17倍に増えている。
(3) 子ども食堂では，食事だけでなく，友達づくりや宿題ができる。
(4) 現在はたくさんの人が集まって食事をするのが難しいので，食堂ではなくお弁当や食材の配布をしている。
(5) 日本の貧困の主な原因は，不安定な雇用と仕事への意欲の低下である。

2　次の英文を読み，後の問いに答えなさい。

Did you know that the Statue of Liberty came from France ? The French people gave it to America, as a gift for America's 100th birthday in 1876. But it took years to build her. In 1884, she was completed. (あ)She was too big to send! She was ①[take] apart and packed in 214 boxes. The boxes were brought onto a ship. The trip took weeks. At one point, the ship nearly sank in a big storm. But luckily the statue arrived in the U.S. It was 1885.

Once it arrived, the statue needed a base to stand on. (い)[money / there / one / no / to / build / was]. But a New York newspaper had a way to help. They offered to print the name of every person (う)(　　　) gave money for the base. People sent money. Finally, the base was built. It measures at 154 feet in height.

At last Miss Liberty was ②[put] back together. It took four months. She stands proudly on Liberty Island in New York City. One hand is raised. In it, she holds a torch. In the other hand, she holds a tablet. On the tablet, the date, July 4, 1776 is ③[write]. This date is Independence Day for the United States. The statue is 151 feet tall. The whole thing measures 305 feet from the ground to the tip of her torch. The Statue of Liberty first appeared in front of thousands of people on October 28, 1886.

※　the Statue of Liberty：自由の女神

1．自由の女神はどこの国の何の記念にどこから送られたものか。日本語で説明しなさい。
2．下線部(あ)を書き換える場合，以下の（　）内に入る語を答えなさい。
She was too big to send!
＝She was (　　　) big that people (　　　) send it!
3．下線部(い)を「それを建てるお金はなかった」という意味になるように並べ替えなさい。但し，最初に来る語も小文字にしてある。
4．下線部(う)の（　）内に入る最も適切な関係詞を下から選びなさい。
what / who / which / whose
5．下線部①②③の動詞を適当な形に直しなさい。但し，変わらないものもある。
6．以下の問題に答えなさい。
In what year was America "born" ?

ア　In 1776.　　イ　In 1885.　　ウ　In 1876.　　エ　In 1886.

3　次の各文の(　)内に適する語を下から選び，ア～エの記号で答えなさい。

1．One of my friends (　　) in Canada.
　ア　live　　イ　lives　　ウ　are living　　エ　have lived

2．Yesterday's soccer game was very (　　).
　ア　interested　　イ　crying　　ウ　tired　　エ　exciting

3．This is the book which (　　　) for a long time.
　ア　I bought it　　イ　I have one to buy　　ウ　I have wanted to buy　　エ　I want to buy it

4．My brother went fishing because it stopped (　　).
　ア　raining　　イ　to rain　　ウ　rains　　エ　rainy

5．A：Bill, have you finished your homework (　　)?
　B：Yes, I have.　Can I play the video game now?
　ア　never　　イ　ever　　ウ　just　　エ　yet

4　次の各組の英文がほぼ同じ意味になるように，空所に適語を書きなさい。

1．It rains a lot here in June.
　We (　　) a lot of (　　) here in June.

2．Let's go to the park this afternoon.
　(　　) (　　) go to the park this afternoon?

3．My pencil is longer than yours.
　Your pencil is (　　) than (　　).

4．Miho went to America, and she is still there.
　Miho has (　　) (　　) America.

5．This is the picture which was taken by Roy.
　This is the picture (　　) (　　) Roy.

5　次の英文の(　)内の語を並べかえて，正しい英文を完成させなさい。

1．I (day / be / fine / a / hope / it'll) tomorrow.
　明日は晴れるといいなと思う。

2．Kate (saying / out / good-bye / went / without).
　ケイトはさようならも言わずに出ていった。

3．I've not (you / a / time / seen / long / for).
　お久しぶりですね。

4．The woman (teacher / with / my / is / our / mother / talking).
　私たちの先生と話しているあの女性は，私の母です。

5．There (on / five / desk / are / the / pencils).
　机の上に５本の鉛筆があります。

【数　学】（50分）〈満点：100点〉

1 次の各式を計算して，最も簡単な形で表しなさい。

(1) $\{9-(27-29)\}\times 1.5$

(2) $-2^4\div\frac{1}{3}\times\left(\frac{1}{2}-1\right)^2+\frac{1}{2^3}\times(-4)^2$

(3) $(\sqrt{2}-\sqrt{3}+1)(\sqrt{3}+\sqrt{2}-1)$

(4) $182^2-2\times 182\times 137+137^2-35^2$

2 次の問いに答えなさい。

(1) 方程式　$3x+y=2x-y=5$　を解きなさい。

(2) 2次方程式　$3x^2+5x-1=0$　を解きなさい。

(3) 3人で1回だけじゃんけんをするとき，あいこになる確率を求めなさい。

(4) 商品Aをまとめて購入すると，1個目は定価の20%引き，2個目は1個目の価格の20%引き，3個目は2個目の価格の20%引きになります。この商品Aを3個まとめて購入したとき，支払った代金は定価で3個買うより10,480円安かった。このとき，商品Aの定価を求めなさい。

(5) 下の資料は，生徒10名があるゲームを行ったときの得点を示したものです。
次の問いに答えなさい。

2，4，1，3，5，2，7，9，1，a

(ア) 平均点が3.9点であるとき，aの値を求めなさい。
(イ) aが(ア)で求めた値のとき，中央値を求めなさい。

(6) 右の図のように，円Oの周上に3点A，B，Cをとり，線分ACとBOの交点をDとします。
$\overset{\frown}{AB}=2\overset{\frown}{BC}$，$\angle BCA=22^\circ$のとき，$\angle ODA$の大きさを求めなさい。

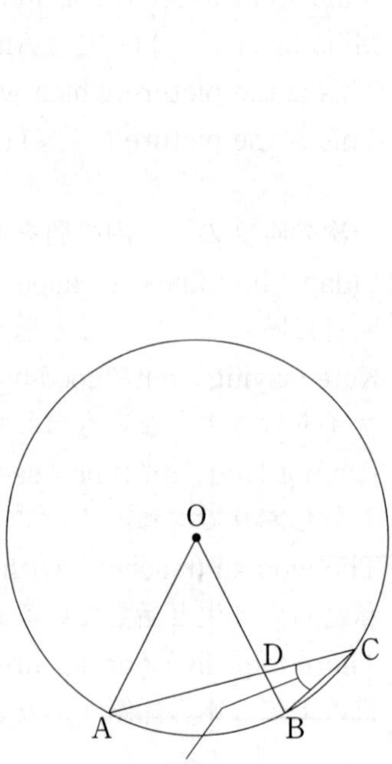

3 分数は分子を分母で割ることで小数に直すことができます。小数の中で割り切れずに決まった数を繰り返すものを「循環小数」といいます。例えば，$\dfrac{1}{41}=0.0243902439\cdots$ は 02439 という 5 個の数を繰り返します。このことを「循環節の長さは 5 である」といいます。$\dfrac{1}{7}$ について次の問いに答えなさい。

(1) $\dfrac{1}{7}$ を小数に直したとき循環小数になります。循環節の長さを答えなさい。
(2) 小数第200位の数を答えなさい。

4 右の図のような，直方体ABCD－EFGHにおいて，直方体の頂点Bから辺CG上の点Pを通って，頂点Hまで糸を巻きつけます。このとき，次の問いに答えなさい。

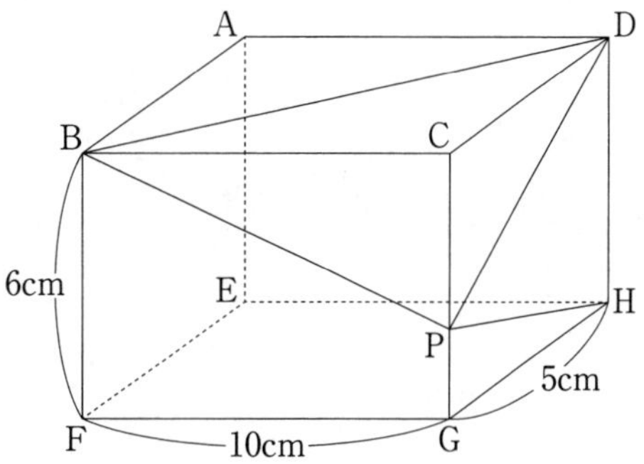

(1) 糸の長さが最も短くなるとき，その長さを求めなさい。
(2) (1)のときPGの長さを求めなさい。
(3) 三角錐C－BPDの体積を求めなさい。

5 右の図のように，原点Oと放物線 $y=2x^2$ 上の3つの点A，B，Cがあります。直線OA，直線BCの傾きはともに－2で，直線ABの傾きは2です。このとき，次の問いに答えなさい。

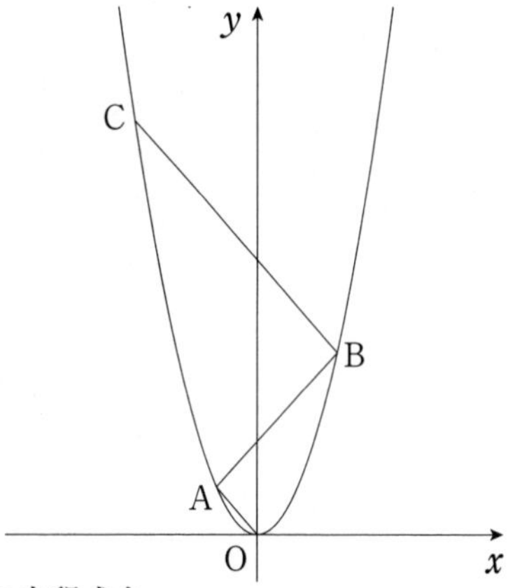

(1) 直線ABの方程式を求めなさい。
(2) 点Cの座標を求めなさい。
(3) △OABと△ABCの面積の比を最も簡単な整数の比で表しなさい。
(4) 原点Oを通り，四角形OACBの面積を2等分する直線の方程式を求めなさい。

三

次の①～⑤の傍線部の言葉の使い方の正しいものには○、間違っているものには×をつけなさい。

① 一日中時雨が降り続いて、気分がめいってしまった。

② 彼の流暢な英会話には、いつも困惑してしまう。

③ 異常気象の影響か、河川の氾濫が続いている。

④ 金銭の出納に関しては、彼が責任者だ。

⑤ 栄誉ある賞を受賞したので、追悼公演を企画した。

四

次の空欄（Ⅰ）～（Ⅴ）に当てはまる漢字一字を補い、慣用句を完成させなさい。

・（Ⅰ）と猿の仲。

・借りてきた（Ⅱ）。

・（Ⅲ）の耳に念仏

・水清ければ（Ⅳ）住まず。

・（Ⅴ）の居所が悪い。

問一　傍線部①「歌合」の読み方をひらがな（現代仮名遣い）で答えなさい。

問二［　Ⅰ　］に入る適語を次から選び、記号で答えなさい。

ア　諸行無常　　イ　閑話休題　　ウ　関路落葉　　エ　巧言令色

問三　傍線部②「あまた」が修飾している語は何ですか。本文中から抜き出し、一文節で答えなさい。

問四　傍線部③「『秋風ぞ吹く白河の関』」の上の句は次のうちのどれですか。最も適当なものを選び、記号で答えなさい。

ア　都をば霞とともに出でしかど

イ　春過ぎて夏きにけらし白妙の

ウ　小倉山峰の紅葉葉心あらば

エ　花の色はうつりにけりないたづらに

問五　傍線部④「されど、これは出でばえすべきなり」の「されど」と「なり」の品詞を漢字で答えなさい。

問六　傍線部⑤「かの歌ならねど」を現代語に訳しなさい。

問七　傍線部⑥「詠めるとこそ見えたれ」に用いられている文法事項を答えなさい。

問十一　本文の内容として適当なものを次から二つ選び、記号で答えなさい。

ア　プロメテウスはそれぞれの動物に餌を与え、人間が獣に太刀打ちするために道具を作るといった手先の器用さを与えていく。

イ　よきつながりを築くためには、自分と他人が各々の能力を発揮したいと願っていることを踏まえていく。

ウ　人は同じ時代、また同じ社会で出あった他者から倫理を越えた自分の道徳観を形成して生きていく。

エ　自分と他人が望ましいと考えるルールをつきあわせ、認めあったものを共通のルールとして、さらにそれを自分の道徳観に受け入れていく。

オ　いざこざを避けるために他者に配慮するといった知恵をもって自分らしく生きていく態度を貫く。

カ　倫理観を一方的に主張するのではなく、相互に互いの判断を確認しながら、自分の道徳観がぶれないようにしていく。

二　次の文章を読んで、後の問に答えなさい。

建春門院の殿上の①歌合に、［　Ⅰ　］といふ題に、頼政卿、

都にはまだ青葉にて見しかども紅葉散りしく白河の関

と詠まれてはべりしを、そのたび、この題の歌を②あまた詠みて、当日まで思ひわづらひて、俊恵を呼びて見せ合はせければ、「この歌は、かの能因が③『秋風ぞ吹く白河の関』といふ歌に似てはべり。④されど、これは出でばえすべきなり。⑤かの歌ならねど、かくも取りなしてむとべしげに⑥詠めるとこそ見えたれ。似たりとて難とすべき様にはあらず。」とはかりければ、今車さし寄せて乗られける時、「貴房のはからひを信じて、さらば、これを出だすべきにこそ。後のとがをばかけ申すべし。」といひかけて出でられけり。

（『無名抄』より）

問一　二重傍線部(a)・(b)のカタカナを漢字で答えなさい。

問二　空欄［　A　］～［　C　］に入る適語をそれぞれ次の中から選び、記号で答えなさい。

ア　そして　　イ　しかし　　ウ　さらに　　エ　例えば　　オ　さて

問三　空欄［　X　］に入る適語を、漢字二字で本文中から抜き出して答えなさい。

問四　傍線部①「自分の道徳観」とは何か、本文中から三十七字で抜き出し、最初と最後の五字で答えなさい。

問五　傍線部②「それ」が指す内容を本文中から十七字でさがし、抜き出して答えなさい。

問六　傍線部③「『つつしみ』と『いましめ』」を詳しく説明している箇所を本文から十七字で抜き出して答えなさい。

問七　次の［　　］内の文章が入る適当な箇所を本文中からさがし、直前の八字で抜き出して答えなさい。

ともにギリシア神話に登場する神で、兄と弟です。

問八　傍線部④「モットー」の意味を、次から選び、記号で答えなさい。

ア　結果　　イ　信念　　ウ　道徳　　エ　想定　　オ　欲求

問九　傍線部⑤「共通のルール」とは何か、本文中から二字で抜き出して答えなさい。

問十　空欄［　Y　］に入る表現を次から選び、記号で答えなさい。

ア　手を抜こう　　イ　手をこまねこう　　ウ　手を挙げよう　　エ　手を差しのべよう　　オ　手を掛けよう

神話をもとにした話ですが、含蓄のある話です。自ら抑制する心と、おきてを守る感覚とがなければ、人間は生き残ることすらできないというのは、現代のわたしたちにも理解できる話です。

前章でもお話ししましたが、わたしたちが生きていく上で、自分の欲求を追求していくことはとても大事なことです。しかし、他の人もまた欲求をもち、それが満たされることを追求しています。他の人と生きていくためには、まずそのことを理解しなければなりません。そして自分の欲求の追求と、他の人の欲求追求のあいだでバランスをとっていかなければなりません。

［　A　］、他の人とのあいだでよい関係を築いていくためには、単に他の人の欲求に配慮するということだけでは十分ではないでしょう。自分もそうですが、他の人もまた、ただ生きているだけではなく、自分のもっているさまざまな可能性を実現したいと願っているでしょうし、自分の能力を社会のなかで発揮したいと望んでいるにちがいありません。そうしたことがお互いにできるようにするにはどうすればよいか、そうしたことをわたしたちは考えざるをえません。

先ほど言いましたように、同じ時代に生まれた人であっても、その道徳観には違いがあります。身近な例で言えば、電車に乗ったとき、席をお年寄りや体の不自由な人に必ず譲る人もいれば、(b)ユウセン席であっても早い者勝ちだと考える人もいます。正直であることを④モットーにしている人もいれば、他の人をだますことを何とも思わない人もいます。

［　B　］、同じ時代に、また同じ社会で育った人々のあいだには、共有されるところも多くあります。倫理というのは、お互いに共有されているという意識があってはじめて成立するのであり、共有されていなければ倫理とは言えません。そのためにわたしたちは自分が望ましいと考えるルールと他の人が望ましいと考えるルールをつきあわせ、お互いに認めうるものを⑤共通のルールとしていきます。できるだけ多くの人が認めるような、そしてどのような事態にも対応できるようなルールを模索し、その結果共有されるようになったものが倫理と言えるでしょう。

こうしてできあがったルールをわたしたちは自分の道徳観のなかに内面化していきます。［　C　］そのルールに従ってある行為を「よい」と判断し、ある行為を「悪い」と判断していきます。そのとき自分の道徳観を一方的に主張するのではなく、相互に互いの判断を確認しながら、自分自身の道徳観を形成していきます。そのことによって共有される部分が自ずから生まれてきます。そのために、多くの人が同じ行為を――たとえば泣く子に［　Y　］とする行為――を「よい」とし、逆に、子犬を棒でたたくような行為を「悪い」と判断するのです。

（藤田正勝『はじめての哲学』）

二〇二二年度
二松学舎大学附属高等学校

【国語】（五〇分）〈満点：一〇〇点〉

（字数制限のある問は、句読点も一字と数えること。）

一　次の文章を読んで、後の問に答えなさい。

わたしたちは成長する過程で、ある時代に、ある社会のなかで、共通に価値あるものと認められている行為の基準を自分自身のなかに受け入れていきます。そのようにして自分の道徳観を形成していきます。しかしもちろん、すべての人がまったく同じ道徳観をもつに至るわけではありません。社会のなかにある基準をそのまま自分のなかに埋め込んでいくのではなく、自分が経験したことや考えたことをもとに、どのように生きていくべきかを自分なりに考え、その基準を修正して、①自分の道徳観を作りあげていきます。場合によっては、社会のなかで広く認められている基準に反対して、②それを受け入れないということもあるでしょう。

しかし、そこには共有されるものもあります。その共有される基準はどのようにして作られたのでしょうか。

この問題について考えるヒントが、プラトンが著した『プロタゴラス』という対話篇のなかにあります。そこにプロメテウスとエピメテウスの話が出てきます。この話は神話に基づいていますが、『プロタゴラス』ではプラトン独自の(a)キャクショクがなされています。それによりますと、ギリシアの神々がプロメテウスとエピメテウスに、地上に存在する動物すべてに、それらにふさわしい能力や装備を与える仕事を任せました。そこでエピメテウスはそれぞれの動物に、たとえば走る速さや、大きな力、空を飛ぶ能力といったもの、あるいは体温を保つ毛や、身を守る硬い皮膚などを与えました。ところがすべての能力や装備を与え終えてから、人間には何も与えていなかったことに気づきます。

そこにプロメテウスがやってきて、思案したあげく、神々のところから物を作る知恵（技術的な知恵）と火とを盗みだしてきて、［　X　］に与えました。しかしそれだけでは人間は獣に対抗できず、生きていくことができなかったので、集団を作りました。いったんはそれでうまくいったのですが、しかし、人間たちはお互いをだましあったり、殺しあったりして滅亡しかけました。それを見たゼウスが心配して、人間に③「つつしみ」と「いましめ」を与えたことにより、ようやく人間は絶滅の危機を免れたというのです。

2022年度／二松学舎大学附属高等学校

英語解答

1
1 Have you ever heard of
2 called　3 only, but
4 ウ
5 It is important to give food to
6 (3)
7 僕は自分の母親を幸せにしたい。
8 何不自由なく暮らしているにもかかわらず，自分の両親に「ありがとう」と言っていないから。
9 one, the most　10 how to
11 あ…(3)　い…(1)　う…(4)　え…(2)
12 ① July　② three hundred
③ summer vacation
13 i which　ii who
14 X talking　Y surprised
Z better
15 (1)…ウ　(2)…イ　16 (5)

2
1 フランスからアメリカ誕生100周年の記念に贈られた。
2 so, couldn't
3 There was no money to build one
4 who
5 ① taken　② put　③ written
6 ア

3
1 イ　2 エ　3 ウ　4 ア
5 エ

4
1 have, rain　2 Shall we
3 shorter, mine　4 gone to
5 taken by

5
1 hope it'll be a fine day
2 went out without saying good-bye
3 seen you for a long time
4 talking with our teacher is my mother
5 are five pencils on the desk

1〔長文読解総合―スピーチ〕

≪全訳≫❶トシオは高校生で，ボランティアクラブに所属している。7月に「子ども食堂」でボランティア活動に参加した。そこで彼は多くのことを学んだ。今，彼はクラスの皆の前で，その経験を話すところだ。❷皆さん，こんにちは。今日は僕のボランティア活動の体験をお話しします。皆さんは今までに「チルドレンズカフェテリア」という言葉を聞いたことがありますか？　日本語では「子ども食堂」と呼びます。日本では今，子どもの6～7人に1人が貧困状態にあると言われています。日本では貧困とは，年間212万円に満たない世帯収入を意味します。❸2008年，一部の人々が日本の貧困問題に気づき始めました。そして2012年，ある青果店の店主が，貧しい子どもたちに無料で食事を提供する場所を開きました。これが子ども食堂の始まりです。それ以来，多くのボランティアグループが懸命に努力を重ね，こうした食堂の数は急速に増えています。2016年には300か所ほどでしたが，今では日本中に5000か所以上あります。それらの食堂は，子どもたちに食事だけでなく，楽しむ機会も与えています。子どもたちはそこで友達をつくり，宿題をし，ボランティアと会話を楽しむことができます。子どもたちが何かに興味を持てば，それについてもっと学べるようボランティアの人が力を貸してくれます。❹子どもたちに配られる食べ物には，フードバンクからのものもあります。フードバンクを知っていますか？　フードバンクとは，貧しい人たちが食品業界から寄付された無料の食品を取りにいける場所です。日本では年間1788万トン以上の食べ物が捨てられているというニュースを聞いて，僕は驚きました。なんという無駄でしょう！　だから，食べ物を必要としている人に，それを渡すことが大切です。食べ物の廃棄が少なくなり，貧しい人が十分な食べ物を得られれば，日本の社会は今よりもっと良くなるでしょう。❺今はコロナ禍で，人が1か所に集まって昼食や夕食をとることは難しいです。食堂の代わりに，現在はお弁当や段ボール1箱分の食料を子どもたちに与えています。❻夏休みに，僕は学校の近くの子ども食堂でボランティアをしました。ダンボール箱からたくさんの食料を取り出し，それをカウンターや棚に置き，そこから皆が食べ物を選ぶのを手伝いました。また，彼らに渡す生活必需品を買いにスーパーマーケットに行きました。❼そのときに印象的だったのは，食堂に食べ物をもらいに来たお母さんと２人の息子さんでした。少年たちは僕と同い年くらいでした。上の子は「僕は大人になったら，いい会社で働いて母さんを助けるんだ。お母さんを幸せにしたいから，今，一生懸命勉強しているんだ」と言いました。下の子は「お母さんが病気になったら僕が命を助けるから，医者になりたい」と言いました。そして，彼らの母親は僕に言いました。「私は息子たちを誇りに思います。彼らは私にとても優しく，将来より良い人生を送るために一生懸命勉強しているからです。だから私は彼らのために最善を尽くしています」　彼らは貧しいかもしれませんが，幸せそうで，互いに優しいのです。❽僕は自分を恥ずかしく思いました。快適に暮らしているにもかかわらず，両親に「ありがとう」と言ったことがないからです。今の日本では，貧困は僕たちが解決しなければならない最も重要な社会問題の１つであり，貧困の主な原因は，不安定な雇用，１人親家庭の増加，税制であると言われています。自分１人の力ではどうしたらいいかわからないので，その問題を解決する方法を学ぶために，大学で政治と経済を専攻することにしました。将来は，ここ日本の皆さんのために，一生懸命努力して貧困を解決しようと思います。❾ご清聴ありがとうございました。

1＜整序結合＞「(今まで)～したことはありますか」は現在完了の‘Have/Has＋主語(＋ever)＋過去分詞…?’の形で表せる。「～について聞く」は hear of ～ で表せる。

2＜書き換え―適語補充＞‘call＋*A*＋*B*’「*A* を *B* と呼ぶ」の受け身形は‘*A* is called *B*’「*A* は *B* と呼ばれる」となる。

3＜適語補充＞‘not only *A* but (also) *B*’「*A* だけではなく *B* も」の形。

4＜語句解釈＞food bank「フードバンク」の具体的な説明は２文後にある。donate は「～を寄付する」。ここでの free は「無料の」という意味。

5＜整序結合＞‘It is ～ to …’「…することは～だ」の構文をつくる。「食べ物を人に与える」は‘give＋物＋to＋人’「〈人〉に〈物〉を与える」の形。

6＜用法選択＞to不定詞の用法を問う問題。下線部⑥は‘目的’を表す副詞的用法。　(1) wants の目的語となる名詞的用法。　「彼が買いたがっている本はとても高価だ」　(2) books を修飾する形容詞的用法。　「彼は読むべき本をたくさん買った」　(3)‘目的’を表す副詞的用法。　「子どもたちは夕食をとるために座った」　(4)「～になること」を表す名詞的用法。　「私の夢は歌手になることだ」

7＜英文和訳＞her は直前の my mother を指す。　want to ～「～したい」　‘make＋目的語＋形容詞’「～を…(の状態)にする」

8＜文脈把握＞直後に because ～「なぜなら～だからだ」とあるのに注目し，その内容を説明する。現在完了の‘have/has never＋過去分詞…’は「(今まで)～したことがない」，though は「～にもかかわらず」，in comfort は「快適に，不自由なく」という意味。

9＜適語補充＞‘one of the＋最上級＋複数名詞’「最も～な…の１つ」　important は３音節の語なので最上級は前に most をつける。

10＜適語補充＞‘疑問詞＋to不定詞’の how to ～「～する方法」の形。

11＜適語選択＞あ．‘belong to＋団体’「〈団体〉に所属する」　い．get interested in ～「～に興味を抱く」　う．‘It is ～ for … to ―’「…が〔…にとって〕―することは～だ」　え．be proud of ～「～を誇りに思う」

12＜単語の綴り＞① July「７月」　② three hundred「300」は hundred に -s をつけないよう注

意。　③ summer vacation「夏休み」

13＜適語選択＞適切な関係代名詞を選ぶ問題。 ⅰ．受け身形の they are given the food がもとの形なので，the food を受ける目的格の関係代名詞として which を選ぶ。 ⅱ．直後に動詞 came があるので，sons「息子たち」という‘人’を受ける主格の関係代名詞として who を選ぶ。

14＜語形変化＞X enjoy は「～すること」という意味の目的語に，to不定詞ではなく動名詞(～ing)をとる。　Y形容詞 surprised は「(人が物事に)驚いた」，surprising は「(物事が人を)驚かせるような」という意味。ここでは前者。　Z直後に than ～「～よりも」があるので比較級の文である。 good－better－best

15＜英問英答＞(1)「貧しい人々は1か月にいくら使えるか」―ウ．「約17万7000円」　第2段落最終文参照。年額の212万円を12で割る。　(2)「『子ども食堂』が初めてオープンしたのはいつか」―イ．「2012年」　第3段落第2文参照。

16＜内容真偽＞(1)…○　第2段落第4文参照。　(2)…○　第3段落第5文参照。5000を300で割る。(3)…○　第3段落最後から2文目参照。　(4)…○　第5段落参照。　(5)…×　第8段落第2文参照。仕事への意欲の低下という記述はない。

2 〔長文読解総合―説明文〕

≪全訳≫❶自由の女神はフランスから来たと知っていただろうか。1876年のアメリカの誕生100周年の日の贈り物として，フランスの人たちがアメリカに贈ったのだ。しかし，像を建てるのには何年もかかった。1884年に完成した。しかし，それは大きすぎて送れなかったのだ。像は分解され，214個の箱に詰められた。その箱は船に積まれた。旅は何週間もかかった。あるとき，船は激しい嵐で沈没しそうになった。だが幸運にも，像はアメリカに到着した。それは1885年だった。❷到着すると，像にはその上に立てるような台座が必要になった。台座をつくるお金はなかった。しかし，ニューヨークのある新聞社には支援する方法があった。台座のためのお金を出してくれる全ての人の名前を掲載すると申し出たのだ。人々はお金を送った。とうとう台座を建てることができた。高さを測ると154フィートになった。❸ついにミス・リバティはもとどおりに組み立てられた。それには4か月かかった。彼女はニューヨークのリバティ島に誇らしげに立っている。片手は上げられている。その中にトーチを握っている。もう片方の手に石版を持っている。その石版には，1776年7月4日という日付が書かれている。この日は，アメリカ合衆国の独立記念日だ。この像の高さは151フィート。地面から彼女のトーチの先端まで全体を測ると305フィートある。1886年10月28日，自由の女神は何千もの人々の前に初めて姿を現した。

1＜要旨把握＞第1段落第2文参照。ここでの as は「～として」という意味。gift は「贈り物」。

2＜書き換え―適語補充＞下線部(あ)は‘too ～ to …’「…するには～すぎる，～すぎて…できない」の形。これは‘so ～ that＋主語＋cannot …’「とても～なので―は…できない」で書き換えられる。なお過去の出来事なので cannot は couldn't にする。

3＜整序結合＞与えられた語句から‘There＋be動詞＋no＋名詞....’「～は全くなかった」の形にする。「それを建てるお金」は money を to build one で後ろから修飾する(to不定詞の形容詞的用法)。ここでの one は不特定の名詞(ここでは前文の a base「台座」)を指す用法。

4＜適語選択＞関係代名詞を選ぶ問題。直後に動詞 gave があるので，person という‘人’を受ける主格の関係代名詞として who を選ぶ。

5＜語形変化＞① take ～ apart〔take apart ～〕「～を分解する」の受け身形。 take－took－taken　② put ～ back〔put back ～〕「～をもとに戻す」の受け身形。 put－put－put　③ write「～を書く」の受け身形。 write－wrote－written

6＜英問英答＞「アメリカが『生まれた』のは何年か」―ア．「1776年」　第1段落第2文に1876年が誕生100周年だとある。最終段落中ほどの独立記念日の記述からもわかる。

3〔適語(句)選択・語形変化〕

1．‘one of the＋複数名詞’「～のうちの１つ」は単数扱いなので，この形の主語を受ける動詞は単数を受ける形になる。　「私の友人の１人はカナダに住んでいる」

2．スポーツの試合の描写なので，exciting「興奮させるような」が適切。なお interested は「(人が物事に)興味を持った」であり，interesting は「(物事が人に)興味を持たせるような」と混同しないこと。　「昨日のサッカーの試合はとても興奮した」

3．文として成立するのは「これは私が(今まで)長い間買いたいと思っていた本だ」という意味になるウ。文中の which は目的格の関係代名詞であり，the book が buy の目的語なので，buy の後に it など余分な目的語を入れないように注意。

4．‘stop＋動名詞’は「～するのをやめる」，‘stop＋to不定詞’は「～するために立ち止まる」という意味。ここでは前者になる。it は‘天候’を表す文の主語になる用法。　「雨がやんだので私の兄〔弟〕は釣りに行った」

5．Ａ：ビル，宿題はもう終わったの？／Ｂ：うん，終わったよ。今ビデオゲームをやってもいい？／／肯定の疑問文で yet を用いて「もう，すでに」を表せる。

4〔書き換え―適語(句)補充〕

1．「ここは６月にたくさん雨が降る」　上の主語 It は‘天候’を表す文の主語になる用法。自分がいる場所の気候は We have ～. の形でも表せる。上の動詞 rain「雨が降る」は下では名詞となるが，‘数えられない名詞’であることに注意。

2．「今日の午後，公園に行きましょう」　「～しましょう」という‘提案’は Shall we ～? で表せる。

3．上は「私の鉛筆はあなたのものより長い」という文。これを「あなたの鉛筆は私のものより短い」という文に書き換える。「短い」の比較級は shorter，「私のもの」は mine。

4．上は「ミホはアメリカへ行った，そしてまだそこにいる」という文。これを現在完了の‘完了・結果’用法の‘have/has gone to＋場所’「〈場所〉に行ってしまった」で書き換えて，「ミホはアメリカへ行ってしまった」という文にする。

5．「これはロイによって撮影された写真だ」　上は picture「写真」を関係代名詞節で修飾している。これを下では‘過去分詞＋語句’の形で後ろから修飾する(過去分詞の形容詞的用法)。　take－took－taken

5〔整序結合〕

1．「～だといいなと思う」は‘hope(＋that)＋主語＋動詞…’「～であることを望む」の形で表せる。「明日は晴れる」は「明日は晴れの日になる」と読み換え，「晴れた」には形容詞 fine を用いる。

2．「～せずに」は without ～ing で表せる。「出ていく」は go out で表せる。　go－went－gone

3．「お久しぶりですね」は「私は長い間ずっとあなたに会っていません」ということ。「(今まで)～の間ずっと…していない」は現在完了の‘have/has＋not＋過去分詞… for ～’の形で表せる(‘継続’用法)。　see－saw－seen

4．「先生と話しているあの女性」は The woman「あの女性」を‘現在分詞＋語句’の talking with our teacher で後ろから修飾する(現在分詞の形容詞的用法)。

5．‘There＋be動詞＋主語….’「～がいる〔ある〕」の構文。「机の上に」は on the desk で表せる。

2022年度／二松学舎大学附属高等学校

数学解答

1 (1) 16.5　(2) -10
(3) $-2+2\sqrt{3}$　(4) 800

2 (1) $x=2,\ y=-1$　(2) $x=\dfrac{-5\pm\sqrt{37}}{6}$
(3) $\dfrac{1}{3}$　(4) 10000円
(5) (ア) 5　(イ) 3.5点　(6) 79°

3 (1) 6　(2) 4

4 (1) $3\sqrt{29}$ cm　(2) 2cm
(3) $\dfrac{100}{3}\text{cm}^3$

5 (1) $y=2x+4$　(2) $(-3,\ 18)$
(3) 1：5　(4) $y=-14x$

1〔独立小問集合題〕

(1)＜数の計算＞与式$=\{9-(-2)\}\times1.5=(9+2)\times1.5=11\times1.5=16.5$

(2)＜数の計算＞与式$=-16\div\dfrac{1}{3}\times\left(-\dfrac{1}{2}\right)^2+\dfrac{1}{8}\times16=-16\times3\times\dfrac{1}{4}+2=-12+2=-10$

(3)＜数の計算＞$\sqrt{2}\times\sqrt{3}+\sqrt{2}\times\sqrt{2}-\sqrt{2}\times1-\sqrt{3}\times\sqrt{3}-\sqrt{3}\times\sqrt{2}-\sqrt{3}\times(-1)+1\times\sqrt{3}+1\times\sqrt{2}+1\times(-1)=\sqrt{6}+2-\sqrt{2}-3-\sqrt{6}+\sqrt{3}+\sqrt{3}+\sqrt{2}-1=-2+2\sqrt{3}$

≪別解≫与式$=\{\sqrt{2}-(\sqrt{3}-1)\}\{\sqrt{2}+(\sqrt{3}-1)\}$として，$\sqrt{3}-1=A$とおくと，与式$=(\sqrt{2}-A)\times(\sqrt{2}+A)=(\sqrt{2})^2-A^2=2-A^2$となり，$A^2=(\sqrt{3}-1)^2=3-2\sqrt{3}+1=4-2\sqrt{3}$だから，与式$=2-(4-2\sqrt{3})=-2+2\sqrt{3}$である。

(4)＜数の計算＞$182=a$，$137=b$，$35=c$とすると，与式$=a^2-2ab+b^2-c^2=(a-b)^2-c^2$となり，$a-b=182-137=45$より，与式$=45^2-35^2=(45+35)(45-35)=80\times10=800$である。

2〔独立小問集合題〕

(1)＜連立方程式＞$3x+y=5$……①，$2x-y=5$……②とする。①＋②より，$3x+2x=5+5$，$5x=10$　$\therefore x=2$　これを①に代入して，$3\times2+y=5$，$6+y=5$　$\therefore y=-1$

(2)＜二次方程式＞解の公式より，$x=\dfrac{-5\pm\sqrt{5^2-4\times3\times(-1)}}{2\times3}=\dfrac{-5\pm\sqrt{37}}{6}$となる。

(3)＜確率―じゃんけん＞3人で1回じゃんけんをするとき，手の出し方は3人それぞれグー，チョキ，パーの3通りあるから，全部で$3\times3\times3=27$(通り)ある。このうち，あいこになるのは，3人とも同じ手を出すときと3人とも異なる手を出すときの2つの場合がある。3人とも同じ手を出す場合は3通りあり，3人とも異なる手を出す場合は，$3\times2\times1=6$(通り)ある。よって，あいこになるのは$3+6=9$(通り)だから，求める確率は$\dfrac{9}{27}=\dfrac{1}{3}$となる。

(4)＜一次方程式の応用＞商品Aの定価をx円とすると，3個まとめて購入すると，1個目は定価の20%引きになることで代金は$x\times\left(1-\dfrac{20}{100}\right)=\dfrac{4}{5}x$(円)と表せる。2個目はこの$\dfrac{4}{5}x$円から20%引きになることで，2個目の代金は$\dfrac{4}{5}x\times\left(1-\dfrac{20}{100}\right)=\dfrac{4}{5}x\times\dfrac{4}{5}=\dfrac{16}{25}x$(円)となり，3個目は2個目の代金から，さらに20%引きになることで，3個目の代金は$\dfrac{16}{25}x\times\left(1-\dfrac{20}{100}\right)=\dfrac{16}{25}x\times\dfrac{4}{5}=\dfrac{64}{125}x$(円)となる。3個まとめて購入すると，定価で3個買うより10480円安かったことから，$\dfrac{4}{5}x+\dfrac{16}{25}x+\dfrac{64}{125}x=3x-10480$が成り立つ。これを解くと，$\dfrac{100}{125}x+\dfrac{80}{125}x+\dfrac{64}{125}x=3x-10480$，$\dfrac{244}{125}x-3x=-10480$，$-\dfrac{131}{125}x=-10480$，$x=10000$より，定価は10000円となる。

(5)＜データの活用―平均値，中央値＞(ア)平均点が3.9点であるとき，10人の合計点は$3.9\times10=39$(点)

だから，$a=39-(2+4+1+3+5+2+7+9+1)=39-34=5$(点)である。　(イ)$a=5$より，10人の得点を小さい順に並べると，1，1，2，2，3，4，5，5，7，9となり，中央値は5番目の3点と，6番目の4点の平均値になるから，$\dfrac{3+4}{2}=3.5$(点)である。

(6)＜平面図形―角度＞右図で，$\overset{\frown}{\mathrm{AB}}$に対する円周角と中心角の関係より，$\angle\mathrm{AOB}=2\angle\mathrm{ACB}=2\times22^\circ=44^\circ$である。また，$\overset{\frown}{\mathrm{AB}}=2\overset{\frown}{\mathrm{BC}}$より，中心角と弧の長さは比例するから，$\angle\mathrm{AOB}=2\angle\mathrm{BOC}$となり，$\angle\mathrm{BOC}=\dfrac{1}{2}\angle\mathrm{AOB}=\dfrac{1}{2}\times44^\circ=22^\circ$である。さらに，△OACはOA＝OCの二等辺三角形で，$\angle\mathrm{AOC}=\angle\mathrm{AOB}+\angle\mathrm{BOC}=44^\circ+22^\circ=66^\circ$だから，$\angle\mathrm{OCA}=(180^\circ-\angle\mathrm{AOC})\div2=(180^\circ-66^\circ)\div2=57^\circ$である。よって，△ODCで，内角と外角の関係より，$\angle\mathrm{ODA}=\angle\mathrm{BOC}+\angle\mathrm{OCA}=22^\circ+57^\circ=79^\circ$である。

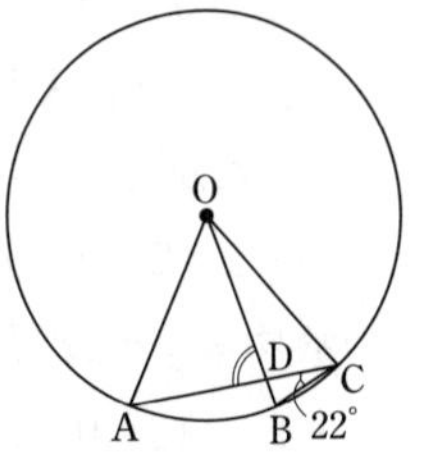

3〔数と式―数の性質〕

(1)＜循環小数＞$\dfrac{1}{7}=1\div7=0.14285714285714\cdots\cdots$より，142857という6個の数を繰り返す。よって，循環節の長さは6である。

(2)＜循環小数＞$200\div6=33$あまり2より，小数第200位まで，142857を33回繰り返し，余り2個だから，小数第200位は，142857の2個目の4である。

4〔空間図形―直方体〕

(1)＜長さ＞右図1で，頂点Bから頂点Hまで，辺CGを通って糸を巻きつけるとき，右下図2のような面BFGCと面CGHDの展開図で考える。図2で，糸の長さが最も短くなるのは，3点B，P，Hが一直線上にある場合である。よって，この場合の糸の長さは線分BHの長さだから，△BFHで三平方の定理より，$\mathrm{BH}=\sqrt{\mathrm{BF}^2+\mathrm{FH}^2}=\sqrt{6^2+(10+5)^2}=\sqrt{261}=3\sqrt{29}$(cm)となる。

(2)＜長さ＞右図2で，BC∥GHより，△BPC∽△HPGとなるから，PC：PG＝BC：HG＝10：5＝2：1である。よって，$\mathrm{PG}=\dfrac{1}{2+1}\mathrm{CG}=\dfrac{1}{3}\mathrm{CG}=\dfrac{1}{3}\times6=2$(cm)となる。

図1

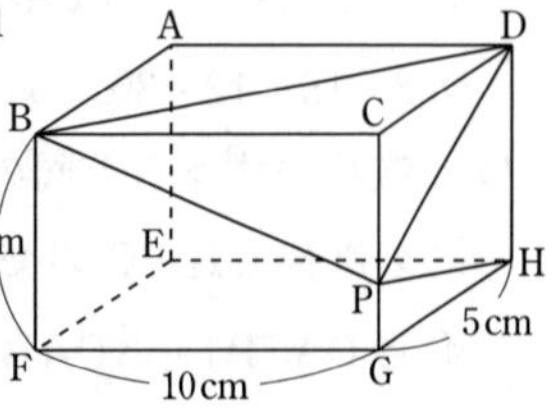

図2

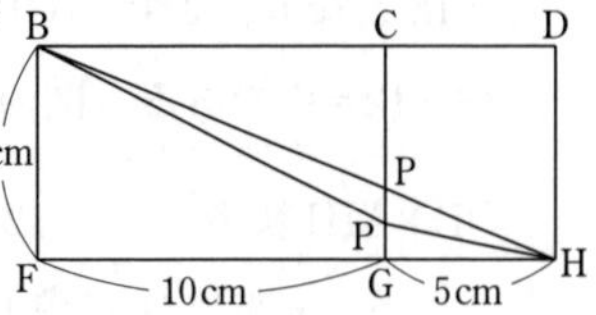

(3)＜体積＞(1)のとき，(2)よりPG＝2cmだから，CP＝CG－PG＝6－2＝4である。これより，三角錐C-BPDの底面を△BCDと見ると，高さはCPだから，求める体積は，$\dfrac{1}{3}\times\triangle\mathrm{BCD}\times\mathrm{CP}=\dfrac{1}{3}\times\left(\dfrac{1}{2}\times10\times5\right)\times4=\dfrac{100}{3}$(cm³)となる。

5〔関数―関数$\boldsymbol{y=ax^2}$と一次関数のグラフ〕

≪基本方針の決定≫(3)　OA∥BCより，△ABCを等積変形する。　(4)　台形OACBの面積を2等分するBC上の点を求める。

(1)＜直線の式＞まず，点Aの座標を求める。次ページの図で，直線OAは傾きが－2だから，その式は$y=-2x$となる。よって，点Aは放物線$y=2x^2$と直線$y=-2x$の交点だから，2式からyを消去して，$2x^2=-2x$より，$2x^2+2x=0$，$x(x+1)=0$，$x=0$，-1となるから，点Aのx座標は－1である。これを$y=-2x$に代入して，$y=-2\times(-1)=2$だから，A(－1，2)となる。直線ABは傾きが2だから，$y=2x+m$とおくと，A(－1，2)より，$x=-1$，$y=2$を代入して，$2=2\times(-1)+m$，$m=$

4となり，直線ABの式は$y=2x+4$である。

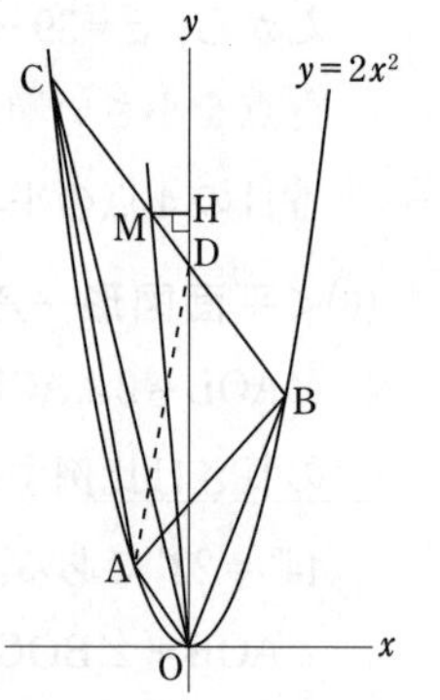

(2)＜座標＞右図で，点Bは放物線$y=2x^2$と直線$y=2x+4$の交点だから，2式からyを消去して，$2x^2=2x+4$より，$2x^2-2x-4=0$，$x^2-x-2=0$，$(x+1)(x-2)=0$，$x=-1$，2となるから，点Bのx座標は2である。よって，$y=2x^2$に$x=2$を代入して，$y=2\times2^2=8$より，B(2，8)である。直線BCは傾きが-2だから，$y=-2x+n$とおくと，B(2，8)より，$x=2$，$y=8$を代入して，$8=-2\times2+n$，$n=12$となり，直線BCの式は$y=-2x+12$である。点Cは放物線$y=2x^2$と直線$y=-2x+12$の交点だから，$2x^2=-2x+12$より，$2x^2+2x-12=0$，$x^2+x-6=0$，$(x+3)(x-2)=0$，$x=-3$，2となるから，点Cのx座標は-3となる。したがって，$y=2\times(-3)^2=18$より，C(-3，18)である。

(3)＜面積比＞右上図のように，直線BCとy軸の交点をDとする。まず，△OABの面積を求める。直線OA，BCの傾きが等しいことから，OA∥BCである。これより，△OAB＝△OADとなる。(2)より直線BCの式は$y=-2x+12$で，切片が12だから，OD＝12である。これより，△OADの底辺をODと見ると，高さは点Aのx座標より1だから，△OAD＝$\frac{1}{2}\times12\times1=6$となり，△OAB＝6である。次に，△ABCの面積を求める。OA∥BCより，△ABC＝△OBCとなるから，△OBC＝△OCD＋△OBDとして，△OBCの面積を求める。△OCDと△OBDの底辺をOD＝12と見ると，高さは点C，Bのx座標よりそれぞれ3，2だから，△OBC＝△OCD＋△OBD＝$\frac{1}{2}\times12\times3+\frac{1}{2}\times12\times2=18+12=30$である。よって，△ABC＝30となり，△OAB：△ABC＝6：30＝1：5である。

(4)＜直線の式＞右上図のように，四角形OACBの面積を二等分する直線は辺BCと交わる。ここで，この直線と辺BCの交点をMとし，点Mの座標を求める。(3)で△OAB＝6，△ABC＝30より，〔四角形OACB〕＝△OAB＋△ABC＝6＋30＝36である。よって，△OBM＝$\frac{1}{2}$〔四角形OACB〕＝$\frac{1}{2}\times36=18$となり，(3)で△OBD＝12より，点Mはy軸の左側にあるから，△OMD＝△OBM－△OBD＝18－12＝6である。図のように，点Mからy軸に垂線を引き，交点をHとすると，△OMD＝$\frac{1}{2}\times$OD×MHより，$\frac{1}{2}\times12\times$MH＝6が成り立ち，MH＝1となる。したがって，点Mのx座標は-1となり，y座標は直線BCの式，$y=-2x+12$に$x=-1$を代入して，$y=-2\times(-1)+12=14$より，M(-1，14)となる。これより，直線OMは傾きが$\frac{14}{-1}=-14$となるから，その式は$y=-14x$となる。

2022年度／二松学舎大学附属高等学校

国語解答

一　問一　(a)　脚色　(b)　優先

問二　A…ウ　B…イ　C…ア

問三　人間

問四　ある時代に～行為の基準

問五　社会のなかで広く認められている基準

問六　自ら抑制する心と，おきてを守る感覚

問七　話が出てきます。　問八　イ

問九　倫理　問十　エ

問十一　イ，エ

二　問一　うたあわせ　問二　ウ

問三　詠みて　問四　ア

問五　されど　接続詞　なり　助動詞

問六　あの歌ではないが

問七　係結び〔係り結び〕

三　①　×　②　×　③　○　④　○　⑤　×

四　Ⅰ　犬　Ⅱ　猫　Ⅲ　馬　Ⅳ　魚　Ⅴ　虫

一〔論説文の読解―哲学的分野―哲学〕出典；藤田正勝『はじめての哲学』。

≪本文の概要≫私たちは，自分の欲求を追求すると同時に，他者の欲求にも配慮し，さらに他者とよい関係を築いていくために，自分も他者もそれぞれの能力を社会の中で発揮したいという望みを持っているということを考えに含めておくべきである。そうするうえでは，社会の中で広く認められ共有されている基準が必要であるため，私たちは，自分と他者が望ましいと考えるルールをつき合わせて，お互いに認められるものを共通のルールとする。こうやって多くの人が認め，どのような事態にも対応できるルールを模索した結果，共有されるようになったものが倫理である。私たちは，倫理を自分の道徳観に受け入れていき，そのルールに従ってある行為のよし悪しを判断するが，その際自分と他者の判断を相互に確認しながら自分の道徳観を形成していくため，共通の道徳観が生まれる。

問一＜漢字＞(a)「脚色」は，話をおもしろくするために事実に飾りをつけ加えること。　(b)「優先」は，他のものをさしおいて先に扱うこと。

問二＜接続語＞A.「自分の欲求の追求と，他の人の欲求追求のあいだでバランスをとっていかなければ」ならず，そのうえ，「自分の能力を社会のなかで発揮したい」という自分と他の人の望みをお互いに実現できるようにするにはどうすればよいかを考える必要がある。　B.「同じ時代に生まれた人であっても，その道徳観に違いが」あるけれども，「同じ時代に，また同じ社会で育った人々のあいだには，共有されるところも多く」ある。　C.「できあがったルールをわたしたちは自分の道徳観のなかに内面化して」いき，それから，「そのルールに従ってある行為を『よい』と判断し，ある行為を『悪い』と判断して」いく。

問三＜文章内容＞エピメテウスは，それぞれの動物に「能力や装備を与え終えてから，人間には何も与えていなかったことに」気づいた。そこで，プロメテウスは，「神々のところから物を作る知恵(技術的な知恵)と火とを盗みだして」きて，「人間」に与えた。

問四＜文章内容＞私たちは「ある時代に，ある社会のなかで，共通に価値あるものと認められている行為の基準を自分自身のなかに受け入れて」いく。そして，受け入れていく過程で自分なりに修正した行為の基準が，「自分の道徳観」となっていく。

問五＜指示語＞私たちは，「場合によっては，社会のなかで広く認められている基準に反対して」，その「社会のなかで広く認められている基準」を受け入れないということもある。

問六＜文章内容＞人間たちが「お互いをだましあったり，殺しあったりして滅亡し」かけたので，ゼウスは人間に，度を超さないように控えめに振る舞うこと，つまり，「自ら抑制する心」と，過ちを犯せばこらしめられる，すなわち，処罰されることを恐れて「おきてを守る感覚」を与えた。

問七＜文脈＞プラトンの『プロタゴラス』の中に，「プロメテウスとエピメテウスの話が出て」くるが，このプロメテウスとエピメテウスというのは，「ともにギリシア神話に登場する神で，兄と弟」である。

問八＜語句＞「モットー」は，日常の行為や態度の指針となる事柄のこと。自分が正直であることを，正しいと信じて堅固に守る人もいれば，他の人をだますことを何とも思わない人もいる。

問九＜文章内容＞私たちは，「自分が望ましいと考えるルールと他の人が望ましいと考えるルールをつきあわせ」，お互いに認めうるルールを探すが，そうやって，できるだけ多くの人が認め，どのような事態にも対応できるルールを模索した結果，共有されるようになったルールが倫理である。

問十＜慣用句＞「手を差しのべる」は，援助する，助ける，という意味。多くの人が，泣いている子どもに力を貸して助けようとする行為を「よい」とする。

問十一＜要旨＞エピメテウスはそれぞれの動物に能力や装備を与え，プロメテウスは人間に物をつくる技術的な知恵と火を与えた(ア…×)。他者と「よい関係を築いていくためには」，自分と同様に，他者も「自分の能力を社会のなかで発揮したいと望んでいる」ことを考えに含めておくべきである(イ…○)。「同じ時代に，また同じ社会で育った人々のあいだには」，共有されるルール，つまり倫理があり，人はそれを受け入れていくことで，自分自身の道徳観を形成していく(ウ…×)。私たちは，「自分が望ましいと考えるルールと他の人が望ましいと考えるルールをつきあわせ，お互いに認めうるものを共通のルールとして」，それを「自分の道徳観のなかに内面化して」いく(エ…○)。他者との間で「よい関係を築いていくためには」，単に他者の欲求に「配慮するということだけでは十分ではない」のである(オ…×)。私たちは，「自分の道徳観を一方的に主張するのではなく，相互に互いの判断を確認しながら，自分自身の道徳観を形成して」いく(カ…×)。

二〔古文の読解―評論〕出典；鴨長明『無名抄』。

≪現代語訳≫建春門院の宮殿で催された歌合のときに，〈関路落葉〉という題で，頼政卿(が)，／都ではまだ(夏の)青葉として見たけれども，(到着した今は，季節は秋に変わり，)紅葉が一面に散っている白河の関であるよ／とおよみになりましたが，そのとき，(頼政卿は)この題の歌をたくさんよんで，当日まで思い悩んで，俊恵を(家に)呼んで見比べさせたところ，(俊恵は)「この歌は，あの能因の『秋風ぞ吹く白河の関』という歌に似ております。しかし，この歌は(歌合などで披露したときに)引き立つに違いない歌です。あの(能因の)歌と同じではないが，このように見事に歌を仕立て上げることができるものだと思われるほど巧みによんでいると思われます。似ているからといって非難すべきよみぶりではありません」と判断したので，(頼政卿は，)まもなく牛車を寄せてお乗りになったとき，「あなたの判断を信じて，それでは，この歌を出そうと思いますよ。以後の責任を(あなたに)負わせ申し上げましょう」と話しかけて出ていかれた。

問一＜古語＞歴史的仮名遣いでは「うたあはせ」と書く。「歌合」は，平安時代初期から鎌倉時代にかけて，宮廷や貴族の間で流行した文学的遊戯のこと。参加者を左右二組に分け，それぞれから決められた題をよんだ歌を一首ずつ出して組み合わせ，判者が批評し，その優劣を競った。

問二＜和歌の内容理解＞「都には～」の歌の下句「紅葉散りしく白河の関」では，紅葉が一面に落葉している，白河の関に通じる道の情景をよんでいる(ウ…○)。「諸行無常」は，この世に存在する一切のものは，常に変転して生滅し，永久不変なものは全くないということ。「閑話休題」は，本来の話題からそれてしまった話を元に戻すこと。「巧言令色」は，言葉を巧みに飾り，顔つきを和らげて人にへつらうこと。

問三＜古文の内容理解＞「この題の歌をあまた詠みて」では，「歌を」と「あまた」は「詠みて」を，「この題の」は「歌を」を修飾している。主語はここには書かれていない「頼政卿」で，述語は「詠みて」である。

問四＜文学史＞「都をば霞とともに出でしかど秋風ぞ吹く白河の関」は，平安時代末期に成立した『後拾遺和歌集』に収録されている能因の歌で，京を春霞とともに出発したが，白河の関に到着した頃には秋風が吹いていたよ，という意味である(ア…○)。「春過ぎて夏きにけらし白妙の衣干すてふ天の香具山」は，鎌倉時代初期に成立した『新古今和歌集』に収録されている持統天皇の歌で，春が過ぎてもう夏が来てしまったらしい，衣がえのための真っ白な衣が干してあるという天の香具山の山裾には，という意味である。「小倉山峰の紅葉葉心あらば今ひとたびのみゆき待たなん」は，平安時代中期に成立した『拾遺和歌集』に収録されている藤原忠平の歌で，小倉山の峰の美しい紅葉の葉よ，もし人の心がわかるなら，もう一度天皇がおいでになるまでその美しさを失わないでおくれ，という意味である。「花の色はうつりにけりないたづらにわが身世にふるながめせしまに」は，平安時代前期に成立した『古今和歌集』に収録されている小野小町の歌で，美しかった桜の花の色はすっかり色あせてしまった，長雨が降り続く間に，私もむなしくこの世で年をとってしまった，ぼんやりと物思いにふけっていた間に，という意味である。

問五＜古典文法＞「されど」は，しかし，という意味の接続詞。「出でばえすべきなり」は，見ばえがする，という意味の「出でばえす」＋助動詞「べし」の連体形「べき」＋省略されている名詞「歌」＋断定の意味の助動詞「なり」の終止形。

問六＜現代語訳＞「かの歌ならねど」は，あれ，という意味の代名詞「か」＋格助詞「の」＋名詞「歌」＋断定の意味の助動詞「なり」の未然形「なら」＋打ち消しの意味の助動詞「ず」の已然形「ね」＋逆接確定の接続助詞「ど」で，あの歌ではないけれど，という意味である。

問七＜古典文法＞「詠めるとこそ見えたれ」では，係助詞「こそ」に呼応して，文末が「見えたれ」と，助動詞「たり」が已然形「たれ」となって結ばれている。

三〔語句〕

①「時雨」は，秋から冬にかけて断続的に降る小雨のことであり，一日中降り続くことはない(…×)。②「流暢」は，言葉がすらすらと出て，よどみないことであり，相手が流暢な英会話を話すことは，困ることではない(…×)。　③「氾濫」は，河川などの水が増えてあふれ出ることであり，「異常気象の影響」も考えられる(…○)。　④「出納」は，金銭や物品を出し入れすることであり，「彼」がその責任者であってもよい(…○)。　⑤「追悼」は，死者の生前をしのび，その死をいたみ悲しむことであり，「栄誉ある賞を受賞した」こととは結びつかない(…×)。

四〔国語の知識〕

Ⅰ＜ことわざ＞「犬と猿の仲」は，「犬猿の仲」ともいい，きわめて仲の悪いことのたとえ。　Ⅱ＜ことわざ＞「借りてきた猫」は，いつもと違って，非常におとなしいことのたとえ。　Ⅲ＜ことわざ＞「馬の耳に念仏」は，人の意見や忠告を聞き流すだけで，少しも聞き入れようとしないことのたとえ。　Ⅳ＜故事成語＞「水清ければ魚住まず」は，清廉にすぎると，かえって人に疎んじられることのたとえ。　Ⅴ＜慣用句＞「虫の居所が悪い」は，機嫌が悪く，ちょっとしたことにも腹を立てやすい状態にあることのたとえ。

2021年度　二松学舎大学附属高等学校

【英　語】（50分）〈満点：100点〉

1　次の英文を読み，後の問いに答えなさい。

Aya is a junior high school student, her hobby is taking pictures of nature. She often enjoys 〈i　take〉 pictures of flowers or birds in her garden. [X　昨日], at the bookstore she came across a book of beautiful photographs of roses. She ア got【　　　】in the story of the rose garden and the gardener in this book. The gardener's name was Katsuhide Okada.

When Katsuhide Okada was twenty-four years old, he opened the Futaba rose garden in Fukushima. At the age of seventeen, he found a beautiful rose near his house and wanted to grow roses in the [Y　将来／未来]. His father was a fruit farmer and gave his son a part of his land ①to support his dream. So Okada started to learn イ【　　　】【　　　】grow roses and planted many kinds of them there. ②At first (for / raise / was / them / very difficult / it / him / to), but he tried hard and gradually got to know how to do it. Since then, for more than [Z　40] years ③he had been working very hard to make the garden (large) and (beautiful) place. Many people including Prince William of Britain became attracted to his beautiful garden and about 50,000 people visited the place ④to see some 8,000 roses every year. Okada didn't copy French or English gardens. His garden was uniquely his own, so ⑤many people loved it. He was really enjoying his life and the roses were like children for him.

One day, ⑥suddenly he lost his life-long dream. On March 11, 2011, an accident happened in Tokyo Electric Power Co.'s Fukushima No. 1 Nuclear Power Plant just after the big earthquake and tsunami. People in Futaba had to evacuate their homeland to save their lives. Almost ten years have passed, but it is still difficult to live near the nuclear plant. After Okada 〈ii　leave〉 his garden, most of the roses died because they were abandoned and nobody could ウ【　　　】【　　　】of them. The beautiful garden turned into wilderness.

⑦For a long time, Okada was so sad that he couldn't work. He just stayed at the temporary house for evacuees and thought about the happy days with his lovely 'children' over and over. But one day one of the evacuees from Futaba said to Okada, "Our lost beautiful days overlap those of the roses in your garden, so ⑧I'd like you to raise them again." He thought he should try again to cheer up エ【　　　】only the evacuees【　　　】also himself. He started to grow roses in the yard of a children's home. Working with many children makes him happy and 〈iii　give〉 him a hope for tomorrow. Now in his 70s, Okada took the case for fair compensation from Tepco to court and has decided to start a new garden and work with his two sons.

Aya felt very sad to see the photos of the abandoned garden, but after she finished 〈iv　read〉 the Okada's story, she really wanted to take pictures of his new roses and she thought if she experienced some difficulties, she also would never give up, but would try again and again, like him.

注　come across：偶然見つける　　gardener：園芸家　　including：～を含む
Prince William of Britain：イギリスのウィリアム王子　　become attracted to：～に魅了される
uniquely：比類なく
Tokyo Electric Power Co.'s Fukushima No. 1 Nuclear Power Plant：東京電力福島第一原子力発電所

earthquake：地震　evacuate：避難する　abandon：見捨てる　wilderness：荒野
temporary house for evacuees：避難者用仮設住宅　overlap：重なる　cheer up：～を元気づける
children's home：養護施設　take the case to court：裁判を起こす　fair compensation：正当な補償

1．下線部①で「彼の夢を支援するために」とあるが，お父さんが岡田さんにしてくれたことを日本語で書きなさい。
2．下線部②が「最初，バラを栽培することは彼にはとても困難だった。」という意味になるように（　）内の語を適切に並べかえなさい。
3．下線部③が「彼はその庭園をより大きく，より美しい場所にするためにとても一生懸命働き続けた。」という意味になるように（　）内の語をそれぞれ適切な形に直しなさい。
4．下線部④の不定詞と同じ働きのものを下から選び，記号で答えなさい。

ア　My sister likes to listen to pop music.
イ　Ken went to the library to do his homework.
ウ　I have a lot of work to do today.

5．下線部⑤を「それは多くの人々に愛された。」という意味の6語に書きかえなさい。
6．下線部⑥で「突然，彼は一生涯の夢を失った。」とあるが，その理由を日本語で簡潔に説明しなさい。
7．下線部⑦をほぼ同じ意味になるように書きかえるとき，下の（　）内に適する語を書きなさい。

For a long time, Okada was (　　　) sad (　　　) (　　　).

8．下線部⑧をthemの表す内容を明確にして，日本語に訳しなさい。
9．ⅰ～ⅳの〈　〉内の動詞を適する形に変えなさい。
10．[X]～[Z]の（　）内の語を英語に直しなさい。
11．ア～エがそれぞれ，「～に興味をもった」「バラの育て方」「～の世話をする」「避難者だけでなく自分自身も」という意味になるように，【　】内に適語を入れなさい。
12．本文の内容に合っているものには○，合っていないものには×を書きなさい。

(1)　When Okada was seventeen years old, he opened the rose garden in Fukushima.
(2)　People in Futaba ran away from the homeland because of the nuclear power plant accident.
(3)　People can live near the nuclear plant now because the air, water, and soil are safe now.
(4)　Okada decided to start a new garden to cheer up the evacuees from Futaba and himself.

2　次の英文を読み，後の問いに答えなさい。

We can see the moon in the sky at night.

Long ago people had some dreams about the moon. Some people thought there were animals on ①it, and some thought that people were living there. But there are no animals and no people on the moon, because the moon has no air and no water. It has some (X　暗い) places called "seas," but they have no (　②　) in them. The surface of the moon is covered (　ア　) rock. Because there is no air on the moon, it is very hot when the sun is shining. On the contrary, as soon as the sun goes (③A), the surface of the moon gets (③B).

(Y　Scientists) have studied the moon (　イ　) many years, and we have learned a lot (　ウ　) things about it. ④Our idea of the moon is different from old ideas of the moon. But even now we have dreams when we see a beautiful moon at night.

1．下線部①が表すものを，本文中より抜き出しなさい。
2．空欄②に入るものを，本文中より抜き出しなさい。

3．空欄③A・③Bに入るものを，それぞれ以下より選び記号で答えなさい。
あ　up　い　cold　う　down　え　hot
4．下線部④の英語を日本語にしなさい。
5．空欄ア～ウに入る適語を以下より選び，番号で答えなさい。
1　of　2　with　3　for
6．本文中の空欄X・Yの日本語を英語に，英語を日本語にしなさい。
7．本文によると，なぜ月には生物が存在しないのか。日本語で答えなさい。
8．次の問いかけの答えとなるよう，空欄にそれぞれ語を記入しなさい。
1　Is there any water in the dark places on the moon？
(　　), (　　) (　　).
2　Have we learned many things about the moon？
(　　), (　　) (　　).

3　次の各英文を，ほぼ同じ意味の英文にしなさい。
1．My little sister couldn't open the door.
My little sister was (　　) (　　) to open the door.
2．Maria became sick last Tuesday. She is still sick.
Maria (　　) (　　) sick since last Tuesday.
3．Will he come here again tomorrow？
(　　) he (　　) to come here again tomorrow？
4．I am not as young as Koji.
I am (　　) (　　) Koji.
5．They speak English and German in Germany.
English and German (　　) (　　) in Germany.

4　次の各英文について，日本文の意味を表す英文になるように，(　)内に適語を入れなさい。
1．彼らはなんて速く走るのだろう。
(　　) (　　) they run！
2．教室の中を走ってはいけません。
You (　　) (　　) run in the classroom.
3．信濃川は，日本で一番長い川です。
The Shinano River is (　　) (　　) river in Japan.
4．私は何か冷たい飲み物がほしい。
I want something cold (　　) (　　).
5．この都市の人口はどれくらいですか。
(　　) (　　) people live in this city？

5　次の各英文の(　)内にあてはまるものはどれか。最も適した語句をア～エのうちから１つ選び，記号で答えなさい。
1．Hurry up, (　　) you will miss the bus.
ア　or　イ　and　ウ　but　エ　for
2．There (　　) a lot of people in the park last Sunday.

ア have　イ were　ウ has been　エ is

3. Miho always (　　) to school at 7:50.

ア come　イ to come　ウ coming　エ comes

4. You don't (　　) to study on weekends.

ア has　イ have　ウ be　エ been

5. Cheese is made (　　) milk.

ア of　イ into　ウ from　エ for

【数　学】 (50分) 〈満点：100点〉

1 次の各式を計算して，最も簡単な形で表しなさい。

(1) $28^2+28\times29+31\times32+32^2$

(2) $\{3\times(-4)^2-2^2\times(-6)+5\}\div7$

(3) $\left(-\frac{3}{4}\right)^3\times2^2+\left(1-\frac{5}{2^2}\right)\div(-2)^2$

(4) $(\sqrt{6}+4)(\sqrt{6}-2)-\sqrt{24}$

2 次の問いに答えなさい。

(1) 1次方程式　$x-\frac{4x-1}{3}=5$　の解を求めなさい。

(2) $(x^2+5x)^2-5(x^2+5x)-6$ を因数分解しなさい。

(3) 2次方程式　$x^2+4x+1=0$　の解を求めなさい。

(4) 連立方程式 $\begin{cases}2x+3y=1\\y=x+7\end{cases}$ の解を求めなさい。

(5) 大小2つのサイコロを同時に投げるとき，大きいサイコロの出た目を a，小さいサイコロの出た目を b とするとき，$\frac{b}{a}=\frac{1}{2}$ となる確率を求めなさい。

(6) 図のように，平行四辺形ABCDにおいて辺BCの中点をE，AEとBDの交点をFとするとき，BF：FDを求めなさい。

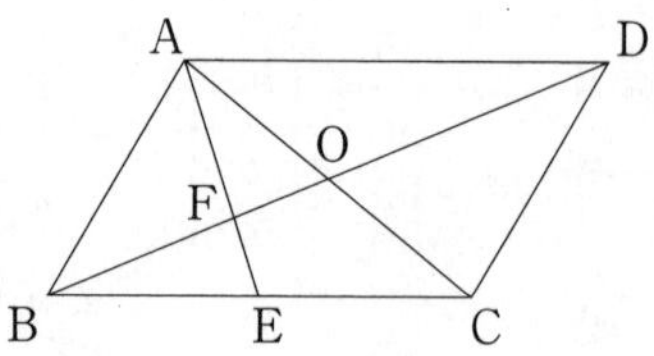

(7) 7%の食塩水が200 gある。そこに水を何gか加えてさらに食塩を30 g加えたら10%の食塩水ができた。水を何g加えたかを求めなさい。

3 図のように関数$y=x^2$のグラフ上に，2点A，Bがあり，点A，Bのx座標はそれぞれ-3，2である。
また，点Bを通り，△AOBの面積を2等分する直線がy軸と交わる点をPとするとき，次の問いに答えなさい。

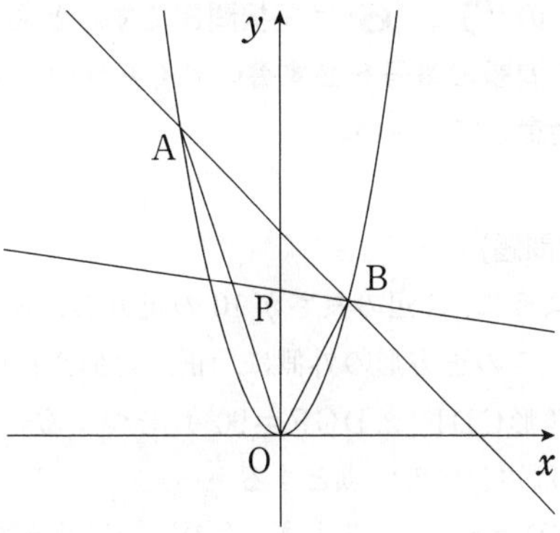

(1) 直線ABの式を求めなさい。
(2) 点Pのy座標を求めなさい。
(3) △OABと△OBPの面積比を求めなさい。

4 次の【規則】にしたがって，数を並べるとき，次の問いに答えなさい。

【規則】
①1番目と2番目の数字を定める。
②3番目以降は，2つ前の数と，1つ前の数の和とする。

(例) 1番目が1，2番目が2である場合
1，2，3，5，8，13，21，……

(1) 1番目を5，2番目を-2とするとき，10番目の数を求めなさい。
(2) 1番目をa，2番目をbとするとき，6番目の数をa，bを用いて表しなさい。
(3) 5番目が26，8番目が108であるとき，1番目の数と2番目の数をそれぞれ求めなさい。

【注意】以下の 5 ，6 は選択問題です。どちらか1問を選び解答をしてください。解答用紙には選択した問題の番号を必ず書いてください。番号が書かれていない場合，採点の対象になりませんので注意して下さい。

5 【選択問題】

図のように，1辺の長さが10の正方形ABCDがあり，この正方形の外側に，正三角形ADEと直角三角形CDF（∠DCF＝90°）をつくる。
点Mは辺DFの中点とする。
∠CFD＝60°であるとき，次の問いに答えなさい。

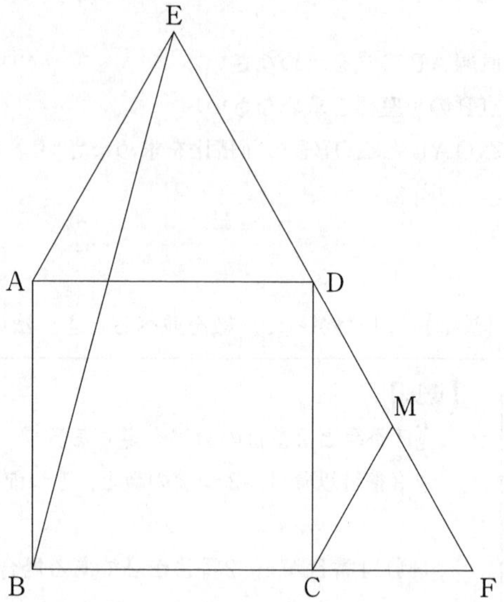

(1) 辺DFの長さを求めなさい。
(2) ∠BEDの大きさを求めなさい。
(3) △CFMの面積を求めなさい。

6 【選択問題】

図のように1辺が16の正方形を折り返した図形において，次の問いに答えなさい。

(1) AIの長さを求めなさい。
(2) JKの長さを求めなさい。
(3) △KBHの面積を求めなさい。

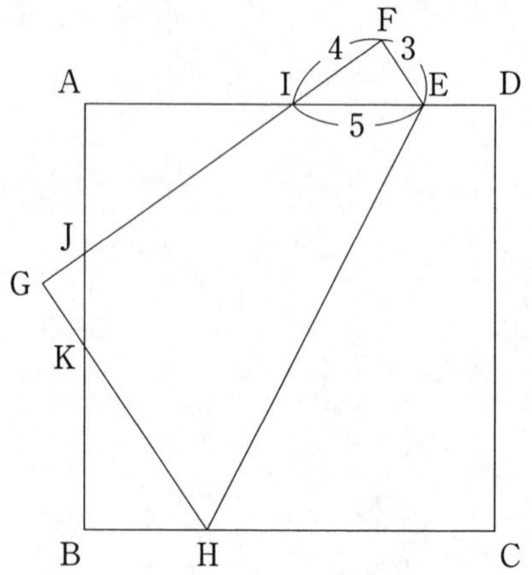

三　次の空欄【A】～【E】に共通して補うことができる漢字一字を答えなさい。

・【A】ツ子の魂百まで。　　仏の顔も【A】度。
・【B】は口ほどにものを言う。　　岡【B】八【B】。
・目から【C】へ抜ける。　　【C】であしらう。
・【D】で鼻をくくる。　　【D】を見て森を見ず。
・柳に【E】。　　【E】の便り。

四　次の文の空欄【A】～【E】に該当する言葉を語群から選び、記号で答えなさい。（解説と内容が合致すること。）

・水が【A】…環境になじめないこと。
・水に【B】…いざこざをなかったことにする。
・水を【C】ようになる…静まり返ること。
・水を【D】…競争相手を引き離すこと。
・水を【E】…うまくいっているのに邪魔をすること。

《語群》
ア　合う　　イ　流す　　ウ　こぼす　　エ　打った
オ　あける　　カ　合わない　　キ　溶かす　　ク　かける

問一　芭蕉がこの旅をもとにして書いた紀行文を何と言いますか、作品名を答えなさい。

問二　傍線部①「酒田の余波日を重ねて」の内容として、最も適当なものを次から選び、記号で答えなさい。

ア　酒田の港からの船旅は、波が激しく、なかなか出発できなかった。
イ　酒田では人々との別れが惜しまれて、滞在の日数が増えてしまった。
ウ　酒田の町の過ごしやすさに、ついつい旅の目的を見失ってしまった。
エ　人々との別れの宴が連日続いたので、すっかり長居をしてしまった。

問三　傍線部②「遙遙」の読み方をひらがな（現代仮名遣い）で答えなさい。

問四　傍線部③「加賀の府」とは現在のどこに相当しますか、次から選び記号で答えなさい。

ア　松島　　イ　日光　　ウ　平泉　　エ　金沢

問五　空欄【A】に該当する地名を次から選び、記号で答えなさい。

ア　信濃　　イ　下総　　ウ　大和　　エ　越後

問六　傍線部④「病おこりて、事をしるさず」の原因は何ですか。文中から抜き出して答えなさい。

問七　傍線部⑤「文月や」の句について、「六日も常の夜には似ず」という表現は何を想定していますか。文月七日に行われる行事を漢字二字で答えなさい。

問八　「荒海や」の句に用いられている季語を抜き出して答えなさい。

ウ　仏教、ヨガ、瞑想が「きれいになるヨガ」「仕事の能率がアップする瞑想」と言われてから取り入れる流れ。
エ　「マインドフルネス瞑想」がインドの瞑想からヒントを得てトレーニングとしてアメリカでブームになった流れ。
オ　「マインドフルネス瞑想」がインドの瞑想からアメリカで変質してからようやく日本に入ってきた流れ。

問十　傍線部⑦「そういった現実主義的な思想」とはどのような思想か、文中の語句を用いて「～思想。」に続くように三五～四〇字で説明しなさい。

問十一　傍線部⑧「人為」の反対の意味で用いられている語を二字で抜き出しなさい。

問十二　空欄《Ⅳ》には「考えや見識が狭い」という意味の慣用句が入る。適当なものを次から選び、記号で答えなさい。
ア　虎穴に入らずんば虎子を得ず　イ　羊頭を懸けて狗肉を売る　ウ　二兎を追う者は一兎をも得ず
エ　井の中の蛙大海を知らず　オ　燕雀いずくんぞ鴻鵠の志を知らんや

二　大石田から最上川を下り、「五月雨を集めて早し最上川」の句を詠み、酒田に出た芭蕉と曽良はいよいよ日本海に沿って旅を続けようとしています。次の文章を読んで、後の問に答えなさい。

①酒田の余波《なごり》日を重ねて、北陸道の雲に望む。②遙遙のおもひ胸をいたましめて、③加賀の府まで百三十里と聞く。鼠《ねず》の関《せき》をこゆれば、【A】の地に歩行《あゆみ》を改めて、越中の国、市振《いちぶり》の関に至る。この間九日、暑湿の労に神をなやまし、④病おこりて、事をしるさず。

⑤文月や　六日も常の　夜には似ず

荒海や　佐渡に横たふ　天の河

問三　空欄《　Ⅰ　》に入る適語を次から選び、記号で答えなさい。

ア　しかし　　イ　ところが　　ウ　しかも　　エ　むしろ　　オ　なお

問四　空欄《　Ⅱ　》に入る慣用句として適当なものを次から選び、記号で答えなさい。

ア　胸が痛む　　イ　胸を打つ　　ウ　首をかしげる　　エ　肩を持つ　　オ　肩を落とす

問五　傍線部③「リアリティ」・⑤「醍醐味《だいごみ》」の意味として適当なものを次から選び、それぞれ記号で答えなさい。

③…ア　仮想性　　イ　芸術性　　ウ　共通性　　エ　虚構性　　オ　現実性

⑤…ア　悲しいやるせなさ　　イ　心ひかれる美しさ　　ウ　深いむなしさ

エ　本当のおもしろさ　　オ　いつわりの好ましさ

問六　傍線部④「そういった浅い言葉」が示す内容を文中から探し、一五字以内で抜き出しなさい。

問七　空欄《　Ⅲ　》に入る適語を次から選び、記号で答えなさい。

ア　負けない　　イ　勝たない　　ウ　疑う　　エ　疑われる　　オ　成功する

問八　次の文章が入る適当な箇所を文中の【A】～【D】から選び、アルファベットで答えなさい。

逆に言うと、インドや中国を含めた４０００年もの歴史に流れる精神文化とつながることができると、強くなれるのです。東洋の精神文化をつくってきたブッダや孔子といった偉大な人を味方につけるようなものです。

問九　傍線部⑥「こういった流れ」の内容として適当なものを次から選び、記号で答えなさい。

ア　東洋人が東洋の古典や東洋の精神文化になじんでいないままきてしまった流れ。

イ　仏教、ヨガ、瞑想になじみがあっても「自分は東洋人だ」というアイデンティティが持ちにくい流れ。

これはアイデンティティの問題にもつながる話です。東洋の精神文化と自分自身が切り離されているとすれば、アイデンティティも確立しにくいでしょう。自分は何者なのか、どこから来たのか。それがまったくわからないと人は大きな不安を抱えたり、困難に立ち向かう力が湧《わ》きづらかったりします。【D】

東洋の古典と言えばまずは『論語』です。東アジア文化圏の歴史の中では、論語は一つの前提とでも言うべきものです。日本でも、江戸時代はとくに儒教《じゅきょう》が知的教養生活の中心であり、倫理《りんり》観のもとになっていました。そう考えると、『論語』を読んだことのない、孔子の言葉を知らない東洋人はいるのだろうかという気がしてきます。

孔子を始祖とする儒教と対をなすような思想が老荘《ろうそう》思想です。孔子は人間関係や仕事を含め、現実の人生をいかに処すかを重視していました。⑦そういった現実主義的な思想を批判し、「無為自然」を説いたのが老荘思想です。

人間は大いなる自然の一部なのだから、⑧人為的なものから離れて何事もなさずに自然のままにするのがよいという考え方です。これは「禅《ぜん》」や「浄土《じょうど》」という日本仏教にも大きく影響を与えていますし、広く東洋人の心に入り込んでいます。「《 Ⅳ 》」という有名な故事成語は荘子の言葉です。

仏教も東洋の精神文化をつくってきた大きな柱ですから、仏典も必読の古典です。そのものでなくても「ブッダの言葉」といったような本は多く出ています。少なくともそれを読んだことがあれば、東洋人のアイデンティティと自分を重ねることができるでしょう。せっかく東洋に生まれたのです。東洋思想にきちんと触れないまま、表層的な部分だけ触れるというのではもったいない。自分のルーツを探る旅のような気分で、読書してみてほしいと思います。

（齋藤孝『読書する人だけがたどり着ける場所』）

問一　傍線部①の作家の作品として適当なものを次から選び、記号で答えなさい。

ア『斜陽』　イ『雪国』　ウ『河童』　エ『細雪』　オ『潮騒』

問二　傍線部②「小説家」と同じ意味で用いられている語句を文中から抜き出しなさい。

「勝ち組、負け組」という言葉は、10年ほど前はよく使われていました。当時はそれなりに③リアリティのある言葉だったのかもしれません。しかし、流行当時であっても、文学に親しんでいる人であればそんな言葉を使うのはためらったはずです。

たとえ頭が良くて仕事で成功をおさめていたとしても、④そういった浅い言葉をバンバン使う人は「残念な人」という感じがします。教養に欠けていると疑わざるをえない。これは重要な視点です。お金を持っている人が偉いとか立派だというわけではないからです。資本主義のゲームに勝つのはうまいかもしれませんが、それが偉いわけではないでしょう。あえて《　Ⅲ　》道だってあります。

人が生きる意味を問いながら、その深みを掘っていくのが人生の⑤醍醐味《だいごみ》です。生きていくうえで経済は重要ではありますが、当然ながらそれだけではありません。

聖書には「人はパンのみにて生くるものにあらず」という有名な言葉があります。物質的な満足だけで生きているのではないということです。では何が必要なのか。人生の意味によって生きるのです。意味を捉《とら》えようとする力を読書によって育むと、いろいろなものの深さがわかるようになってきます。

（中略）

本書をお読みの人は日本人の方が多いと思うのですが、「私は日本人だ」と言う人も「私は東洋人である」とはあまり言いません。東洋人かと聞かれれば、「まぁ、そうだ」と答えるでしょうが、わざわざ思わない。なぜなら、東洋の古典にも、東洋の精神文化にもなじんでいないからです。【A】

仏教、ヨガ、瞑想《めいそう》などなじみはあっても、本質的な部分には触れていない場合、「自分は東洋人だ」というアイデンティティは持ちにくい。「きれいになるヨガ」だったり「仕事の能率がアップする瞑想」のように言われて、ようやく取り入れるようなありさまです。これに私は大きな違和感があります。【B】

最近注目を浴びている「マインドフルネス瞑想」は、本来の瞑想からヒントを得てそこから宗教色を取り除いたものです。集中力やクリエイティブな発想力向上のためのトレーニングとしてアメリカでブームになりました。有名企業の社員研修やビジネススクールでも行なわれ、ビジネス上成果を生み出していると言われています。

もちろん瞑想のいい部分を取り入れること自体は悪いことではないのですが、もともとインドで到達した精神世界の深みが、アメリカでツールとして変質してからようやく日本に入って定着しつつあるというのが情けないような気がします。東洋の精神文化になじんでいれば、⑥こういった流れには違和感があるはずなのです。【C】

二〇二一年度　二松学舎大学附属高等学校

【国語】（五〇分）〈満点：一〇〇点〉

（字数制限のある問は、句読点も一字と数えること。）

一　次の文章を読み、後の問に答えなさい。

私たちはアメリカ式の資本主義に慣れてしまっているので、「成功したい」という欲求を自然のように感じています。でも、文学の世界に浸ってみると、成功や勝ち負けなんてどうでもいい、というか、意味がわからないという感覚になるはずです。

文学とは経済的成功や勝ち負けとは違う次元で成立しているものだからです。「生きる」ことの意味の深さを何とかつかまえようとしている、そういう営みなのです。

①太宰治は素晴らしい短編小説をいくつも書いていますが、その中で『眉山《びざん》』は私がとくに好きなもののひとつです。

「眉山」は、ある飲み屋で働く娘さんにつけられたあだ名です。語り手である僕と仲間たちは、その飲み屋の常連ですが、しょっちゅう「眉山」の陰口を言っている。幼少の頃からメシより小説が好きだという「眉山」は、②小説家である僕と仲間たちに何かと絡んでくるのです。《　Ⅰ　》、この娘さんはピント外れの発言も多い。文士たちは、「眉山がいるから行きつけを変えよう」と言いつつ、やはり同じ飲み屋に通っていたのですが、あるとき、僕は「眉山」が実は重い病気にかかっており、飲み屋をやめて実家に戻ったことを知ります。もう長くないだろうというのです。

これまでさんざん無知だのうるさいのと言ってきた僕の口をついて出たのは「いい子でしたがね」という言葉でした。小説の話を聞きたかったんだな、一生懸命給仕してくれたなと口々に言います。そして、その日以降、その飲み屋には行かなくなった……という話です。

「眉山」の人生には、経済的成功や勝ち負けといった価値観は出てきません。そして、「ああ、こういう人生の深みがあるのだよなぁ」と《　Ⅱ　》のです。誰が勝ち組で誰が負け組かという話をしたことがあるとすれば、それがいかに下品なことだったかと恥《は》じ入るのではないでしょうか。

英語解答

1
1 (自分の)土地の一部を(息子に)与えた。
2 it was very difficult for him to raise them
3 larger, more beautiful
4 イ
5 it was loved by many people
6 2011年3月11日の地震と津波の後，原発事故があり，避難しなければならず，(バラ園を)世話する人がいなくなったので，荒れ地になってしまったから。
7 too, to work
8 私はあなたにもう一度バラを育ててもらいたい。
9 i taking ii left iii gives iv reading
10 X yesterday Y future Z forty
11 ア interested イ how to ウ take care エ not, but
12 (1)…× (2)…○ (3)…× (4)…○

2
1 (the) moon 2 water
3 ③A…う ③B…い
4 私たちの月への考えは，古い(時代の)考えとは違っている。
5 ア…2 イ…3 ウ…1
6 X dark Y 科学者
7 空気も水もないから。
8 1 No, there isn't
2 Yes, we have

3
1 not able 2 has been
3 Is, going 4 older than
5 are spoken

4
1 How fast 2 must not
3 the longest 4 to drink
5 How many

5
1 ア 2 イ 3 エ 4 イ
5 ウ

1〔長文読解総合―説明文〕

≪全訳≫❶アヤは中学生で，彼女の趣味は自然の写真を撮ることだ。彼女はよく自分の庭で花や鳥の写真を撮って楽しんでいる。昨日書店で，彼女は美しいバラの写真集を偶然見つけた。彼女はこの本に載っていたバラ園とその庭師の話に興味を持った。その庭師の名前は岡田勝秀といった。❷24歳のとき，岡田勝秀は福島に双葉バラ園を開園した。17歳のとき，彼は家の近くで美しいバラを見つけ，将来はバラを栽培したいと思った。彼の父は果実農園を経営しており，彼の夢を支援するために自分の土地の一部を息子に与えた。そこで岡田はバラの栽培方法を学び始め，その土地にさまざまな品種のバラを植えた。②最初，バラを育てることは彼にとってとても難しかったが，懸命に挑戦し，しだいにその方法がわかってきた。そのとき以来，40年以上の間，彼はその庭園をより大きく，より美しい場所にするためにとても懸命に働き続けた。英国のウィリアム王子を含め，多くの人々が彼の美しい庭園に魅了され，毎年約5万人が8000本のバラを見るためにこの場所を訪れていた。岡田はフランスやイギリスの庭園を模倣しなかった。彼の庭園は彼独自のものだったので，多くの人々がその庭園を愛した。彼は自分の人生を本当に楽しんでおり，バラは彼にとっては子どものようなものだった。❸ある日，唐突に彼は自分の生涯をかけた夢を失った。2011年3月11日，大地震と津波の直後に，東京電力福島第一原子力発電所で事故が発生した。双葉町の人々は命を守るために自分の住み慣れた土地から避難しなければならなかった。10年近くが経過したが，今もなお原発の近くで暮らすことは困難である。岡田が自分の庭園から立ち去った後，バラは見捨てられ，誰もその世話をすることができなかったため，大半のバラは枯れてしまった。美しかった庭園は荒れ地に変わってしまった。❹長い間，岡田は悲しみのあまり仕事ができなかった。彼は避難者用仮設住宅で過ごし，自分の愛しい「子どもたち」とともに過ごした幸せな日々のことを繰り返し考えるばかりだった。ところがある日，双葉町からの避難者の１人が岡田に向かってこう言った。「我々の失われたすばらしい日々はあなたの庭園のバラの日々と重なるんです。だから，あなたにもう一度バラを育ててほしいんです」　彼は避難者だけでなく，自分自身を元気づけるためにも，もう一度挑戦するべきだと考えた。彼は養護施設の庭でバラを育て始めた。大勢の子どもたちと一緒に作業することは彼を幸福にし，明日への希望を与えてくれた。現在，彼は70代になるが，東京電力に対して正当な補償を求めて裁判を起こし，新しい庭園を始め，２人の息子とともに働くことを決意した。❺アヤは打ち捨てられた庭園の写真を見て非常に悲しい気持ちになったが，岡田の話を読み終えた後，彼の新たなバラの写真を撮りたいと心から思い，もしも困難なことを経験したら，自分も彼のように決して諦めず，何度でも挑戦しようと思ったのだった。

1＜文脈把握＞「彼(岡田氏)の夢を支援するために」彼の父がしたことは，直前にgave his son a part of his land「自分の土地の一部を息子に与えた」と書かれている。　‘give＋人＋物’「〈人〉に〈物〉を与える」

2＜整序結合＞‘It is ～ for … to —’「…が〔…にとって〕—することは～だ」の形にする。it wasの後，‘～’にvery difficult「とても困難だ」，‘…’にhim，‘—’はto raise them「それら(＝バラ)を栽培する」をそれぞれ置く。

3＜語形変化＞「より大きく，より美しい」とあるので，それぞれを比較級にする。largeの比較級はlarger, beautifulの比較級はmore beautiful。 large－larger－largest　beautiful－more beautiful－most beautiful

4＜用法選択＞下線部の前後は「バラを見るためにその場所を訪れた」という文意なので，このto不定詞は‘目的’を表す副詞的用法。これと同じ用法を含むのは，イ．「ケンは宿題をするために図書館へ行った」。　ア．likeの目的語となる名詞的用法。　「私の妹はポップミュージックを聴くのが好きだ」　ウ．workに係る形容詞的用法。　「今日はするべき仕事がたくさんある」

5＜書き換え＞itを主語として‘be動詞＋過去分詞’の受け身形にする。主語が単数で，過去の文なので，be動詞はwasとし，loveの過去分詞はlovedなので，it was lovedが‘主語＋動詞’となる。この後にby many people「多くの人々によって」を置く。

6＜文脈把握＞第２段落より，彼の一生涯の夢とは自分のバラ園でバラを育て続けることだとわかる。第３段落第２文以降に，2011年の大震災が原因で福島県の原発付近の人々は他の土地への避難を余儀なくされ，10年ほどたっても原発近辺には近づくことができず，手入れができないまま放置されたバラ園が荒廃してしまったことが述べられており，これが夢を失った理由だといえる。

7＜書き換え—適語補充＞下線部は‘so ～ that＋主語＋cannot …’「とても～なので—は…できない」の文。これは‘too ～ to …’「…するには～すぎる，～すぎて…できない」の形に書き換えられる。

8＜英文和訳＞‘would like＋人＋to ～’で「〈人〉に～してほしいと思う」。raiseはここでは「～を育てる」という意味。themはこの前にあるthe roses「バラ」を受けている。againは「再び，もう一度」。

9＜語形変化＞ⅰ．enjoyは目的語に，to不定詞ではなく動名詞(～ing)をとるのでtakingとする。

ⅱ．過去の出来事なので，過去形にする。 leave－left－left　ⅲ．主語はWorking with many children「大勢の子どもたちと一緒に働くこと」という動名詞(～ing)で，これは単数扱い。現在の文なので，３人称単数現在形のgivesとする。　ⅳ．finishは目的語に，to不定詞ではなく動名詞(～ing)をとるのでreadingとする。

10＜単語の綴り＞X「昨日」はyesterday。　Y「将来，未来」はfuture。　Z「40」はforty。fourtyではないので注意。

11＜適語(句)補充＞ア．get interested in ～で「～に興味を持つ」。　イ．how to ～で「～の仕方」。　ウ．take care of ～で「～の世話をする」。　エ．'not only *A* but (also) *B*'で「*A*だけでなく*B*も」。

12＜内容真偽＞⑴「岡田が17歳のとき，彼は福島にバラ園を開いた」…×　第２段落第１文参照。

⑵「原子力発電所の事故のせいで，双葉町の人々は故郷から避難した」…○　第３段落第２，３文に一致する。　⑶「空気や水，土壌は今では安全なので，人々は現在，原子力発電所の近くで暮らすことができる」…×　第３段落第４文参照。　⑷「双葉町からの避難者たちと自分自身を元気づけるために，岡田は新しい庭園を始めることを決意した」…○　第４段落第５文に一致する。

2 〔長文読解総合―説明文〕

≪全訳≫❶夜の空には月が見える。❷大昔，人々は月に対して夢を抱いていた。月に動物がいると思っている人もいれば，人間が住んでいると思っている人もいた。だが，月には空気も水もないので，月には動物や人間は存在しない。月には「海」と呼ばれる暗い部分があるが，その中に水はない。月の表面は岩で覆われている。月には空気がないので，太陽が照っているときはとても暑い。それとは逆に，日が沈むとすぐに，月の表面は冷える。❸科学者は長年の間，月を研究してきて，月についてはたくさんのことがわかっている。月に対する我々の考えは，月に対する古い考えとは違っている。だが，今でも，夜に美しい月を見ると，我々は夢を抱くものである。

１＜指示語＞昔の人々の月に関する想像として，「それ」の上に動物がいると考えた人もいる，という文脈なので，itが指すのはthe moon「月」だとわかる。

２＜適語補充＞暗い部分は「海」と呼ばれるが，その中には(　　)は全くない，という文脈なので，海の中にあるはずのものであるwater「水」が適する。

３＜適語選択＞On the contrary「それに反して」の後に続く部分なので，太陽が出ているときはとても暑い，と述べた前文と対照的な内容にする。Aにはdown「下へ」を入れて「太陽が沈む」とし，Bにはhot「暑い」の反意語であるcold「寒い」を入れる。

４＜英文和訳＞主語はOur idea of the moon「月に対する私たちの考え」。be different from ～で「～とは違う，異なる」。old ideas of the moonは「月に対する古い〔昔の〕考え」ということ。

５＜適語選択＞ア．be covered with ～で「～で覆われている」。　イ．'期間'を示す前置詞forを補って，for many years「何年もの間」とする。　ウ．a lot of ～で「たくさんの～」。

６＜単語の綴り・単語の意味＞X．「暗い」はdark。　Y．scientist(s)は「科学者」。

７＜文脈把握＞第２段落第３文参照。月には空気も水もないので動物や人間が存在しない。

８＜英問英答―適語補充＞１．「月の暗い部分には水はあるか」―No, there isn't.「いや，ない」第２段落第４文参照。There is/are ～「～がある〔いる〕」の文でIs there ～？と問われているので，Noの後はthere isn'tとする。　２．「我々は月についてたくさんのことを学んできたか」―「学んできた」　第３段落第１文後半参照。'have/has＋過去分詞'の現在完了でHave we ～？

と問われているのでYesの後はwe haveとする。

3 〔書き換え―適語補充〕

1．「私の妹はそのドアを開けられなかった」 could not「～できなかった」はwas/were not able to ～と書き換えられる。

2．「マリアは先週の火曜日に具合が悪くなった。彼女はいまもまだ具合が悪い」→「マリアは先週の火曜日からずっと具合が悪い」 ‘継続’の意味を表す‘have/has＋過去分詞’の現在完了で「ずっと具合が悪い」という意味にする。主語Mariaは単数なのでhas beenとする。

3．「彼は明日またここに来ますか」 ‘未来’を表すwillをbe going to ～で書き換える。主語がheなのでbe動詞はisにする。

4．「私はコウジほど若くない」→「私はコウジよりも年上だ」 ‘not as ～ as …’で「…ほど～でない」。young「若い」の反意語であるold「年をとっている」を比較級にしてolder than ～「～よりも年をとっている」と言い換えればよい。 old－older－oldest

5．「ドイツでは，人々は英語とドイツ語を話す」→「ドイツでは，英語とドイツ語が話されている」 ‘be動詞＋過去分詞’の受け身形に書き換える。主語English and Germanは複数で現在の文なのでbe動詞はareとする。speakの過去分詞はspoken。 speak－spoke－spoken

4 〔和文英訳―適語補充〕

1．‘How＋形容詞〔副詞〕＋主語＋動詞…!’の感嘆文にする。「速く」はfast。

2．「～してはいけません」はmust not ～で表せる。

3．「一番長い」とあるのでlong「長い」の最上級the longestを補う。 long－longer－longest

4．「冷たい飲み物」は「飲むための冷たいもの」と読み換える。「飲むための」の部分を形容詞的用法のto不定詞でto drinkと表してsomething cold「冷たいもの」の後に置く。

5．「人口はどれくらいですか」を「何人の人が住んでいますか」と読み換えてHow many people ～？と表せばよい。

5 〔適語(句)選択〕

1．「急げ」という命令文の後で「バスに乗り遅れる」と言っているので，‘命令文，or ～’「…しなさい。さもないと～」の形にする。 「急ぎなさい，さもないとバスに乗り遅れますよ」

2．There is/are ～「～がいる〔ある〕」の文。last Sundayとあるので過去の文。主語がa lot of peopleで複数なのでbe動詞はwere。 「この前の日曜日，その公園にはたくさんの人がいた」

3．always「いつも」があるので，‘現在の習慣’を表す文だと考えられる。主語Mihoは単数なので3人称単数現在形のcomesが適切。 「ミホはいつも7時50分に学校に来る」

4．don't have to ～で「～しなくてよい，する必要はない」。 「あなたは，週末は勉強しなくてよい」

5．「～でできている」というとき，材料が見た目でわかる(材料が変化しない)場合はbe made of ～で，見た目でわからない場合(材料の形が変化する)はbe made from ～で表す。チーズが牛乳でできていることは見た目ではわからない。 「チーズは牛乳からつくられている」

2021年度／二松学舎大学附属高等学校

数学解答

1 (1) 3612　(2) 11　(3) $-\frac{7}{4}$
(4) -2

2 (1) $x=-14$
(2) $(x-1)(x+6)(x^2+5x+1)$
(3) $x=-2\pm\sqrt{3}$　(4) $x=-4$, $y=3$
(5) $\frac{1}{12}$　(6) 1：2　(7) 210g

3 (1) $y=-x+6$　(2) $\frac{30}{7}$　(3) 7：2

4 (1) 37　(2) $3a+5b$
(3) 1番目…7　2番目…4

【選択問題】

5 (1) $\frac{20\sqrt{3}}{3}$　(2) 45°　(3) $\frac{25\sqrt{3}}{3}$

6 (1) 8　(2) $\frac{10}{3}$　(3) $\frac{50}{3}$

1〔独立小問集合題〕

(1)＜数の計算＞$30=x$ とすると，$28=x-2$，$29=x-1$，$31=x+1$，$32=x+2$ と表されるから，与式$=(x-2)^2+(x-2)(x-1)+(x+1)(x+2)+(x+2)^2=x^2-4x+4+x^2-3x+2+x^2+3x+2+x^2+4x+4=4x^2+12$ となり，$x=30$ を代入すると，与式$=4\times30^2+12=4\times900+12=3612$ となる。

(2)＜数の計算＞与式$=\{3\times16-4\times(-6)+5\}\div7=(48+24+5)\div7=77\div7=11$

(3)＜数の計算＞与式$=\left(-\frac{27}{64}\right)\times4+\left(1-\frac{5}{4}\right)\div4=-\frac{27\times4}{64}+\left(-\frac{1}{4}\right)\times\frac{1}{4}=-\frac{27}{16}-\frac{1}{16}=-\frac{28}{16}=-\frac{7}{4}$

(4)＜平方根の計算＞与式$=(\sqrt{6})^2-2\sqrt{6}+4\sqrt{6}-8-\sqrt{2^2\times6}=6+2\sqrt{6}-8-2\sqrt{6}=-2$

2〔独立小問集合題〕

(1)＜一次方程式＞両辺を3倍して，$3x-(4x-1)=15$，$3x-4x+1=15$，$-x=14$　$\therefore x=-14$

(2)＜因数分解＞$x^2+5x=X$ とおくと，与式$=X^2-5X-6=(X-6)(X+1)$ となり，X をもとに戻すと，与式$=(x^2+5x-6)(x^2+5x+1)=(x-1)(x+6)(x^2+5x+1)$ となる。

(3)＜二次方程式＞$x^2+4x=-1$ として両辺に 2^2 を加えると，$x^2+4x+2^2=-1+2^2$，$(x+2)^2=3$，$x+2=\pm\sqrt{3}$　$\therefore x=-2\pm\sqrt{3}$

≪別解≫解の公式より，$x=\frac{-4\pm\sqrt{4^2-4\times1\times1}}{2\times1}=\frac{-4\pm\sqrt{12}}{2}=\frac{-4\pm2\sqrt{3}}{2}=-2\pm\sqrt{3}$ となる。

(4)＜連立方程式＞$2x+3y=1$……①，$y=x+7$……②とする。②を①に代入して，$2x+3(x+7)=1$，$2x+3x+21=1$，$5x=-20$　$\therefore x=-4$　これを②に代入して，$y=-4+7$　$\therefore y=3$

(5)＜確率―サイコロ＞大小2つのサイコロを同時に投げるとき，目の出方は全部で $6\times6=36$(通り)ある。このうち，$\frac{b}{a}=\frac{1}{2}$ となる a，b の組は $(a, b)=(2, 1)$，$(4, 2)$，$(6, 3)$ の3通りあるから，求める確率は $\frac{3}{36}=\frac{1}{12}$ である。

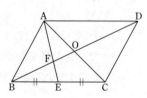

(6)＜図形―長さの比＞右図で，AD∥BC より，△BEF∽△DAF となり，対応する辺の比は等しいから，BF：FD＝BE：AD となる。ここで，点Eが辺BCの中点であることから，$\mathrm{BE}=\frac{1}{2}\mathrm{BC}$ であり，AD＝BC だから，$\mathrm{BE}=\frac{1}{2}\mathrm{AD}$ となる。よって，$\mathrm{BF}:\mathrm{FD}=\frac{1}{2}\mathrm{AD}:\mathrm{AD}=1:2$ である。

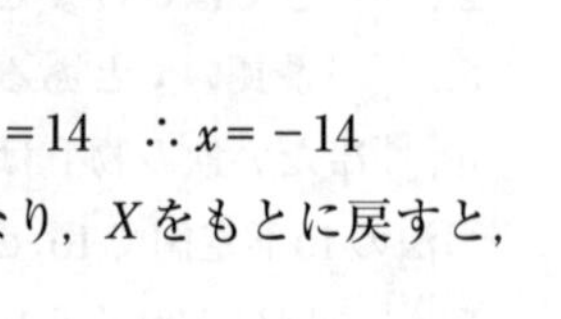

(7)＜一次方程式の応用＞加えた水を xg とする。まず，7％の食塩水200gに含まれる食塩の量は，$200\times\frac{7}{100}=14$(g)である。この食塩水に水 xg と食塩30gを加えると，できた食塩水に含まれる食塩の量は $14+30=44$(g)となり，食塩水の重さは $200+x+30=x+230$(g)と表される。よって，で

きた食塩水の濃度が10%であることから，含まれる食塩の量は$(x+230)\times\dfrac{10}{100}=\dfrac{1}{10}(x+230)$(g)と表され，これが44gに等しいので，$\dfrac{1}{10}(x+230)=44$が成り立つ。両辺を10倍すると，$x+230=440$，$x=210$となるから，加えた水は210gである。

3〔関数—関数$\boldsymbol{y=ax^2}$と直線〕

(1)<直線の式>点A，Bは放物線$y=x^2$上の点で，x座標がそれぞれ-3，2だから，$y=(-3)^2=9$より，A$(-3,\ 9)$，$y=2^2=4$より，B$(2,\ 4)$となる。これより，直線ABの傾きは，$\dfrac{4-9}{2-(-3)}=\dfrac{-5}{5}=-1$だから，直線ABの式を$y=-x+k$とおくと，B$(2,\ 4)$より，$4=-2+k$，$k=6$となる。よって，直線ABの式は$y=-x+6$である。

(2)<座標>右図のように，直線BPと直線OAの交点をQとする。直線BPが△AOBの面積を二等分するとき，△AQBと△OQBの底辺をそれぞれAQ，OQと見ると，高さが共通だから，AQ＝OQとなる。よって，A$(-3,\ 9)$より，点Qの座標はQ$\left(-\dfrac{3}{2},\ \dfrac{9}{2}\right)$となる。ここで，直線BQの式を$y=ax+b$とおくと，B$(2,\ 4)$より，$4=2a+b$，Q$\left(-\dfrac{3}{2},\ \dfrac{9}{2}\right)$より，$\dfrac{9}{2}=-\dfrac{3}{2}a+b$が成り立つ。2式を連立方程式として解くと，$a=-\dfrac{1}{7}$，$b=\dfrac{30}{7}$となる。したがって，直線BQの式は$y=-\dfrac{1}{7}x+\dfrac{30}{7}$となるから，切片より，点Pの$y$座標は$\dfrac{30}{7}$である。

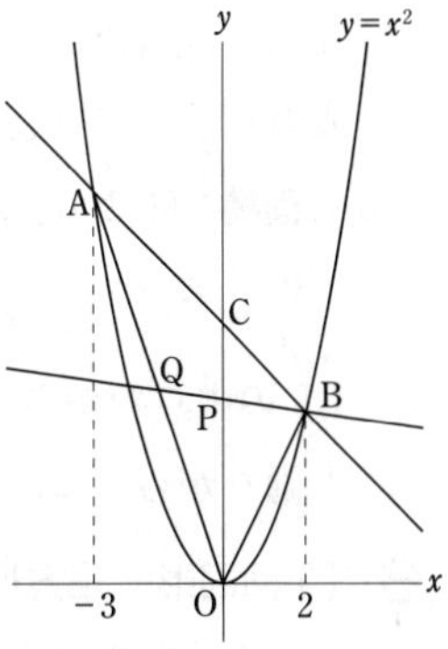

(3)<面積比>右上図のように，直線ABとy軸の交点をCとする。まず，△OAB＝△OAC＋△OBCとして，△OABの面積を求める。直線ABの式より，C$(0,\ 6)$だから，OC＝6である。OCを△OAC，△OBCの底辺と見ると，高さは点A，Bのx座標より，それぞれ3，2だから，△OAB＝$\dfrac{1}{2}\times6\times3+\dfrac{1}{2}\times6\times2=9+6=15$である。次に，△OBPの底辺をOPと見ると，(2)よりOP＝$\dfrac{30}{7}$，高さは点Bのx座標より2だから，△OBP＝$\dfrac{1}{2}\times\dfrac{30}{7}\times2=\dfrac{30}{7}$である。よって，△OAB：△OBP＝15：$\dfrac{30}{7}$＝7：2である。

4〔特殊・新傾向問題—規則性〕

(1)<10番目の数>与えられた規則の②より，3番目の数は$5+(-2)=3$，4番目の数は$(-2)+3=1$，5番目の数は$3+1=4$，6番目の数は$1+4=5$，7番目の数は$4+5=9$，8番目の数は$5+9=14$，9番目の数は$9+14=23$となり，10番目の数は$14+23=37$となる。

(2)<文字式>3番目の数は$a+b$，4番目の数は$b+(a+b)=a+2b$，5番目の数は$(a+b)+(a+2b)=2a+3b$と表され，6番目の数は$(a+2b)+(2a+3b)=3a+5b$と表される。

(3)<連立方程式の応用>1番目の数をa，2番目の数bとするとき，(2)より，5番目の数は$2a+3b$と表されるから，5番目の数が26のとき，$2a+3b=26$が成り立つ。また，7番目の数は$(2a+3b)+(3a+5b)=5a+8b$，8番目の数は$(3a+5b)+(5a+8b)=8a+13b$と表されるから，8番目の数が108のとき，$8a+13b=108$が成り立つ。2式を連立方程式として解くと，$a=7$，$b=4$となる。よって，1番目の数は7，2番目の数は4である。

【選択問題】

5 〔平面図形─正方形，正三角形〕

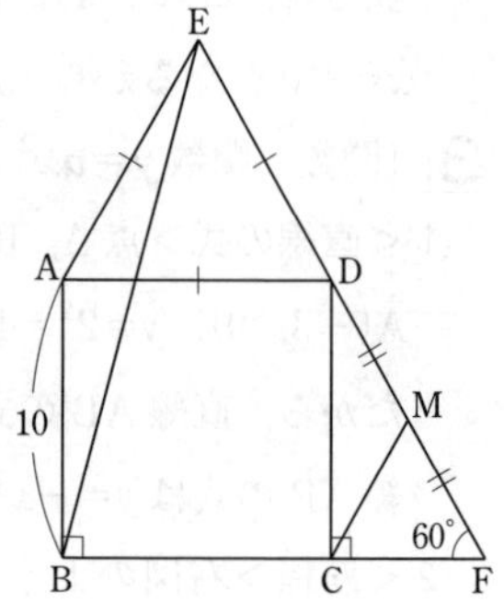

(1)＜長さ─特別な直角三角形＞右図で，△CDF は，∠DCF＝90°，∠CFD＝60°より，3 辺の比が $1:2:\sqrt{3}$ の直角三角形である。よって，CD＝10 より，$DF=\frac{2}{\sqrt{3}}CD=\frac{2}{\sqrt{3}}\times10=\frac{20}{\sqrt{3}}=\frac{20\sqrt{3}}{3}$ となる。

(2)＜角度＞△ADE は正三角形だから，AD＝AE であり，四角形 ABCD は正方形だから，AB＝AD である。これより，AB＝AE となるから，△ABE は二等辺三角形である。∠DAE＝60°，∠BAD＝90°より，∠BAE＝∠DAE＋∠BAD＝60°＋90°＝150°となり，△ABE の内角の和より，∠AEB＝∠ABE＝(180°－∠BAE)÷2＝(180°－150°)÷2＝15°となる。よって，∠BED＝∠AED－∠AEB＝60°－15°＝45°である。

(3)＜面積＞(1)より，△CDF は 3 辺の比が $1:2:\sqrt{3}$ の直角三角形だから，$CF=\frac{1}{\sqrt{3}}CD=\frac{1}{\sqrt{3}}\times10=\frac{10}{\sqrt{3}}=\frac{10\sqrt{3}}{3}$ となり，$\triangle CDF=\frac{1}{2}\times CF\times CD=\frac{1}{2}\times\frac{10\sqrt{3}}{3}\times10=\frac{50\sqrt{3}}{3}$ である。ここで，点 M は DF の中点だから，△CFM と △CDM の底辺をそれぞれ FM，DM と見ると，FM＝DM で，高さが共通だから，△CFM＝△CDM である。よって，$\triangle CFM=\frac{1}{2}\triangle CDF=\frac{1}{2}\times\frac{50\sqrt{3}}{3}=\frac{25\sqrt{3}}{3}$ となる。

6 〔平面図形─正方形〕

≪基本方針の決定≫(2)，(3)　相似な三角形を利用する。

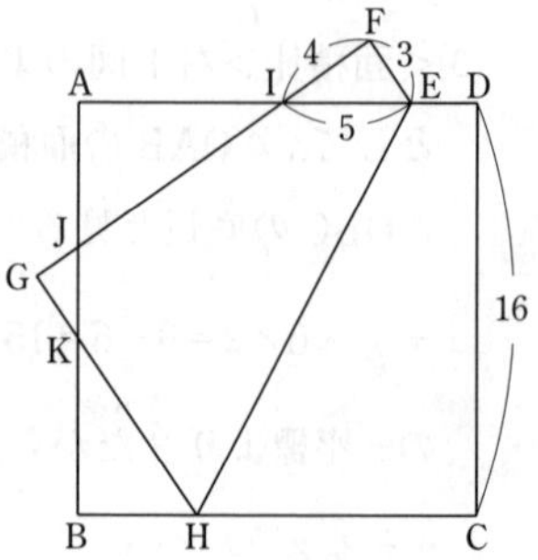

(1)＜長さ＞右図で，EF は ED が折り返された辺だから，ED＝EF＝3 である。よって，AD＝16 より，AI＝AD－IE－ED＝16－5－3＝8 となる。

(2)＜長さ─相似＞右図の △IAJ と △IFE において，対頂角より∠AIJ＝∠FIE，∠JAI＝∠EFI＝90°だから，2 組の角がそれぞれ等しく，△IAJ∽△IFE である。これより，IJ：IE＝AI：FI となり，(1)で AI＝8 だから，IJ：5＝8：4 が成り立つ。これを解くと，IJ×4＝5×8 より，IJ＝10 であるから，GJ＝GF－JI－FI＝16－10－4＝2 となる。また，AJ：FE＝AI：FI より，AJ：3＝8：4 が成り立ち，AJ×4＝3×8 より，AJ＝6 である。同様に，△KGJ∽△IAJ となるから，JK：JI＝GJ：AJ より，JK：10＝2：6 が成り立ち，JK×6＝10×2 より，$JK=\frac{10}{3}$ である。

(3)＜面積─相似＞まず，(2)より，AJ＝6，$JK=\frac{10}{3}$ だから，$BK=AB-AJ-JK=16-6-\frac{10}{3}=\frac{20}{3}$ である。(2)と同様に，△KBH∽△KGJ となり，△KGJ∽△IAJ だから，△KBH∽△IAJ である。これより，BH：AJ＝BK：AI より，$BH:6=\frac{20}{3}:8$ が成り立ち，$BH\times8=6\times\frac{20}{3}$ より，BH＝5 となる。よって，$\triangle KBH=\frac{1}{2}\times BH\times BK=\frac{1}{2}\times5\times\frac{20}{3}=\frac{50}{3}$ である。

国語解答

一 問一 ア　問二 文士(たち)
問三 ウ　問四 イ
問五 ③…オ　⑤…エ
問六 「勝ち組，負け組」という言葉
問七 イ　問八 D　問九 オ
問十 人間関係や仕事を含め，現実の人生をいかに処すかを重視した，孔子を始祖とする儒教の(40字)［思想。］
問十一 自然〔無為〕　問十二 エ

二 問一 おくのほそ道〔奥の細道〕
問二 イ　問三 ようよう
問四 エ　問五 エ
問六 暑湿の労　問七 七夕
問八 天の河

三 A 三　B 目　C 鼻　D 木
E 風

四 A カ　B イ　C エ　D オ
E ク

一〔論説文の読解―芸術・文学・言語学的分野―読書〕出典；齋藤孝『読書する人だけがたどり着ける場所』。

≪本文の概要≫文学は，生きることの意味の深さを知ろうとする営みであり，経済的成功や勝ち負けとは異なる次元のものである。読書によって，人生の意味をとらえようとする力を育むと，いろいろな物事の深さがわかるようになる。さて，日本人には，自分が東洋人であると自覚している人が少ない。東洋の古典にも，東洋の精神文化にも，なじんでいないからである。東洋の精神文化から切り離されて，自分が何者かがわからなければ，人は，不安や困難に対する無力感を抱きやすいが，読書によって東洋の精神文化に触れることで，東洋人としてのアイデンティティをつかむことができる。東洋の古典としてまず挙げられるのは，『論語』である。孔子を始祖とする儒教は，東アジア文化圏の歴史の基礎であり，日本では特に江戸時代の倫理観のもととなった。現実の人生をいかに処すかを重視した儒教とは対照的に，老荘思想は「無為自然」を説き，広く東洋人の心に入り込んでいる。東洋の精神文化の柱となった仏教の仏典も，必読の古典である。

問一＜文学史＞『斜陽』は，昭和22(1947)年に発表された，太宰治の小説(ア…○)。『雪国』は，昭和10～22(1935～47)年にかけて発表された，川端康成の小説。『河童』は，昭和2(1927)年に発表された，芥川龍之介の小説。『細雪』は，昭和18～23(1943～48)年にかけて発表された，谷崎潤一郎の小説。『潮騒』は，昭和29(1954)年に発表された，三島由紀夫の小説。

問二＜語句＞「文士」は，文章・詩歌を書くことを職業とする人。

問三＜接続語＞「『眉山』は，小説家である僕と仲間たちに何かと絡んでくる」うえに，「この娘さんはピント外れの発言も多い」ので，「僕」ら文士たちは，「眉山」がいるから飲み屋を変えようと言っていた。

問四＜慣用句＞「胸を打つ」は，感動する，という意味。「経済的成功や勝ち負けといった価値観」の出てこない「眉山」の人生に，「ああ，こういう人生の深みがあるのだよなぁ」と，人は感動するのである(イ…○)。「胸が痛む」は，悲しみ・悩みなどでつらく思う，という意味。「首をかしげる」は，疑わしく思う，という意味。「肩を持つ」は，対立しているものの一方の味方をする，という意味。「肩を落とす」は，がっかりして肩の力が抜ける，という意味。

問五＜語句＞③「リアリティ」は，現実性，真実性のこと。　⑤「醍醐味」は，物事の本当のおもしろさのこと。

問六＜指示語＞たとえ「成功をおさめていた」としても，「文学に親しんでいる人」であれば「使うのはためらったはず」の，考えが浅くて浮ついた「『勝ち組，負け組』という言葉」をよく使う人は，立派な人とはいえない。

問七＜文章内容＞「資本主義のゲームに勝つ」のがうまいことが偉いわけではなく，ゲームにことさらに勝つことはしないという道もある。

問八＜文脈＞「東洋の精神文化と自分自身が切り離されて」いて，自分が何者なのかが全くわからないと，人は，不安を抱えたり，困難に立ち向かいづらかったりするが，逆に言うと，インドや中国などの東洋の「精神文化とつながることができると，強くなれる」のである。

問九＜文章内容＞「マインドフルネス瞑想」は，「もともとインドで到達した精神世界の深み」である「瞑想」からヒントを得たものであり，東洋の精神文化の「瞑想」が，「アメリカでツールとして変質してからようやく日本に入って定着しつつある」という流れは，日本も東洋であるという認識が欠けてしまっていることを表しているのである。

問十＜文章内容＞孔子は「人間関係や仕事を含め，現実の人生をいかに処すか」という現実的な問題を重視しており，孔子を始祖とする儒教は，現実主義的な思想といえる。

問十一＜語句＞「人為」は，自然のままではなく，人の手を加えること。「自然」は，人の手が加わらず，そのもの本来の状態であること。「無為」は，自然のままに任せて，人の手を加えないこと。

問十二＜ことわざ＞「井の中の蛙大海を知らず」は，狭い見識にとらわれて，他に広い世界があることを知らずにいる，という意味(エ…○)。「虎穴に入らずんば虎子を得ず」は，危険を冒さなくては大きな利益や成果を手に入れることはできない，という意味。「羊頭を懸けて狗肉を売る」は，見せかけばかりが立派で実質が伴わない，という意味。「二兎を追う者は一兎をも得ず」は，同時に違う二つのことをしようとすると，結局は二つとも失敗してしまう，という意味。「燕雀いずくんぞ鴻鵠の志を知らんや」は，小人物には大人物の気持ちや考えがわからない，という意味。

二〔古文の読解―紀行〕出典；松尾芭蕉『おくのほそ道』。

≪現代語訳≫酒田では人々との別れが惜しまれて滞在の日数を重ねて，いよいよ北陸道に浮かぶ雲を仰ぐときがきた。そのはるかに遠い道のりを思うと心配で気が重く，(ここから)加賀の国府金沢までは百三十里もあると聞く。／鼠の関を越えると，(旅路も出羽の国から)〈越後〉の地へと歩みを改めて，(やがて，)越中の国，市振の関に着く。その間九日かかり，(道中の)暑さと雨との苦労で神経が疲れ，病気が起こって，何も記していない。／もう初秋七月であるよ。(明日が七夕だと思うと，)今夜の六日の夜もふだんの夜とは違っているような気がする／荒く波立った海の向こうに佐渡島が見える。その佐渡島へかけて天の川が大きく横たわっている

問一＜文学史＞『おくのほそ道』は，江戸時代初期の元禄期に成立した松尾芭蕉の俳諧紀行文で，門人の河合曾良《そら》を伴って，江戸から奥州，北陸道を巡り，大垣に至る旅行記である。

問二＜古文の内容理解＞「余波(なごり)」は，風がやんでも静まらない波のことで，「酒田の余波」は，「余波」に心残りの意味の「名残り」をかけ，酒田の人々との別れが惜しまれることが表されてい

る。「日を重ねる」は，日にちが経過する，という意味。

問三＜歴史的仮名遣い＞「遙遙」は，歴史的仮名遣いでは「えうえう」と書く。「えう，えふ，けう，けふ，せう，せふ，てう，てふ」などを，現代仮名遣いでは「よう，きょう，しょう，ちょう」と書く。

問四＜古典の知識＞「加賀」は，旧国名で，現在の石川県南部に相当する。「加賀の府」は，加賀の国府のある都市の金沢。

問五＜古典の知識＞芭蕉は，現在の山形県に相当する出羽の国の酒田をたち，出羽と越後の国境の鼠の関を越えて，現在の新潟県に相当する越後の国へと入った。これにより，旅路も越後・越中・加賀・越前・若狭などを通る北陸道へと改まった。

問六＜古文の内容理解＞道中の暑さと雨との苦労で神経が疲れたため，病気が起こって，芭蕉は，何も記せなかったのである。「神」は，ここでは「しん」と読み，心，精神のこと。

問七＜古典の知識＞月の異名は，一月から順に，睦月，如月，弥生，卯月，皐月(五月)，水無月，文月，葉月，長月，神無月，霜月，師走。文月は七月で，七月七日の行事は七夕である。「文月や」の句は，七夕を前提として，その前夜の「六日も」と表現している。

問八＜俳句の技法＞「天の河」は，初秋の季語。天の川は，四季を通して見られるが，秋は空が澄んで，特に美しくはっきりと見える。

三〔国語の知識〕

A＜ことわざ＞「三つ子の魂百まで」は，幼いときに形成された性格は，老年期になっても変わらないこと。「仏の顔も三度」は，どんなに温厚な人でも，何度も無法なことをされれば，しまいには怒り出すこと。　B＜ことわざ＞「目は口ほどにものを言う」は，何も言わなくても，目つきは，言葉で説明するのと同じ程度に気持ちを相手に伝える，という意味。「岡目八目」は，当事者よりも，第三者のほうが情勢や利害得失などを正しく判断できること。　C＜慣用句＞「目から鼻へ抜ける」は，非常に賢いさま，また，すばしこくて抜け目がない，という意味。「鼻であしらう」は，相手の言葉に取り合おうとせず，冷淡に扱う，という意味。　D＜ことわざ＞「木で鼻をくくる」は，そっけない態度で応じる，という意味。「木を見て森を見ず」は，細かい点にばかり注意して，全体を見ない，という意味。　E＜慣用句＞「柳に風」は，柳が風になびくように，少しも逆らわないで巧みにあしらうこと。「風の便り」は，どこからともなく伝わってくるうわさ。

四〔慣用句〕

A.「水が合わない」は，その土地の環境になじめない，という意味。　B.「水に流す」は，過去のいざこざなどを，全てなかったことにする，という意味。　C.「水を打ったようになる」は，その場にいる大勢の人が一斉に静まり返る，という意味。　D.「水をあける」は，競争相手との間に差をつける，という意味。　E.「水をかける」は，活発な動きにわざと邪魔をして不調にする，という意味。

2020年度 二松学舎大学附属高等学校

【英　語】（50分）〈満点：100点〉

1　次の英文はアフガニスタンで用水路整備や医療支援をしている中村哲医師がタカシの中学校で講演した内容をまとめたものです。英文の内容は作成当時のものです。英文を読んであとの問いに答えなさい。

If you see poor, hungry people, what will you do for them?　You may say that you will give them food.　If you ①do so, they may say, "Thank you," and you may feel happy about it.　But what will happen after they finish [あ]eat that food?　They can survive that one day, but what will happen to them the next day?

In 2019, Dr. Nakamura came to my〔②　中学校〕to talk about his work in Afghanistan.　He is a doctor [(A)] started helping sick people there in the 1980's.　In 2000, people in Afghanistan were suffering from dry weather so ③〔them / difficult / it / grow / was / to / for〕crops and a lot of farmers lost their farmland.　Many of them died of hunger or went to refugee camps.

In his lecture, he gave us one question.　He said, "What should we do to help hungry people in the world?　I raised my hand and said, "Well, I think we should give something."　Dr. Nakamura smiled at me and said, "Your answer is not bad, but giving hungry people something is not the only way to help them.　We need to think about their future —〔④　明日〕, next week, next year, and even 50 years from now."

Dr. Nakamura's words touched my heart, and I wanted to know more about Afghanistan.　I started reading a book [(B)] was written by Dr. Nakamura [ア]to study the situation there.　In Afghanistan, after the dry weather, many people were hungry and poor.　They didn't have enough food and their children couldn't go to school.　⑤One out of six children under the age of five died because they couldn't get pure water and got sick.　Wheat was〔⑥　expensive〕, so they couldn't eat enough.　Dr. Nakamura thought that making irrigation canals and wells would be the best way [イ]to help the people survive in the long run.　If there were irrigation canals, their farmlands would come to life again and they would grow crops and never be hungry again.　If there were wells, people could drink pure water and the number of sick children would be smaller.

Dr. Nakamura started to build the 27 kilometer-irrigation canal with many Afghan people in 2003 and finished the half in 2007.　Also, he was able to dig about 1600 wells for drinking water by 2008.　Their farmland, about the half size of Fukuoka city, came to life again by 2019.　It was very hard for a doctor to build irrigation canals because it needed knowledge of architecture.　⑦He didn't even know〔　　〕〔　　〕dig a well at first.　But he learned it by himself because he really wanted to save their lives.

Now, Afghans can grow wheat and other crops there, so they have enough food.　Also children aren't sick because they can drink pure water and go to school and improve their future.　Moreover, ⑧Dr. Nakamura made jobs for many Afghans to improve infrastructure, so they don't have to join any armed groups.　His work has [い]bring〔⑨　peace〕and happiness to Afghanistan.

On October 9th, 2019, Dr. Nakamura was given an honorary citizen prize for his long-term devotion and effort by President of Afghanistan, Mr. Ghani.　⑩He has been in Afghanistan for more than thirty years to help people. I think that he is not only doing his best but also enjoying [う]do it. I really appreciate his strong will and ability to get things done. I want [ウ]to be a person like him.

注 survive：生きのびる　Afghanistan：アフガニスタン　suffer from ～：～で苦しむ
dry weather：干ばつ　crop(s)：作物　farmland(s)：農地　refugee camp(s)：難民キャンプ
situation：状況　pure：混じりけのない，きれいな　wheat：小麦
irrigation canals and wells：用水路と井戸　in the long run：長い目で見ると　come to life：生き返る
Afghan：アフガニスタン人(の)　dig：掘る　knowledge of architecture：建築の知識
by himself：自力で　moreover：さらに　improve infrastructure：インフラを整備する
armed group(s)：武装勢力　an honorary citizen prize：名誉市民賞
long-term devotion and effort：長期間にわたる献身と努力　Ghani：ガニ(人名)
appreciate：高く評価する　strong will and ability to get things done：強い意志と実行力

1．下線部①の具体的な内容を日本語で書きなさい。
2．空所②の日本語を３語の英語で，空所④の日本語を１語の英語で表しなさい。
3．下線部③が「彼らが作物を育てるのは難しかった。」となるように，与えられた単語を並べ替え，英文を完成させなさい。
4．下線部⑤で「６人に１人の子どもたちが５歳以下で死んでしまう」とあるが，その理由を日本語で説明しなさい。
5．空所⑥と⑨の英語を日本語に直しなさい。
6．下線部⑦が「彼は最初，井戸の掘り方さえ知らなかった。」という意味になるように空所に適語を入れなさい。
7．下線部⑧が「中村医師はインフラを整備するために，アフガニスタン人のために多くの仕事を生み出した」とあるが，そのおかげで彼らにおこるよいこととはどんなことか。日本語で答えなさい。
8．下線部⑩を適切な日本語に直しなさい。
9．下線部[あ]・[い]・[う]の動詞を適切な形に直しなさい。
10．空所(A)・(B)に適する関係代名詞を書きなさい。ただし，that以外の語を書くこと。
11．下線部[ア]・[イ]・[ウ]と同じ用法を含む文を下から選び番号で答えなさい。
(1) My brother likes to watch a comedy show in the theater.
(2) Keiko went to France to study art.
(3) I have a lot of homework to do.
12．本文の内容に合っているものには○，合っていないものには×を書きなさい。
(1) Dr. Nakamura began to help people in Afghanistan in the 1980's and is still helping them now.
(2) Dr. Nakamura believes that giving hungry people something is the best way to help them.
(3) Dr. Nakamura learned architecture by himself to help Afghans' lives.
(4) Dr. Nakamura won the Nobel Peace Prize in 2019.

2　次の文章は家族旅行でフィンランドを訪れたエマさんが友達に宛てて書いた手紙です。英文を読んで，あとの問いに答えなさい。

Dear Emily

Hello from Finland! We are now in Rovaniemi. This is the place which〔　①　〕to be Santa Claus's hometown. ②It〔covered / white snow / a / beautiful city / with / is〕and of course it's very cold.

Today, my family and I went to Santa Claus Village by bus. The first thing I saw there was a long line of people waiting to take pictures with Santa Claus in front〔 ③ 〕his "office". Yes, Santa has his own office. He and his helpers can prepare there for the yearly Christmas trip. ④He〔man / old / nice / such / a / was〕with a big smile all the time. We took a picture together and he talked to me in Japanese when he found out that I came from Tokyo.

After we met Santa, we went to the Santa Claus Post Office. The best thing about it is that you can get special Santa postmarks on the envelopes when you send Christmas cards from here. I sent all my friends a card and I hope that they will be surprised〔 ⑤ 〕get it this Christmas.

Then we went to the famous Arctic Circle line that goes across Santa Claus Village. My mom took a picture of me when I jumped over the line. By the way, do you know the distance〔 ⑥ 〕Tokyo and Santa Claus Village ? A sign there shows that it's 7,340 kilometers. ⑦How far it is !

I'll be home next week and I can't wait to talk to you about all the interesting things in Finland. See you soon !

Sincerely,

Emma

注　Rovaniemi：ロヴァニエミ，フィンランドの都市　　Arctic Circle：北極圏

1．空所①③⑤⑥に入れるのに適切なものをそれぞれの語群から選び，記号で答えなさい。

〔①〕ア is believing	イ is believed	ウ are believing	エ are believed
〔③〕ア of	イ on	ウ at	エ by
〔⑤〕ア with	イ at	ウ to	エ by
〔⑥〕ア to	イ for	ウ between	エ beside

2．下線部②④が，それぞれ次の日本語になるように与えられた単語を並べ替え，英文を完成させなさい。

② 「白い雪で覆われた美しい街で，当たり前ですがとても寒いです。」

④ 「彼は満面の笑みを絶やさないとても素敵なおじいちゃんでした。」

3．エマはどのような気持ちで下線部⑦を書いたのか，日本語で説明しなさい。

4．本文の内容に合わせて，以下の質問文に英語で答えなさい。

(1) Why did Santa talked to Emma in Japanese after taking a picture together ?

(2) What does Emma want to do when she meet her friend Emily in Japan ?

3 次のそれぞれの会話について，空所に入れるのに適した表現を語群から選び，記号で答えなさい。

1．A：Hello. Can I speak to Mr. Sato ?

B：〔　　　　〕Shall I ask him to call you back ?

ア Yes, I do ?　　　　イ O.K. Come right in.

ウ Sorry. He's on another line.　　　　エ Will you come again.

2．A：I've caught a really bad cold.

B：〔　　　　〕Did you take any medicine ?

ア It's not so cold today.　　　　イ That's too bad.

ウ That's a good point.　　　　エ I'm not sure.

3．A：Excuse me. How can I get to the station ?

B：〔　　　　〕It goes to the station.

ア　You have the wrong number.　　イ　Please ask someone else.
ウ　Turn right.　　エ　Take Bus No.2.

4．A：Can I borrow your notebook, please ?
B：〔　　　〕 Here you are.
ア　You're welcome.　　イ　It's very kind of you.
ウ　Sure.　No problem.　　エ　No, that's enough.

5．A：What shall we do after eating lunch ?
B：〔　　　〕 There is a beautiful lake near here.
ア　Let's take a walk.　　イ　I'm afraid not.
ウ　Thanks.　You too !　　エ　Yes, it is nice.

4　次の日本語に合う英文になるように空所に入る適語を答えなさい。

1．私は今日の午後，読書するつもりです。
I〔　　〕〔　　〕to read books this afternoon.

2．このノートはいくらですか。
〔　　〕〔　　〕is this notebook ?

3．教室には何人の生徒がいますか。
How many students〔　　〕〔　　〕in the classroom ?

4．この問題はすべての中で最も難しい。
This question is〔　　〕〔　　〕difficult of all.

5．私は帰宅するとすぐに宿題をやり始めた。
As〔　　〕〔　　〕I came home, I began to do my homework.

5　各組の(A)の英文を日本語に直しなさい。また，(A)と(B)の英文がほぼ同じ内容になるように空所に適語を入れなさい。

1．(A)　Do you know Emma's birthday ?
(B)　Do you know〔 ① 〕Emma was born ?

2．(A)　I felt very happy when I heard the news.
(B)　I felt very happy to〔 ② 〕the news.

3．(A)　You must not play basketball here.
(B)　〔 ③ 〕play basketball here.

4．(A)　The snow was very hard, but they played outside.
(B)　They played outside though〔 ④ 〕was snowing very hard.

5．(A)　The woman is my aunt.　She lives in that house.
(B)　The woman〔 ⑤ 〕in that house is my aunt.

【数　学】　(50分)〈満点：100点〉

1　次の各式を計算して，最も簡単な形で表しなさい。

(1)　$18\times19\times20\times21\times22$

(2)　$7\times(-3)^2\div\{-3^2+2\times(6-9)^2\}$

(3)　$-\dfrac{2}{3^2}\div\left(\dfrac{2}{3}\right)^2\times\left(-\dfrac{3}{2}\right)^3\div\dfrac{2}{(-2)^3}$

(4)　$(\sqrt{7}-1)^2+\sqrt{63}+\dfrac{35}{\sqrt{7}}$

2　次の問いに答えなさい。

(1)　ある中学校の生徒数は210人である。このうち，男子の15%と女子の20%の生徒が自転車で通学しており，自転車で通学している男子と女子の人数は等しい。このとき，男子と女子の生徒数を求めなさい。

(2)　大小2個のサイコロを同時に投げるとき，大きいサイコロの目の数が小さいサイコロの目の数より大きくなる確率を求めなさい。

(3)　$a^2-(b-\mathrm{c})^2$ を因数分解しなさい。

(4)　2次方程式　$2x^2+3x-4=0$　の解を求めなさい。

(5)　連立方程式 $\begin{cases}3x+2y=-7\\5x-3y=20\end{cases}$ を解きなさい。

(6)　右の図は，1辺の長さが4cmの正六角形である。
この正六角形の対角線FBを半径とし，∠BFDを中心角とするおうぎ形FBDの面積を求めなさい。ただし，円周率をπとする。

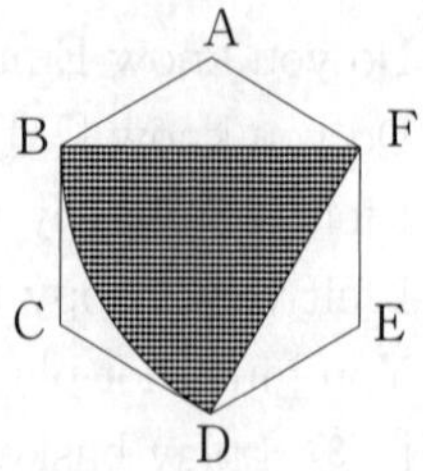

3 正六角形の形をしたタイルがある。
図のように，できあがった図形の周りに隙間なくタイルを敷き詰めるという作業をするとき，次の問いに答えなさい。

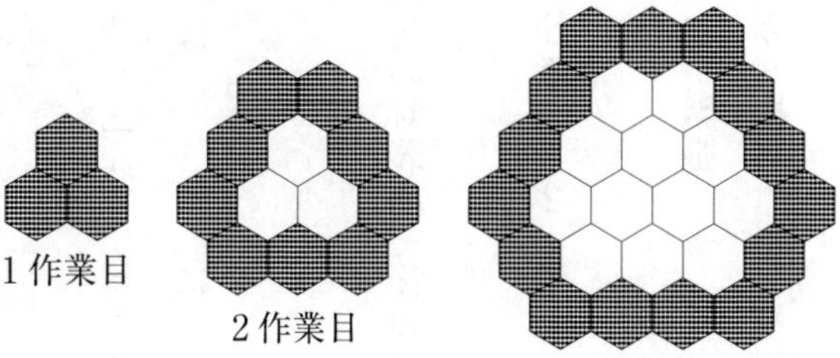

1作業目　2作業目　3作業目

(1) 5作業目に必要なタイルは何枚ですか。
(2) n作業目に必要なタイルは何枚ですか。
nを用いて表しなさい。ただし，nは自然数とします。
(3) n作業目を終えたとき，敷き詰めてあるタイルの総数は何枚ですか。
nを用いて表しなさい。ただし，nは自然数とします。

4 右の図のように，A，B，C，D，E，Fを頂点とし，3つの側面がそれぞれ長方形で，AD＝5 cm，DE＝6 cm，EF＝4 cm，$\angle$ABC＝90°である三角柱がある。辺AB上に点Pを2つの線分DP，PCの長さの和が最小となるようにとり，点Qは線分AEと線分DPとの交点である。このとき，次の問いに答えなさい。

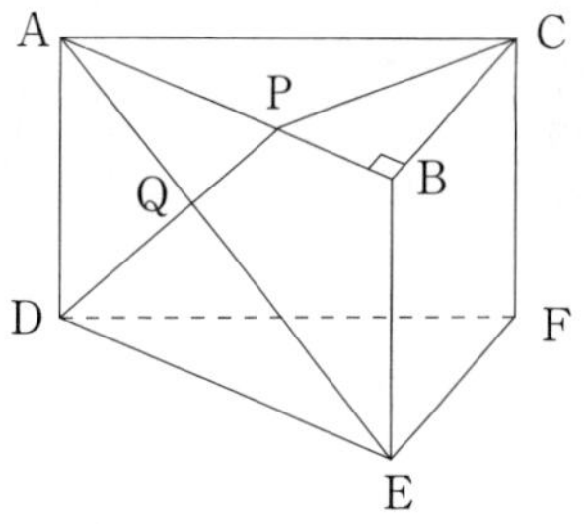

(1) 辺ACの長さを求めなさい。
(2) 線分PBの長さを求めなさい。
(3) 線分AQと線分QEの長さの比を求めなさい。

5 右の図の①は，関数$y=-\frac{1}{2}x^2$のグラフで，点A，Bは①上にあり，点Aのx座標は-4，点Bのx座標は2である。また，点CはA，Bを通る直線②とy軸との交点である。このとき，次の問いに答えなさい。

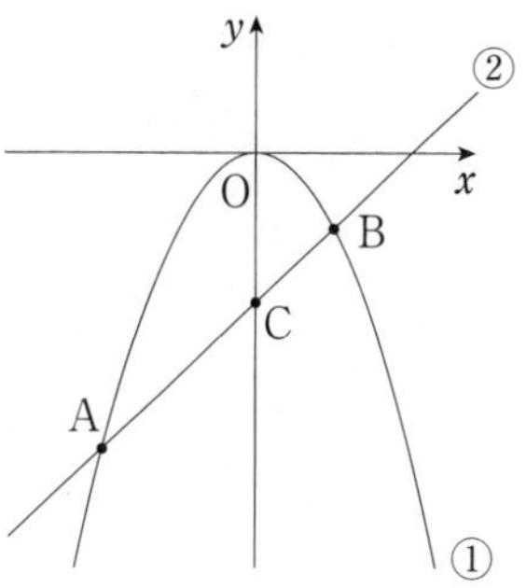

(1) 点Aのy座標を求めなさい。
(2) 直線②の方程式を求めなさい。
(3) △OABの面積を求めなさい。
(4) 点Qを△OABの辺上にとり，線分CQが△OABの面積を二等分するとき，点Qの座標を求めなさい。

問七　傍線部⑦の意味として最も適当なものを一つ選び、記号で答えなさい。

ア　穏やかにその場をやり過ごした　イ　いつも平和に暮らした　ウ　平らなところで過ごした
エ　性格が穏やかに過ごしていた　オ　膝を崩して過ごした

問八　傍線部⑨はいくつの単語で構成されていますか。算用数字で答えなさい。

問九　［　］に入る語として最も適当なものを次から選び記号で答えなさい。

ア　は　イ　に　ウ　より　エ　こそ　オ　ぞ

三

次の語句の対義語を後の語群から選び記号で答えなさい。

1　幼稚　2　栄転　3　寛容　4　弛緩　5　楽観

ア　緊張　イ　不易　ウ　左遷　エ　添加　オ　悲観
カ　抑制　キ　厳格　ク　真実　ケ　老練　コ　詳細

四

次の文の空欄に適する漢字を一字補い文を完成させなさい。

1　（　　）を丸める　2　（　　）に縒《よ》りをかける
3　釈迦に（　　）法　4　蛇の道は（　　）
5　高嶺の（　　）

るを見て、術法《ずつぱう》をもつて⑥忽ちに我が身をも恐れなく、供の者どもをも隠し、⑦平らかに過ぎにける。
その後、忠行、晴明を去り難く思ひて、この道を教ふることの瓶《かめ》の水を移すがごとし。されば⑧終に晴明、この道《みち》につきて公《おほやけ》、私《わたくし》に使はれて、⑨いとやむごとなかりけり。

（「今昔物語集」より）

（注）　安倍晴明…平安時代を通じて陰陽師の第一人者
心もとなき…不十分
去り難く…別れにくい

問一　傍線部①の品詞を答えなさい。

問二　傍線部②とは何を指しているか。「道」につながる二字の言葉を本文中より抜き出して答えなさい。

問三　傍線部③よく寝ていたのは誰か答えなさい。

問四　傍線部④と呼応している単語を抜き出しなさい。

問五　傍線部⑤とは何を指しているか答えなさい。

問六　傍線部⑥、⑧の読みを歴史的仮名遣いで答えなさい。

ウ　農民や漁民は経験から本当の自然の姿を理解しているが、都会人はそれがないため自然を理解できないから断層が生ずる。
エ　農民や漁民は二次自然を、都会人は三次自然を自然と認識しているように、双方のとらえ方が違うから断層が生ずる。

問八　傍線部⑦「道理」に最も近い意味の語句を次から一つ選び、記号で答えよ。
ア　常識　　イ　当然　　ウ　運命　　エ　原則　　オ　前提

問九　傍線部①「比類のない」④「旺盛な」⑧「無理はない」の意味として正しいものを次からそれぞれ選び、記号で答えよ。
①　比類のない
ア　理解を超えた　　イ　経験のない　　ウ　比べ得るもののない　　エ　他と比較すべき
④　旺盛な
ア　活動力に満ちあふれた　　イ　勇気あふれる　　ウ　にぎやかで盛んな様子　　エ　盛大で充実した
⑧　無理はない
ア　もっともだ　　イ　考えられない　　ウ　おおげさだ　　エ　やりきれない

二　次の文章を読み、後の問に答えなさい。

今は昔、天文博士《てんもんはかせ》安倍晴明《あべのせいめい》といふ陰陽師《おんやうじ》①ありけり。古《いにしへ》にも恥ぢず、やむごとなかりける者なり。幼《えう》の時、賀茂忠行《かものただゆき》といひける陰陽師に随ひて、昼夜《ちうや》に②この道を習ひけるに、いささかも心もとなきことなかりける。

然《しか》るに、晴明若かりける時、師《し》の忠行が下渡《しもわた》りに夜歩きに行きける供に、歩《かち》にして車の後ろに行きける。忠行、車の内にし③てよく寝入りにけるに、晴明見けるに、④えもいはず恐ろしき鬼ども、車の前に向かひて来けり。

晴明⑤これを見て驚きて、車の後ろに走り寄りて、忠行を起こして告《つ》げければ、その時に［　　］忠行驚き覚めて鬼の来た

問二　空欄（　１　）に当てはまる語句を次から選び、記号で答えよ。

ア　自然観　　イ　芸術観　　ウ　季節感　　エ　映像感　　オ　世界観

問三　空欄（　２　）～（　４　）に当てはまる語句を次から選び、記号で答えよ。

ア　つまりは　　イ　それは　　ウ　しかも　　エ　もし　　オ　たとえ　　カ　しかし

問四　傍線部②「そこ」とはどこを指すか。本文中から十五字程度で抜き出せ。

問五　傍線部③「知識人たちの頭脳に描かれた映像」の説明として最も適当なものを次から選び、記号で答えよ。

ア　ありのままではないが、知識人が本来あるべき姿としてとらえた自然のイメージ。

イ　ありのままの自然ではなく、知識人が自分たちの主観でとらえた自然のイメージ。

ウ　知識人の頭の中で描く、理想的でかつ、本来の旺盛な生命力を持った自然のイメージ。

エ　知識人がその見識を持ってとらえた、存在感がどっしりとある本当の自然のイメージ。

問六　傍線部⑤「そのような自然観」の説明として、最も適当なものを次から選び、記号で答えよ。

ア　自然には、一次自然、二次自然、三次自然のように区別がしっかりあることを理解・認識している自然観。

イ　日本人の繊細さから生まれた、茶の湯や生け花、日本庭園など日本人独特の文化をしっかりと受け継ごうとする自然観。

ウ　豪雨、豪雪など、世界でもまれなほど不安定な国土のため、その不安定な自然と共存するために身に付いた自然観。

エ　生け花や日本庭園など、自然を人間がコントロールしたものが望ましい自然だと思い込んでいる自然観。

問七　傍線部⑥「農民や漁民の自然観と、都会人の自然観との間にはかなりの断層がある」の理由として最も適当なものを次から選び、記号で答えよ。

ア　農民や漁民、都会人も自然に対する認識は共通しているが、自然からの恩恵のあずかり方が違うため断層が生ずる。

イ　農民や漁民の方が自然に接する機会が多く親しみを持っているが、都会人は自然に対して無関心だから断層が生ずる。

日本列島の①比類のない美しさに加えて、四季の変化が、これも世界に例がないほどに際立っているために、日本人の（　１　）は繊細であり、それが文学や絵画をはじめとする日本文化に大きな影響を与えている。私たちは、それらの文化を通じて、日本の自然に強い親しみを感じ、茶の湯や生け花を楽しみ、木立《こだち》や池や灯籠《とうろう》を配した日本庭園を造っている。

（　２　）、②そこで描かれている自然は、③知識人たちの頭脳に描かれた映像であって、必ずしもありのままの自然ではない。生け花も庭園も人のコントロールのもとにある三次自然であって、二次自然に見る④旺盛な生命力はない。自然と人の共存にあっては、生命力あふれる自然と人の共存こそが、最も大切ではあるまいか。そうだとすれば、そのような自然観や自然の造形は、そのままでは、自然と人の共存にはさほど役には立たないと言わなければならない。

（　３　）、⑤そのような自然観が多くの日本人の間に広がっていて、ありのままの自然の認識を妨げているようにも見える。自然の中で最も注目すべきは、人の手の入った山や川や森や海という二次自然の優しさと生命力である。都会人の多くはその二次自然を飛ばして、一方では自然といえば人の手が全く加えられていない山や森のような一次自然のことと思い、自然に手を触れることはすべて悪という(e)キョクロンを生み、他方では虫もトカゲもあらゆる雑草も嫌って、京都の寺の木立のような三次自然こそ最も望ましい自然と考えやすい。

（　４　）、二次自然の恐ろしさや優しさと日々向き合って、ありのままの自然を凝視している⑥農民や漁民の自然観と、都会人の自然観との間にはかなりの断層がある。人々がありのままの自然を見ていないからには、宇宙についても正確な認識を欠くのは⑦道理である。宇宙にロマンチックなあこがれを抱くというのは、竹の中から現れたかぐや姫が五人の貴公子から求愛されたが、結局は月からの使者に迎えられて昇天するというお話と同じような、ありのままの宇宙とは無関係な幻想である。

ありのままの宇宙を知れば、これほど美しく複雑な天体である地球が存在し、その上に私たちが住んでいるという偶然と幸福に感嘆するのであるが、その感動がなければ、地球環境の破壊に無関心となり、日本列島の美しさにも鈍感となり、日本の風景の美を無神経に破壊するのも⑧無理はない。こうして筆者は、ロマンは天上にはなく地上にある、つまりなんとしてでも、自然と人の共存を図ることにある、と考える。

（星野芳郎『自然・人間　危機と共存の風景』より）

問一　傍線部(a)～(e)を漢字で記せ。

二〇二〇年度
二松学舎大学附属高等学校

【国語】〈五〇分〉〈満点：一〇〇点〉

（字数制限のある問は、句読点も一字と数えること。）

一　次の文章を読み、後の問に答えなさい。

地形といい、気候といい、植生《しょくせい》といい、日本列島の自然は地球の上でも、他に例を見ない際立った特徴を持っている。日本の国土の約七三パーセントは山で占められており、人の住める地域は少ないが、山地の大部分は森に(a)オオわれており、麓《ふもと》にも森が散在する。小さな島にしては高山が連なっているから、大陸に比べて山の傾斜はきつく、川の流れは速く、水は透き通っている。日本ほど美しい風景を持つ国は、スイスぐらいではあるまいか。

その美しさは、実は日本列島が、地質のうえでも気候のうえでも世界でまれなほど不安定であることに起因している。台風や梅雨末期の集中豪雨や冬の日本海側の山地の豪雪が、日本列島に豊かな水を提供している。水が豊富なうえに地球上の同じ中緯度地帯に比べて、夏の気温が高いから、日本の森の植生の密度は高く、温帯地方には例のないジャングル状を呈している。

それは、日本の島々がアジア大陸の東の縁に展開しているからだが、その特有の位置のために、他方では日本列島は地震と活火山の巣となり、それらの国土面積あたりの回数と数は世界のトップにある。そして現在の日本の国富の半ば以上は、洪水の常時来襲地帯にある。日本民族は日本列島に姿を現して以来、あらゆる犠牲を払い努力を尽くして、その不安定な自然と共存する流儀を(b)エトクしてきた。台風や洪水や地震や火山の噴火に備えて、住家や耕地の位置を選択し、二段構え三段構えの安全策を講じてきた。だが、農民や漁民が自然とつきあう知恵の(c)デンショウが、今は切れかかっている。それが自然災害や公害を頻発させている一因である。

自然と人の共存の知恵が薄れてきたのは、都会に住む人が(d)ゲキゾウして、自然と人とが分断されてきたためである。都会に住む市民や知識人や役人や政治家の多くは、ありのままの自然を知らない。いや、人の肉体はサルとほとんど同じという、ありのままの人の姿さえ知らない。自然と人の共存のためには、自然に手を加えなければならないが、ありのままの自然についての知識がないために、しばしば不必要に自然を破壊し、食物循環を狂わせている。

2020年度／二松学舎大学附属高等学校

英語解答

1

1　貧しく飢えている人たちに食べ物を与える

2　②　junior high school

　④　tomorrow

3　it was difficult for them to grow

4　きれいな水を飲むことができず病気になってしまうから。

5　⑥　高価な　⑨　平和

6　how to

7　彼らは武装勢力に参加する必要がないこと。

8　彼は30年以上アフガニスタンにいる。

9　あ　eating　い　brought

　う　doing

10　(A)　who　(B)　which

11　ア…(2)　イ…(3)　ウ…(1)

12　(1)…○　(2)…×　(3)…○　(4)…×

2

1　①…イ　③…ア　⑤…ウ　⑥…ウ

2　②　is a beautiful city covered with white snow

　④　was such a nice old man

3　東京とサンタクロース村との距離の遠さに驚いた気持ち

4　(1)　(Because) he found out that she came from Tokyo.

　(2)　She wants to talk to Emily about all the interesting things in Finland.

3

1　ウ　2　イ　3　エ　4　ウ

5　ア

4

1　am going　2　How much

3　are there　4　the most

5　soon as

5

1　エマの誕生日を知っていますか。／when

2　その知らせを聞いたとき，私はとてもうれしかった。／hear

3　ここでバスケットボールをしてはいけません。／Don't

4　雪がとても激しかったが，彼らは外で遊んだ。／it

5　その女性は私のおばです。彼女はあの〔その〕家に住んでいます。／living

1〔長文読解総合―エッセー〕

≪全訳≫❶貧しく飢えている人々を見たら，あなたは彼らのために何をするだろうか。食べ物を与えると言うかもしれない。あなたがそうすれば，彼らは「ありがとう」と言うだろうし，それであなたはいい気分になるかもしれない。だが，その食べ物を食べ終わった後はどうなるのか。その日１日は生き延びられても，翌日彼らはどうなるのか。❷2019年，中村医師がアフガニスタンでの活動について話すために僕の中学校にいらっしゃった。彼は1980年代にそこで病気の人々を救い始めた医師だ。2000年，アフガニスタンの人々は干ばつで苦しみ，そのために作物を育てるのが難しくなって大勢の農民が農地を失った。彼らの多くは飢えのために亡くなるか難民キャンプに行くかした。❸この講演で，彼は私たちに１つの質問をした。彼は言った。「世界の飢えた人々を救うために私たちは何をすべきでしょうか」　僕は手を挙げて言った。「ええと，何かをあげればいいと思います」　中村医師は私に笑いかけて言った。「あなたの答えも悪くはないですが，飢えた人々に何かをあげることが，彼らを助ける唯一の方法ではありません。私たちは彼らの将来を考える必要があります――明日，来週，来年，さらに今から50

年後のこともね」❹中村医師の言葉は僕の心を動かした。そして僕はアフガニスタンのことをもっと知りたいと思った。僕はアフガニスタンの状況を勉強するために，中村医師によって書かれた本を読み始めた。アフガニスタンでは干ばつの後，多くの人々が飢えていて貧しかった。十分な食料がなく，子どもたちは学校に行くことができなかった。きれいな水がなくて病気になってしまうため，５歳未満の子どもの６人に１人が死んでいた。小麦は高価だったので，彼らは十分に食べることができなかった。中村医師は，長い目で見ると，用水路と井戸をつくることが，人々が生き延びるのを助ける最善の方法だと考えた。もし用水路があれば農地が生き返り，彼らは作物を育てるようになって，もう飢えることはないだろう。もし井戸があれば，人々はきれいな水を飲むことができ，病気の子どもの数はより少なくなるだろう。❺2003年，中村医師は大勢のアフガニスタンの人とともに27キロの用水路建設に着手し，2007年には半分が完成した。また，彼は2008年までに，飲料水用の井戸をおよそ1600本も掘ることができた。2019年までに，福岡市の約半分の広さの農地が生き返った。用水路をつくるというのは，建築の知識が必要なので，医師にとってはとても大変なことだった。彼は最初，井戸の掘り方さえ知らなかった。だが，本当に人々の命を救いたいと思っていたので，彼はそれを自力で学んだのだった。❻現在，アフガニスタンの人は自分たちの土地で小麦や他の作物を育てることができるので，食料が十分にある。子どもたちもきれいな水が飲めるので病気にならず，学校に通って将来を好転させている。さらに，中村医師がインフラを整備するために多くのアフガニスタンの人の仕事を生み出したので，彼らは武装勢力に参加する必要がない。彼の活動はアフガニスタンに平和と幸福をもたらしたのだ。❼2019年10月９日，中村医師は長期間にわたる献身と努力に対して，アフガニスタン大統領ガニ氏から名誉市民賞を贈られた。彼は人々を救うため30年以上アフガニスタンにいる。彼はただベストを尽くしているだけでなく，そうすることを楽しんでもいるのだと僕は思う。僕は，物事を成し遂げる彼の強い意志と実行力を，本当に高く評価している。僕は彼のような人になりたい。

1＜指示語＞do は前に出た動詞の代わりをすることができる。ここでは，do so が直前の文の give them food「彼らに食べ物を与えること」を指している。them は本文最初の文の poor, hungry people を指す。

2＜適語(句)補充＞②「中学校」は junior high school。　④「明日」は tomorrow。

3＜整序結合＞「～が…するのは―だ」は ‘it is ― for ～ to …’ の形で表せる。is はここでは過去形の was になっている。‘―’ には difficult「難しい」，‘～’ には them「彼ら」，‘…’ には grow「育てる」を入れればよい。

4＜文脈把握＞直後の because 以下にその理由が述べられているので，ここを日本語にする。

5＜単語の意味＞⑥expensive は「値段が高い，高価な」。　⑨peace は「平和」。

6＜適語補充＞空所は「井戸の掘り方」に当たる部分。「～の仕方」は how to ～ で表せる。

7＜文脈把握＞直後の so 以下にその内容が書かれている。don’t have to ～ で「～する必要がない」。

8＜英文和訳＞‘has/have＋過去分詞’ という現在完了の文。been は be動詞の過去分詞。has been in ～ は「(ずっと)～にいる」という ‘継続’ を，for は「～の間」で ‘期間’ を表す。more than ～ は「～以上」と訳せばよい。

9＜語形変化＞あ．前の動詞 finish の目的語になっているので，動名詞(～ing)にする。finish

〜ing で「〜し終える」。　い．直前に has があるので，‘has＋過去分詞’ という現在完了の文にする。bring の過去分詞は brought。　う．enjoy という動詞の目的語になっているので，動名詞(〜ing)にする。enjoy 〜ing で「〜して楽しむ」。

10＜適語補充＞(A)空所の直前には‘人’を表す doctor があり，直後には動詞 started があるので，先行詞に‘人’をとる主格の関係代名詞 who が適切。　(B)直前には‘物’を表す book があり，直後には動詞 was written があるので，先行詞に‘物’をとる主格の関係代名詞 which が適切。

11＜用法選択＞ア．「勉強するために」という‘目的’を表す副詞的用法の to不定詞。(2)「ケイコは美術を勉強するためにフランスへ行った」が同じ用法。　イ．「助けるための最善の方法」という意味で，前の名詞 way を修飾する形容詞的用法の to不定詞。(3)「私にはやるべき〔やるための〕宿題がたくさんある」が同じ用法。　ウ．「なりたい〔なることを欲する〕」という意味で，動詞の目的語になる名詞的用法の to不定詞。(1)「私の兄〔弟〕は劇場で喜劇〔お笑いのショー〕を見るの〔見ること〕が好きだ」が同じ用法。

12＜内容真偽＞(1)「中村医師は1980年代にアフガニスタンの人々を助け始め，今も彼らを助けている」…○　第２段落第２文および第７段落第２文に一致する。　(2)「中村医師は飢えた人々に何かを与えることが彼らを救う最善の方法だと信じている」…×　第３段落最後の２文参照。　(3)「中村医師はアフガニスタンの人の命を救うため，自力で建築を学んだ」…○　第５段落最後の３文参照。　(4)「中村医師は2019年にノーベル平和賞を受賞した」…×　第７段落第１文参照。

2〔長文読解総合―手紙〕

≪全訳≫❶親愛なるエミリーへ❷フィンランドからこんにちは！　私たちは今ロヴァニエミにいます。ここはサンタクロースの故郷だと信じられているところです。白い雪で覆われた美しい街で，当たり前ですがとても寒いです。❸今日，家族と私はバスでサンタクロース村に行きました。そこで私が最初に目にしたのは，サンタクロースの「オフィス」の前で彼と写真を撮ろうと待っている人々の長い行列でした。そうです，サンタは自分のオフィスを持っているんです。彼とお手伝いの人はそこで毎年のクリスマスの旅の準備をすることができるんです。彼は満面の笑みを絶やさないとてもすてきなおじいちゃんでした。私たちは一緒に写真を撮り，私が東京から来たと知ると，彼は日本語で私に話しかけてくれました。❹サンタに会った後は，サンタクロース郵便局に行きました。そこに関して一番すてきなことは，ここからクリスマスカードを送ると封筒に特別なサンタの消印を押してもらえることです。私は友達全員にカードを送ったので，みんなが今度のクリスマスにそれを受け取ってびっくりしてほしいなと思います。❺それから私たちは，サンタクロース村を横切る有名な北極圏の境界線に行きました。私が境界線を飛び越えるとき，ママが私の写真を撮ってくれました。ところで，東京とサンタクロース村との距離を知っていますか？　そこにあった標識によると，7340キロだそうです。なんて遠いんでしょう！❻来週帰る予定ですが，フィンランドでのおもしろいこと全てをあなたにお話しするのが待ちきれません。じゃあまたね！❼心を込めて，エマより

1＜適語(句)選択＞①believe は「〜を信じる」。関係代名詞 which の前の先行詞 place が主語になっているので，‘be動詞＋過去分詞’の受け身形が適切。place は単数なので，be動詞は is になる。　③in front of 〜「〜の正面に〔で，の〕」　⑤be surprised to 〜 で「〜して驚く」。この to 〜 は‘感情の理由’を表す副詞的用法の to不定詞。　⑥between *A* and *B*「*A* と *B* の間に

〔で，を，の〕」

2＜整序結合＞②まず，文の中心となる「(それは)美しい街で(す)」の部分を It is a beautiful city と組み立てる。「白い雪で覆われた」は「街」を修飾する部分。「～で覆われた」は covered with ～ で，これを city の後ろに置く(過去分詞の形容詞的用法)。with の後には「白い雪」の white snow が続く。　④まず，文の中心となる「彼はすてきなおじいちゃんでした」を組み立てると，He was a nice old man となる。「とても」は such で表し，was の後に入れる。'such a/an＋単数名詞' で「とても～な…」を表せる。

3＜文脈把握＞下線部は「なんて遠いんでしょう！」という感嘆文。東京とサンタクロース村との距離が7340キロもあり，遠いことに驚いているのである。

4＜英問英答＞(1)「一緒に写真を撮った後，サンタはなぜエマに日本語で話しかけたのか」　第3段落最終文参照。後半の when 以下がこの問いの答えになる。that の後の I は，答えの文では Emma を表す she にかえること。　(2)「エマは日本で友達のエミリーに会ったら何をしたいと思っているか」　第6段落参照。and の後の I 以下が答えになる。I は Emma を表すので She にかえ，can't wait to は wants to に変える。主語が3人称単数で現在の文なので，wants となる。talk to の後の you は，手紙を書いた相手の Emily にかえる。

3〔対話文完成─適文選択〕

1．A：もしもし。サトウさんはいらっしゃいますか〔サトウさんとお話しできますか〕？／B：申し訳ありません。彼は今，別の電話に出ています。こちらからかけ直すように彼に伝えましょうか？ ∥電話での会話。空所の後のBの言葉から，彼(サトウさん)はAの電話に出られないとわかるので，ウが適切。be on another line は「別の電話に出ている」という意味。この line は「電話，電話回線」を表す。

2．A：本当にひどい風邪をひいているんですよ。／B：それはお気の毒に。薬は飲みましたか？∥風邪をひいていると言う相手に同情して言う言葉として，イが適切。

3．A：すみません。駅へはどうやって〔何に乗って〕行けばいいでしょうか？／B：2番のバスに乗ってください。それが駅まで行きますから。∥Aは'交通手段'を尋ねているので，バスに乗ることを伝えるエが適切。

4．A：ノートを借りてもいいですか。／B：ええ。かまいませんよ。はいどうぞ。∥空所の後の Here you are. は，相手に物を差し出しながら言う言葉なので，BはAにノートを貸すことを承諾したのだとわかる。

5．A：昼食を食べた後は何をしましょうか？／B：散歩しましょう。この近くに美しい湖があるんですよ。∥Shall we ～？は「～しましょうか」と相手に申し出たり提案したりする表現。これに対しては，Let's ～「～しましょう」と提案するアが適切。

4〔和文英訳─部分記述〕

1．「～するつもりだ」は be going to ～ で表すことができる。主語は I なので，be動詞は am。

2．「いくら」と値段を尋ねるときは，How much ～？を用いる。

3．「〈場所〉に〈人〉がいる」は，'There is/are＋人＋場所 ～.' の形で表せる。ここでは'人'は students だが，How many students となって文頭に出ている。この students は複数形なので，

be動詞には are を用いる。疑問文なので，are there という語順になる。

4．「最も難しい」を表す difficult の最上級は，前に the most をつける。

5．as soon as ～「～するとすぐに」

5 〔英文和訳・書き換え―適語補充〕

1．(A)Do you know ～？は「あなたは～を知っていますか」。Emma は人名で，'s がついて「エマの」となる。birthday は「誕生日」。　(B)was born「生まれた」があるので，(A)の「エマの誕生日」の部分を「エマはいつ生まれたか」と表せばよい。「いつ」は when。'疑問詞＋主語＋動詞...'という間接疑問の形になる。

2．(A)felt は feel「感じる」の過去形。feel happy で「うれしい」となる。when はここでは「(～する)ときに」という意味の接続詞。heard は hear「聞く」の過去形。news は「知らせ」。(B)happy の直後に to があることに注目し，heard の原形 hear を続ける('感情の理由' を表す to不定詞の副詞的用法)。

3．(A)must not は「～してはいけない」。play basketball は「バスケットボールをする」。here は「ここで」。　(B)You must not は Don't で始まる否定の命令文で書き換えられる。

4．(A)この snow は名詞の「雪」。hard は「激しい」。but は「～だが」という'逆接' の接続詞。played はここでは「遊んだ」という意味で用いられている。outside は「外で」という意味の副詞。　(B)前半と後半が(A)とは逆になっていて，though「(～である)けれども，にもかかわらず」でつながっている。空所の後の snowing は be動詞の was とセットで過去進行形になっている。その主語として it を空所に入れるのが適切。この it は'天候，時間，距離，寒暖' などを表す文の主語として使われるもの。

5．(A)woman は「女性」，aunt は「おば」。live in ～ で「～に住んでいる」。　(B)2つの文で表されていたものを1つの文で表す。(A)と比較して足りないのは lives「住んでいる」の部分であることから，live を現在分詞の living にして，'現在分詞＋語句' が名詞を後ろから修飾する形にすればよい(現在分詞の形容詞的用法)。　「あの家に住んでいる女性は私のおばです」

2020年度／二松学舎大学附属高等学校

数学解答

1 (1) 3160080　(2) 7　(3) $-\dfrac{27}{4}$

(4) $8+6\sqrt{7}$

2 (1) 男子…120人　女子…90人

(2) $\dfrac{5}{12}$　(3) $(a+b-c)(a-b+c)$

(4) $x=\dfrac{-3\pm\sqrt{41}}{4}$

(5) $x=1,\ y=-5$　(6) $8\pi\text{cm}^2$

3 (1) 27枚　(2) $6n-3$ 枚

(3) $3n^2$ 枚

4 (1) $2\sqrt{13}$cm　(2) $\dfrac{8}{3}$cm　(3) 5：9

5 (1) -8　(2) $y=x-4$　(3) 12

(4) $(-1,\ -2)$

1〔独立小問集合題〕

(1)＜数の計算＞$20=n$ とすると，与式$=(n-2)\times(n-1)\times n\times(n+1)\times(n+2)=n(n-1)(n+1)(n-2)(n+2)=n(n^2-1)(n^2-4)=n(n^4-5n^2+4)=n^5-5n^3+4n$ となる。n をもとに戻して，与式$=20^5-5\times20^3+4\times20=3200000-5\times8000+80=3200000-40000+80=3160080$ となる。

(2)＜数の計算＞与式$=7\times9\div\{-9+2\times(-3)^2\}=7\times9\div(-9+2\times9)=7\times9\div(-9+18)=7\times9\div9=7$

(3)＜数の計算＞与式$=-\dfrac{2}{9}\div\dfrac{4}{9}\times\left(-\dfrac{27}{8}\right)\div\dfrac{2}{-8}=-\dfrac{2}{9}\div\dfrac{4}{9}\times\left(-\dfrac{27}{8}\right)\div\left(-\dfrac{1}{4}\right)=-\dfrac{2}{9}\times\dfrac{9}{4}\times\left(-\dfrac{27}{8}\right)\times\left(-\dfrac{4}{1}\right)=-\dfrac{2\times9\times27\times4}{9\times4\times8\times1}=-\dfrac{27}{4}$

(4)＜平方根の計算＞与式$=(\sqrt{7})^2-2\times\sqrt{7}\times1+1^2+\sqrt{3^2\times7}+\dfrac{35\times\sqrt{7}}{\sqrt{7}\times\sqrt{7}}=7-2\sqrt{7}+1+3\sqrt{7}+\dfrac{35\sqrt{7}}{7}=7-2\sqrt{7}+1+3\sqrt{7}+5\sqrt{7}=8+6\sqrt{7}$

2〔独立小問集合題〕

(1)＜連立方程式の応用＞男子の生徒数を x 人，女子の生徒数を y 人とすると，生徒数が210人であることから，$x+y=210$……①となる。また，自転車で通学している生徒は，男子の15%と女子の20%だから，男子が $x\times\dfrac{15}{100}=\dfrac{3}{20}x$(人)，女子が $y\times\dfrac{20}{100}=\dfrac{1}{5}y$(人)である。この人数が等しいことから，$\dfrac{3}{20}x=\dfrac{1}{5}y$……②が成り立つ。①，②の連立方程式を解くと，②×20 より，$3x=4y$，$3x-4y=0$……②′　①×4＋②′ より，$4x+3x=840+0$，$7x=840$　$\therefore x=120$　これを①に代入して，$120+y=210$　$\therefore y=90$　よって，男子の生徒数は120人，女子の生徒数は90人である。

(2)＜確率―サイコロ＞大小２個のサイコロを同時に投げるときの目の出方は，全部で $6\times6=36$(通り)ある。このうち，大きいサイコロの目の数が小さいサイコロの目の数より大きくなるのは，(大，小)＝(2，1)，(3，1)，(3，2)，(4，1)，(4，2)，(4，3)，(5，1)，(5，2)，(5，3)，(5，4)，(6，1)，(6，2)，(6，3)，(6，4)，(6，5)の15通りある。よって，求める確率は $\dfrac{15}{36}=\dfrac{5}{12}$ となる。

(3)＜因数分解＞$b-c=A$ とおくと，与式$=a^2-A^2=(a+A)(a-A)$ となる。A をもとに戻して，与式$=\{a+(b-c)\}\{a-(b-c)\}=(a+b-c)(a-b+c)$ となる。

(4)＜二次方程式＞解の公式より，$x=\dfrac{-3\pm\sqrt{3^2-4\times2\times(-4)}}{2\times2}=\dfrac{-3\pm\sqrt{41}}{4}$ となる。

(5)＜連立方程式＞$3x+2y=-7$……①，$5x-3y=20$……②とする。①×3より，$9x+6y=-21$……①′ ②×2より，$10x-6y=40$……②′ ①′+②′より，$9x+10x=-21+40$，$19x=19$ $\therefore x=1$ これを①に代入して，$3+2y=-7$，$2y=-10$ $\therefore y=-5$

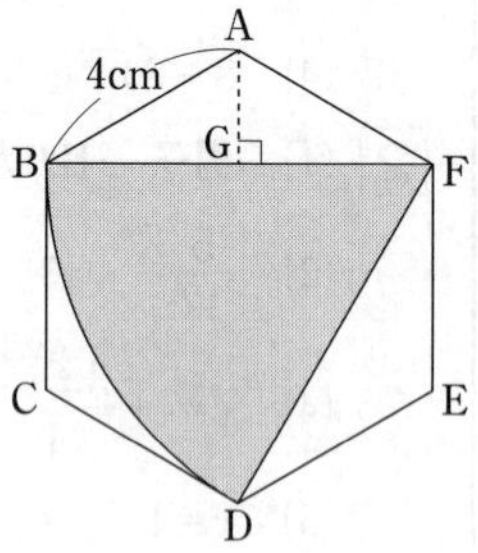

(6)＜図形―面積＞六角形の内角の和は $180^\circ\times(6-2)=720^\circ$ なので，正六角形の1つの内角の大きさは，$720^\circ\div6=120^\circ$ である。右図で，$\angle\mathrm{BAF}=120^\circ$ だから，点Aから線分BFに垂線AGを引くと，△ABFがAB＝AFの二等辺三角形であることより，$\angle\mathrm{BAG}=\dfrac{1}{2}\angle\mathrm{BAF}=\dfrac{1}{2}\times120^\circ=60^\circ$ となる。これより，△ABGは $\mathrm{AG}:\mathrm{AB}:\mathrm{BG}=1:2:\sqrt{3}$ の直角三角形なので，$\mathrm{BG}=\dfrac{\sqrt{3}}{2}\mathrm{AB}=\dfrac{\sqrt{3}}{2}\times4=2\sqrt{3}$ となる。点Gは線分BFの中点となるので，$\mathrm{BF}=2\mathrm{BG}=2\times2\sqrt{3}=4\sqrt{3}$ となる。また，$\angle\mathrm{AFE}=120^\circ$，$\angle\mathrm{AFB}=(180^\circ-\angle\mathrm{BAF})\div2=(180^\circ-120^\circ)\div2=30^\circ$ であり，同様に，$\angle\mathrm{EFD}=30^\circ$ となるから，$\angle\mathrm{BFD}=\angle\mathrm{AFE}-\angle\mathrm{AFB}-\angle\mathrm{EFD}=120^\circ-30^\circ-30^\circ=60^\circ$ となる。よって，〔おうぎ形FBD〕$=\pi\times(4\sqrt{3})^2\times\dfrac{60^\circ}{360^\circ}=8\pi\,(\mathrm{cm}^2)$ である。

3 〔特殊・新傾向問題―規則性〕

(1)＜タイルの枚数＞1作業目に必要なタイル(問題の図の色のついたタイル)は3枚，2作業目に必要なタイルは9枚，3作業目に必要なタイルは15枚である。$9-3=6$，$15-9=6$ より，必要なタイルの枚数は1作業ごとに6枚ずつ増えるので，4作業目に必要なタイルは $15+6=21$(枚)，5作業目に必要なタイルは $21+6=27$(枚)となる。

(2)＜タイルの枚数＞(1)より，n 作業目に必要なタイルは，1作業目に必要なタイル3枚から，$6(n-1)$ 枚増えるので，$3+6(n-1)=6n-3$(枚)となる。

(3)＜タイルの枚数＞タイルの総数は，1作業目を終えたとき3枚，2作業目を終えたとき $3+9=12$(枚)，3作業目を終えたとき $12+15=27$(枚)，4作業目を終えたとき $27+21=48$(枚)，5作業目を終えたとき $48+27=75$(枚)，……となる。$12=3\times2^2$，$27=3\times3^2$，$48=3\times4^2$，$75=3\times5^2$ と表せるから，n 作業目を終えたとき，タイルの総数は，$3\times n^2=3n^2$(枚)と表せる。

4 〔空間図形―三角柱〕

図1

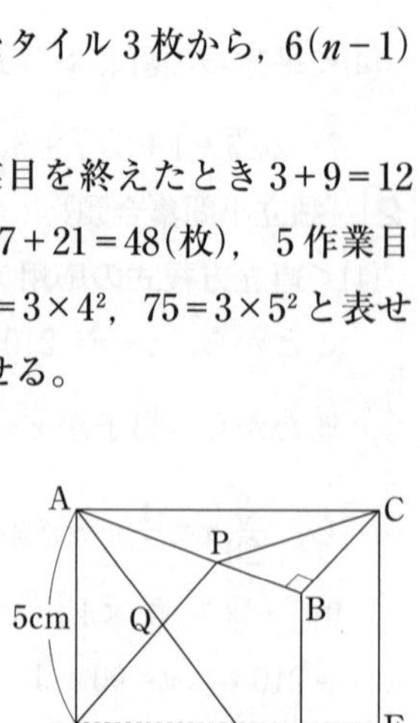

(1)＜長さ―三平方の定理＞右図1で，△ABCは $\angle\mathrm{ABC}=90^\circ$ の直角三角形なので，三平方の定理より，$\mathrm{AC}=\sqrt{\mathrm{AB}^2+\mathrm{BC}^2}=\sqrt{6^2+4^2}=\sqrt{52}=2\sqrt{13}\,(\mathrm{cm})$ となる。

(2)＜長さ―相似＞右図1で，線分DP，線分PCを含む面ADEBと面ABCを右下図2のように展開する。DP＋PCが最小となるのは，3点D，P，Cが一直線上に並ぶときである。このとき，AB∥DEより，△CPB∽△CDEとなるので，$\mathrm{PB}:\mathrm{DE}=\mathrm{CB}:\mathrm{CE}=4:(4+5)=4:9$ となり，$\mathrm{PB}=\dfrac{4}{9}\mathrm{DE}=\dfrac{4}{9}\times6=\dfrac{8}{3}\,(\mathrm{cm})$ である。

図2

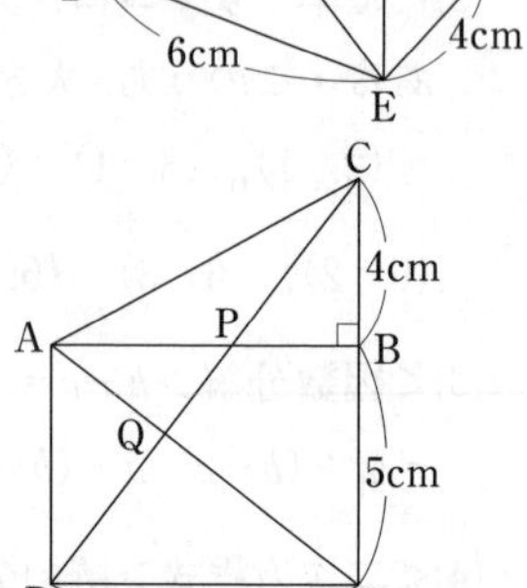

(3)＜長さの比―相似＞右図2で，AD∥CEより，△ADQ∽△ECQだから，$\mathrm{AQ}:\mathrm{QE}=\mathrm{AD}:\mathrm{EC}=5:9$ となる。

5 〔関数―関数 $y=ax^2$ と直線〕

≪基本方針の決定≫(3)　y 軸によって，2つの三角形に分ける。

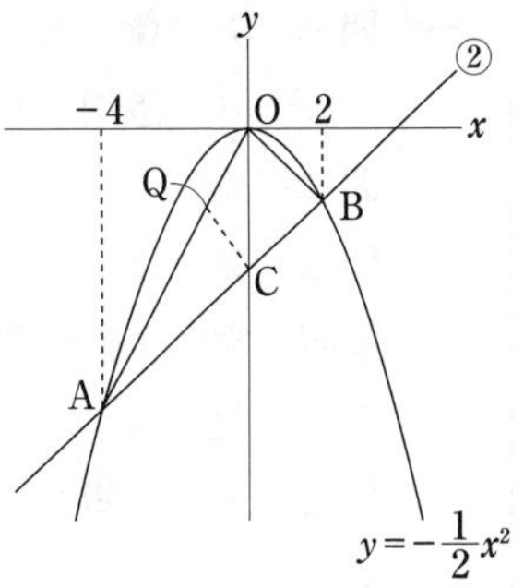

(1)**＜y 座標＞**右図で，点Aは放物線 $y=-\frac{1}{2}x^2$ 上にあり，x 座標が -4 なので，y 座標は $y=-\frac{1}{2}\times(-4)^2=-8$ となる。

(2)**＜直線の式＞**右図で，(1)より，A$(-4,\ -8)$である。点Bは放物線 $y=-\frac{1}{2}x^2$ 上にあり，x 座標が2なので，$y=-\frac{1}{2}\times2^2=-2$ より，B$(2,\ -2)$となる。直線②は2点A，Bを通るので，傾きは $\frac{-2-(-8)}{2-(-4)}=\frac{6}{6}=1$ となり，その式は $y=x+b$ とおける。点Bを通るから，$-2=2+b$，$b=-4$ となる。よって，直線②の式は，$y=x-4$ である。

(3)**＜面積＞**右上図で，(2)より，直線②の切片は -4 なので，C$(0,\ -4)$となり，OC$=4$ となる。△OABを y 軸によって△OACと△OBCに分け，この2つの三角形の底辺をOCとすると，2点A，Bの x 座標から，高さはそれぞれ4，2となる。よって，△OAC$=\frac{1}{2}\times4\times4=8$，△OBC$=\frac{1}{2}\times4\times2=4$ より，△OAB$=$△OAC$+$△OBC$=8+4=12$ となる。

(4)**＜点の座標＞**右上図で，(3)より，△OAC$=8$，△OBC$=4$ なので，線分CQが△OABの面積を2等分するとき，点Qは線分OA上にあり，〔四角形OQCB〕$=$△ACQ$=\frac{1}{2}$△OAB$=\frac{1}{2}\times12=6$ となる。これより，△OQC$=$〔四角形OQCB〕$-$△OBC$=6-4=2$ となる。△OQCの底辺をOC$=4$ とするときの高さを h とすると，△OQCの面積について，$\frac{1}{2}\times4\times h=2$ が成り立ち，$h=1$ となる。よって，点Qの x 座標は -1 となる。A$(-4,\ -8)$より，直線OAの傾きは $\frac{0-(-8)}{0-(-4)}=\frac{8}{4}=2$ だから，直線OAの式は $y=2x$ である。点Qはこの直線上にあるから，y 座標は $y=2\times(-1)=-2$ となり，Q$(-1,\ -2)$である。

国語解答

一 問一 (a) 覆 (b) 会得 (c) 伝承 (d) 激増 (e) 極論
問二 ウ
問三 2…カ 3…ウ 4…ア
問四 文学や絵画をはじめとする日本文化
問五 イ　問六 エ　問七 エ
問八 イ
問九 ①…ウ ④…ア ⑧…ア

二 問一 動詞　問二 陰陽［道］
問三 忠行　問四 ず　問五 鬼
問六 ⑥ たちまち ⑧ つひに
問七 ア　問八 3　問九 オ

三 1 ケ　2 ウ　3 キ　4 ア　5 オ

四 1 頭　2 腕　3 説　4 蛇　5 花

一〔**論説文の読解―文化人類学的分野―日本文化**〕出典；星野芳郎『自然・人間　危機と共存の風景』。

≪**本文の概要**≫日本の美しい風景は，日本列島が地質と気候のうえで不安定であることに起因している。日本民族は，多くの犠牲と努力のもとに，不安定な自然と共存する方法を会得し，台風や洪水，地震などに備えて安全策を講じてきた。しかし今は，都会に住む人の激増によって，農民や漁民のつちかってきた自然とつき合う知恵の伝承が途切れ，それが，自然災害や公害を頻発させる一因となっている。日本列島は四季の変化が際立つため，日本人の季節感は繊細であり，その季節感が，文学や絵画をはじめとする日本文化に影響を与え，その文化を通じて，私たちは，日本の自然に親しみを感じている。けれども，日本文化に描かれた自然は，人のコントロールのもとにある三次自然である。都会人は，三次自然を最も望ましい自然と考えるが，人の手の入った山や川や森や海という二次自然の優しさと生命力にこそ，注目すべきである。二次自然の恐ろしさや優しさと日々向き合っている農民や漁民の自然観と，都会人の自然観との間には，断層がある。人々は，ありのままの自然を見ていないために，地球環境の破壊に無関心となり，日本の風景の美を，無神経に破壊するのである。だから，何としても自然と人の共存を，図る必要がある。

問一＜**漢字**＞(a)音読みは「覆面」などの「フク」。　(b)十分に理解して自分のものにすること。　(c)古くからの行事・風習・言い伝えなどを受け継いで，次代に伝えていくこと。　(d)数や量が急激に増えること。　(e)極端に言うこと。

問二＜**文章内容**＞日本列島では，四季の変化が「世界に例がないほどに際立っている」ので，日本人の季節の感じ方は繊細であり，その感じ方が，「文学や絵画をはじめとする日本文化に大きな影響を与えている」のである。

問三＜**接続語**＞2．私たちは，日本文化を通じて，「日本の自然に強い親しみを感じ，茶の湯や生け花を楽しみ，木立や池や灯籠を配した日本庭園を造っている」けれども，文学や絵画などの日本文化で描かれているのは，「必ずしもありのままの自然ではない」のである。　3．人のコントロールのもとにある三次自然による「自然観や自然の造形は，そのままでは，自然と人の共存にはさほど役には立たない」うえに，「そのような自然観が多くの日本人の間に広がっていて，ありのままの自然の認識を妨げている」ようにも見える。　4．日本の都会人の多くは，二次自然を飛ばして，一方では，自然といえば「人の手が全く加えられていない山や森のような一次自然のこと」

と思い，他方では「三次自然こそ最も望ましい自然」と考えやすいのであり，要するに，「二次自然の恐ろしさや優しさ」と向き合っている農民や漁民の自然観と，都会人の自然観との間にはずれがあるのである。

問四＜指示語＞私たちは，文学や絵画をはじめとする日本文化を通じて，「日本の自然に強い親しみ」を感じるが，「文学や絵画をはじめとする日本文化」で描かれている自然は，「必ずしもありのままの自然ではない」のである。

問五＜文章内容＞文学における自然は文学者が，絵画における自然は画家が，自分自身の頭の中に描いた自然の姿を，作品にしたものである。したがって，日本文化に描かれた自然は，文学者や画家といった知識人が感じ取った自然のイメージであり，実際の自然ではない。

問六＜指示語＞生け花や日本庭園といった「人のコントロールのもとにある」自然が望ましいとする自然観が，多くの日本人の間に広がり，「ありのままの自然の認識を妨げている」ようである。

問七＜文章内容＞農民や漁民は，「二次自然の恐ろしさや優しさ」と向き合っているが，都会人は，「三次自然こそ最も望ましい自然」と考えており，それぞれの自然のとらえ方が違うため，両者の自然観には，ずれが生じる。

問八＜語句＞「道理」は，筋が通っていること。「当然」は，そうであることが当たり前であること。「常識」は，一般の社会人として，誰もが共通して持っている知識や価値判断のこと。「運命」は，人の意志ではどうにもならない，物事の成り行きや人間の身の上，また，それをもたらす力のこと。「原則」は，基本的な方針となっている規則のこと。「前提」は，ある事柄が成り立つために必要な条件のこと。

問九＜語句＞①「比類」は，それと比べられるもののこと。「比類のない」は，比べられる対象がないさま。　④「旺盛な」は，活力が非常に盛んなさま。　⑧「無理」は，道理に反し，物事の筋が通らないこと。「無理はない」は，もっともだ，という意味。

二〔**古文の読解―説話**〕出典；『今昔物語集』巻第二十四ノ第十六。

≪現代語訳≫今となっては昔のことであるが，天文博士の安倍晴明という陰陽師がいた。(晴明は)昔の大家にも劣らない，優れた者であった。幼い頃，賀茂忠行という陰陽師に師事して，昼夜を問わずに陰陽道を習ったので，(その道において)少しも不安なところがなかった。

ところで，晴明が若かったときに，師匠の忠行が下京の辺りに夜出かけるお供で，(晴明は，忠行の乗る)牛車の後ろを歩いていた。忠行は，牛車の中でよく寝ていたが，晴明が(ふと)見たところ，何ともいえないほど恐ろしい鬼どもが，牛車の前に(前方から)向かって来た。

晴明はこれを見て驚いて，牛車の後ろに走り寄って，忠行を起こして(鬼がやって来ることを)告げたところ，そのときに忠行ははっと目を覚まして鬼が来たのを見て，法術を用いてすぐさま自分もお供の者たちも安全なように(鬼から)隠し，穏やかにその場をやり過ごした。

その後，忠行は，晴明と別れにくく思って，この道について(余すところなく)教え伝えるさまはかめの水を移すかのよう(にていねい)だった。それゆえついに晴明は，この陰陽道において公私にわたり使われて，大変重用されるようになったということである。

問一＜古典文法＞「ありけり」は，人がいる，という意味の動詞「あり」の連用形「あり」＋過去の意味の助動詞「けり」の終止形。

問二＜古文の内容理解＞安倍晴明は，幼い頃から賀茂忠行という陰陽師に師事して，昼夜を問わず陰陽師の行う道，つまり，陰陽道を習い，陰陽師となった。陰陽道は，古代中国で生まれた自然哲学思想の陰陽五行説をもとに，日本で独自の発展を遂げた自然科学と呪術の体系のこと。

問三＜古文の内容理解＞師匠の忠行が下京の辺りに夜出かけるお供で，晴明は，忠行の乗る牛車の後ろを歩いていた。忠行は，その牛車の中でよく寝ていた。

問四＜古典文法＞「えもいはず」は，下に打ち消しの語を伴って，～することができない，という意味になる副詞「え」＋係助詞「も」＋言うという意味の動詞「いふ」＋打ち消しの意味の助動詞「ず」で，言うこともできない，という意味になり，「え」と「ず」は呼応している。

問五＜古文の内容理解＞忠行のお供で牛車の後ろを歩いているとき，晴明がふと見ると，何ともいえないほど恐ろしい「鬼ども」が，牛車の前に前方から向かってきた。晴明はその「鬼ども」を見て驚いた。

問六＜歴史的仮名遣い＞⑥「忽ち」は，「たちまち」と書く。　⑧「終に」は，「つひに」と書く。歴史的仮名遣いの語頭以外の「はひふへほ」は，現代仮名遣いでは原則として「わいうえお」と読む。

問七＜古文の内容理解＞「平らかに過ぎにける」は，穏やかだ，という意味の形容動詞「平らかなり」＋時が過ぎる，という意味の「過ぐ」＋完了の意味の助動詞「ぬ」＋過去の意味の助動詞「けり」で，穏やかに時が過ぎた，言い換えれば，穏やかにその場をやり過ごした，という意味になる。

問八＜古典文法＞単語に分けると，「いと（副詞）／やむごとなかり（形容詞）／けり（過去の意味の助動詞）」となる。

問九＜古典文法＞「その時に～過ぎにける」の文では，文末が助動詞「けり」の連体形「ける」になっている。係り結びの法則で文末を連体形で結ぶのは，係助詞「ぞ」「なむ」「や」「か」であり，この文では，「その時に」を強意にするために，その後に「ぞ」あるいは「なむ」がつく。

三〔語句〕

ア．「緊張」は，心が張り詰めて，体がこわばること。「弛緩」は，ゆるむこと（…４）。　イ．「不易」は，時代が変わってもいつまでも変わらないこと。対義語は「流行」。　ウ．「左遷」は，それまでよりも低い地位・官職に落とすこと。「栄転」は，高い地位を得て転任すること（…２）。　エ．「添加」は，ある物に別の物をつけ加えること。対義語は「削減」または「削除」。　オ．「悲観」は，よくない結果ばかりを予想して失望すること。「楽観」は，物事の成り行きを全てよい方に考えて心配しないこと（…５）。　カ．「抑制」は，勢いを抑えて，とどめること。対義語は「促進」。　キ．「厳格」は，厳しくて，不正や怠惰を少しも許さないこと。「寛容」は，心が広く，人の言動をよく受け入れること。また，人の過ちや欠点を厳しく責めないこと（…３）。　ク．「真実」は，本当のこと。対義語は「虚偽」。　ケ．「老練」は，多くの経験を積み，物事に慣れて巧みなこと。「幼稚」は，考え方や行動などが未熟で子どもっぽいこと（…１）。　コ．「詳細」は，細かい点まで詳しいこと。対義語は「概略」または「大略」など。

四〔国語の知識〕

１＜慣用句＞「頭を丸める」は，頭髪をそる，また，頭髪をそって僧になる，という意味。　２＜慣用句＞「腕に縒りをかける」は，十分に腕前を発揮しようとして意気込む，という意味。　３＜ことわざ＞「釈迦に説法」は，ある事柄を知り尽くしている人に，教えを説く愚かさのこと。　４＜ことわざ＞「蛇の道は蛇」は，同類の者は互いにその方面の事情に通じていること。　５＜ことわざ＞「高嶺の花」は，遠くから眺めるばかりで，自分のものにはできないもののこと。

2019年度 二松學舍大学附属高等学校

【英　語】（50分）〈満点：100点〉

1　次の英文はオーストラリアのアデレード(Adelaide)に留学中である高校２年生の学(Manabu)が，日本の高校に在学しているときに英語を教わったウィルソン先生(Mr. Wilson)に書いた手紙です。英文を読んで，あとの問いに答えなさい。

March 28

Dear Mr. Wilson,

How are you spending your〔 ① 〕vacation in Japan ? I あ leaved Japan in December and almost three months have already passed. There are few Japanese people in Adelaide,〔 ② 〕I don't use Japanese at all. I want to study English hard.

My host family is very nice. They speak to me slowly and try to understand me. I go to school with my host brother, Andy, every day. ③ He and I are the same age. He introduced me to his friends, so I have a lot of friends now. Last month, I went to the beach with Andy and our friends by *tram. I had a very good time. At school, I still cannot understand classes very well. ④〔in / for / is / studying / difficult / English / me〕, but my teachers and classmates always help me. 〔⑤ 放課後〕, I enjoy playing sports with my friends. So I am all right at home and at school. However, in the city, I often have some trouble with English.

A few days ago, I went to a supermarket near my house. When I い buyed bottled water, the *checker spoke to me. She said a few words very fast, and I couldn't understand her. I said to her, "[　(A)　]" She said the same words again and showed me a plastic bag. I still couldn't catch each word, so ⑥ I said nothing and only smiled. After I got home, I told my host mother about this. According to her, checkers usually say, "Do you need a bag ?" when we buy things. But they sometimes say, "Need a bag ?" in a casual way. Then, I learned how to practice English from her. She said, "When you hear words you cannot catch, you should ask the person to write the words in your notebook. Then, you can read the words in the notebook aloud many times. By doing this, you will *get used to saying the words and listening to them." I tried her idea the next day, and I understood that it was very useful for me to make a notebook with the words I couldn't catch.

Yesterday, I went to a bookstore in the city. When I was walking on the street, a foreign person asked me, "Where is the nearest bus stop ?" It was difficult for me to tell him the way in English, but I did so with a map he had and with gestures. He smiled and said to me, "[　(B)　]" I was happy to have communication with him. In fact, ⑦ I was very surprised when he asked me the way. I didn't think people asked foreign people like me the way in Adelaide. However, it is natural for foreign people to have communication in English because〔　⑧　〕.

I still have some trouble with language in Adelaide, but it is *necessary and interesting to have communication in my life. It is important to use words which I've learned and to use other ways like gestures. These two things make communication better.

I'll write another letter to you soon. I hope you enjoy life in Japan.

Sincerely,
Manabu

注　tram：路面電車　　checker：（スーパーの）レジ係　　get used to：～に慣れる　　necessary：不可欠な

1．下線部[あ]・[い]は学のスペルミスである。[あ]をleaveの過去形，[い]をbuyの過去形にしたいとき，どのような英単語を用いるのが適切か。適語を答えなさい。

2．空所①に入れるのに適切な季節を英語で答えなさい。

3．空所②に入れるのに適切な語を選び，記号で答えなさい。

ア　so　　イ　because　　ウ　if　　エ　but

4．下線部③と同じ内容になるように，以下の英文の空所に適語を入れなさい。

He is〔　　〕〔　　〕as I am.

5．下線部④が「英語で勉強することは私にとって難しい」となるように，与えられた単語を並べ替え，英文を完成させなさい。ただし，文頭に来る語も小文字になっている可能性がある。

6．空所⑤の日本語を２語の英語で表しなさい。

7．学はどのような気持ちで下線部⑥のような行動をとったと考えられるか。日本語で説明しなさい。

8．下線部⑦のように学が感じたのはなぜか。本文の内容に沿って適切なものを選びなさい。

ア　日本語で説明したのに，相手が理解していたから。

イ　自分が外国人とコミュニケーションをとれると思っていなかったから。

ウ　自分のような外国人が道を聞かれるとは思っていなかったから。

エ　周りにたくさんの人がいる中で，自分に声を掛けると思っていなかったから。

9．空所⑧に入れるのに最も適したものを１つ選び，記号で答えなさい。

ア　many people come to Australia to learn English

イ　many people from different countries live here together

ウ　many people know that I am studying English

エ　many people believe that speaking English makes better world

10．空所(A)・(B)に入れるのに適した表現をそれぞれの選択肢から選び，記号で答えなさい。

(A)　ア　Really?　　イ　Pardon?

ウ　How about you?　　エ　May I help you?

(B)　ア　You're welcome.　　イ　I'll show you.

ウ　I'm sorry, I can't.　　エ　Thank you for your kindness.

11．道を尋ねられた学は何かを使いながら英語で道を説明した。彼が使ったものを日本語で２つ答えなさい。

12．以下の質問文に英語で答えなさい。

(1)　In what month did Manabu go to the beach?

(2)　Who taught Manabu how to practice English words which he couldn't catch?

2　次の英文を読んで各設問に答えなさい。

One morning a man was crossing a narrow bridge.　He saw a fisherman on the shady bank of the deep, smooth river under him, so he stopped ①to watch him quietly.　The fisherman ②wore a brown hat and a gray coat, with his black shoes〔　　〕.　He seemed to be enjoying fishing.

After a few minutes, the fisherman pulled his line.　There was a big, fat fish at the end of [あ]it. The fisherman took it off the hook and threw [い]it back into water.　Then he put his hook and line in again.　After a few more minutes he caught another big fish.　Again he threw it back into the river. Then the third time, he caught a small fish.　He put [う]it into his basket and started to get ready to go.

[え]The man on the bridge was very surprised, so he spoke to the fisherman. He said, "[お]Why did you throw those beautiful, big fish into the water and keep only that small one ?"

The fisherman looked up and answered, "Only a small basket."

1．下線部①と同じ用法を含む文を語群から選び記号で答えなさい。

ア　I like to play baseball.　　イ　We have no time to play baseball.

ウ　He went to the park to play baseball.　　エ　It is fun to play baseball.

2．下線部②の原形を答えなさい。

3．下線部[あ]・[い]・[う]が指している語を本文より抜き出しなさい。

4．〔　〕内に入る語として適切なものを語群から選び記号で答えなさい。

ア　at　　イ　on　　ウ　in　　エ　of

5．下線部[え]・[お]の理由を簡潔に日本語で答えなさい。

3　〔　〕内に適語を入れて意味の通る英文にしなさい。

1．〔　　〕is the eleventh month of the year.

2．This question was〔　　〕difficult than that one.

3．The first train〔　　〕we caught yesterday is a new model.

4．Butter is made〔　　〕milk.

4　日本文の内容となるように〔　〕内の語を並べ替えなさい。（ただし，文頭に来る語も小文字になっている可能性がある。）

1．彼が誰だと思いますか。
〔do / is / think / you / he / who〕?

2．今日はとても寒いので泳げません。
〔to / too / is / it / cold / for / us / swim〕.

3．彼女は昨日からずっと寝込んでいます。
〔yesterday / been / since / she / sick / has〕.

4．この花は英語で何と言いますか。
〔is / in / English / what / this / called / flower〕?

5　各組の英文が同じ内容となるように〔　〕内に適語を入れなさい。

1．The book written by him is very famous.
The book〔　　〕〔　　〕written by him is very famous.

2．I didn't know her birthday.
I didn't know when she〔　　〕〔　　〕.

3．The Shinano is the longest river in Japan.
The Shinano is longer than〔　　〕〔　　〕river in Japan.

4．She went to Paris to study art, so she is not here.
She〔　　〕〔　　〕to Paris to study art.

6　次の日本文を英語に直しなさい。

「こんなに面白い本を今までに読んだことがありません。」

【数　学】（50分）〈満点：100点〉

1 次の各式を計算して，最も簡単な形で表しなさい。

(1) 2019^2-2018^2

(2) $7-(-3)^2\div(-2^2)\div\dfrac{9}{28}$

(3) $\{(-2)^3-(-3^2)\}\div\left\{-\dfrac{1}{2^3}+\left(-\dfrac{1}{3}\right)^2\right\}$

(4) $\dfrac{14}{\sqrt{2}}-3\sqrt{8}+\sqrt{18}$

2 次の問いに答えなさい。

(1) 長さ200mの列車が秒速50mで走っている。この列車の先頭がトンネルに入ったときから，列車全体がトンネルから出るまで35秒かかった。トンネルの長さは何mですか。

(2) 大小2つのサイコロを同時に投げる。大きいサイコロの出た目の数をa，小さいサイコロの出た目の数をbとするとき，$a+2b=6$となる確率を求めなさい。

(3) ある本を読むのに，1日目に全体の$\dfrac{2}{3}$を読み，次の日に残りの$\dfrac{2}{5}$を読んだら，36ページ残った。この本の全体のページ数を求めなさい。

(4) 2次方程式$x^2-ax+21=0$の解の1つが3であるとき，aの値を求めなさい。

(5) 右の図のように，四角形ABCDはAD//BCの台形である。辺ABとDCの中点をそれぞれM，Nとするとき，PQの長さを求めなさい。

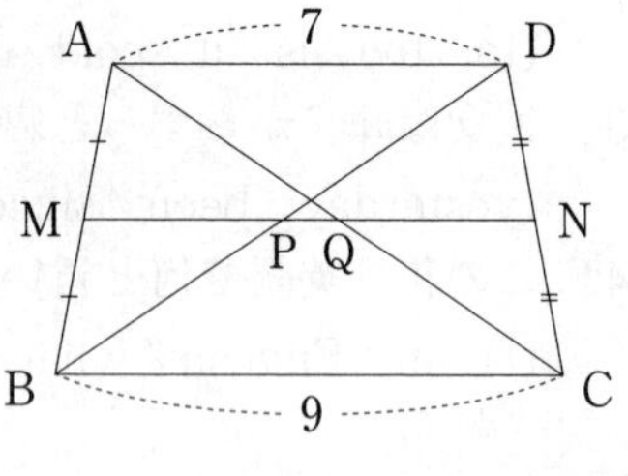

(6) 連立方程式 $\begin{cases}3x-7y=23\\5x+3y=9\end{cases}$ を解きなさい。

(7) $9a^2-42ab+49b^2-36c^2$を因数分解しなさい。

3 図のように数を並べるとき，次の問いに答えなさい。

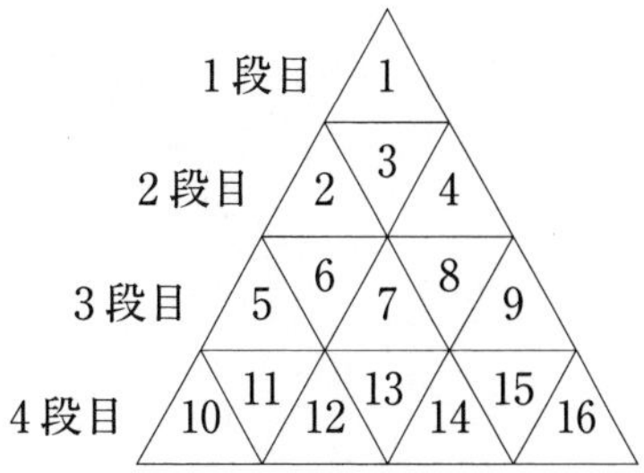

(1) 7段目には数がいくつ並びますか。
(2) 10段目の左端にある数は何ですか。
(3) 240は何段目の左から何番目にありますか。

4 右の図のような平行四辺形ABCDにおいて，∠ADC＝60°，AB＝6，AD＝8，AE：EB＝1：2，AF：FD＝3：1である。線分CEと線分BFの交点をGとするとき，次の問いに答えなさい。

(1) FG：GBを求めなさい。
(2) ∠AFBの大きさを求めなさい。
(3) 四角形AEGFの面積 S を求めなさい。

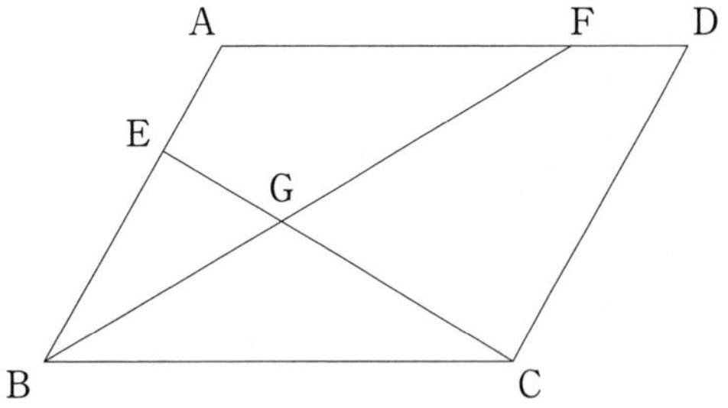

5 放物線 $y=ax^2$ （$a>0$）のグラフ上の点Aの x 座標が -2 であるとする。
点Aを通り傾きが a である直線 ℓ が，放物線と交わるもう一方の点をB，y 軸との交点をCとする。このとき，次の問いに答えなさい。

(1) 点Cの座標を a を用いて表しなさい。
(2) 点Bの x 座標を求めなさい。
(3) △AOBの面積が20であるとき，a の値を求めなさい。

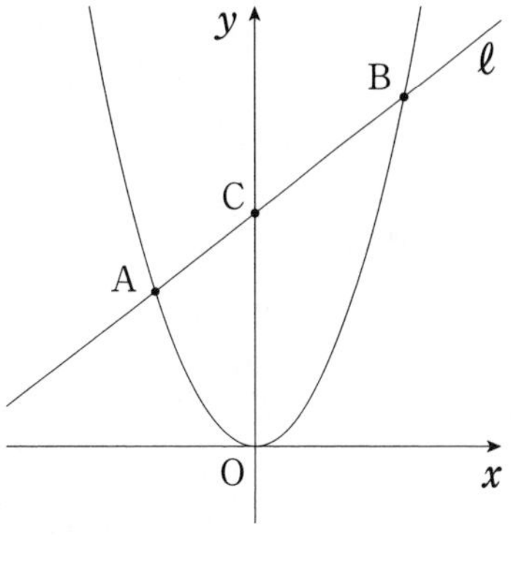

四 空欄に該当する漢字一字を補って成句を完成させなさい。

① 【A】から鱗が落ちる。…あることを契機に急に理解が開けること。
② 【B】が太い。…度胸があって物事に動じないこと。
③ 【C】が重い。…寡黙であること。
④ 【D】が付く。…犯行が明らかになること。
⑤ 目から【E】へ抜ける。…非常に賢いさま。

問六　傍線部⑤「さやうの所」に該当する場所はどこですか。次から選び、記号で答えなさい。

ア　自宅　　イ　旅先　　ウ　故郷　　エ　勤務先

問七　傍線部⑥「心づかひせらるれ」は「自然に気配りのされるものである」と訳しますが、助動詞「らるれ」のはたらきとして正しいものを次から選び、記号で答えなさい。

ア　受身　　イ　可能　　ウ　自発　　エ　尊敬

問八　傍線部⑦「しのびてこもりたるもをかし」を構成している単語数を算用数字で答えなさい。

問九　この作品は『方丈記』と肩を並べる鎌倉時代の随筆です。作品名を漢字三字で答えなさい。

三

次の①～⑤の意味になるように、ア～コの漢字二つを組み合わせ、それぞれ記号で答えなさい。

① 諸国を歩いて回ること。
② 全てのことを知り尽くしていること。
③ 素早く知恵を働かせる能力。
④ 意志がしっかりとしていて動じないこと。
⑤ 頭がよく的確な判断を下せること。

漢字

ア　賢　　イ　然　　ウ　覚　　エ　脚　　オ　悉
カ　行　　キ　知　　ク　毅　　ケ　才　　コ　明

二 次の文章を読み、後の問に答えなさい。

いづくにもあれ、①しばし旅立ちたるこそ、めさむる心ちすれ。

そのわたり、ここかしこ見ありき、ゐなかびたる所、山里などは、いと②目なれぬ事のみぞ③多かる。都へたよりもとめて文やる。「その事、かの事、便宜に④忘るな。」など言ひやる【A】、をかしけれ。

⑤さやうの所にてこそ、よろづに⑥心づかひせらるれ。持てる調度まで、よきはよく、能ある人、かたちよき人も、常よりはをかしとこそ見ゆれ。

寺・社などに、⑦しのびてこもりたるもをかし。

（注） 能ある人…芸能に秀でた人。

問一 傍線部①「しばし」が修飾している部分を抜き出して答えなさい。

問二 傍線部②「目なれぬ事」を十字以内で現代語に訳しなさい。

問三 傍線部③「多かる」の品詞を漢字で答えなさい。

問四 傍線部④「忘るな」について、用いられている構文を次から選び、記号で答えなさい。

ア 不可能　イ 否定　ウ 禁止　エ 詠嘆

問五 空欄【A】に省略されている語を本文中から探し、ひらがな二字で答えなさい。

問六　傍線部①「そこ」が指す内容を文中から六字以内で抜き出しなさい。

問七　傍線部②「漢字の恩恵」とはどのような恩恵か、本文の語句を用いて解答欄に合う形で十五字以内で答えなさい。

問八　空欄（　３　）に入る適語を次から選び、記号で答えなさい。

ア　相対的　イ　普遍的　ウ　楽観的　エ　神秘的　オ　受動的

問九　傍線部③「ちょっと脱線する」に見られる表現技巧として適当なものを次から選び、記号で答えなさい。

ア　擬人法　イ　比喩法　ウ　強調法　エ　対句法　オ　反復法

問十　傍線部④「三島由紀夫」の作品を次から選び、記号で答えなさい。

ア　『雪国』　イ　『細雪』　ウ　『人間失格』　エ　『草枕』　オ　『金閣寺』

問十一　空欄（　４　）に「身の毛がよだつ」と同様の意味の慣用句となるように漢字二字を答えなさい。

問十二　本文の内容として不適当なものを次から選び、記号で答えなさい。

ア　漢字は難しいと言えば難しいので覚えるのは大変だが、身につけると非常に楽である。

イ　外国の本屋さんでは背表紙が縦で読みにくく、自分の欲しい本がなかなか見つからない。

ウ　ヨーロッパの時刻表は実におおざっぱで、きっちり収めずに一ページ真っ白なこともある。

エ　中国のデパートに書いてある漢字のおかげで、すぐにわかるのはありがたいが読み方は難しい。

③ちょっと脱線するが、④三島由紀夫という偉い小説家がいた。あの方は非常に嫌いなものがあって、カニが嫌いだった。宴会へ行ってカニの料理が出ると、[b]トナリの人に「ちょっとこれを食べてくれないか」といちいち[c]ユズっていた。そういう人になると、「蟹」という漢字を見ただけで（　４　）がたったという。ある人が「あなたは[d]イサましい方で、カニなんか怖がることはないと思いますが、どうしておいやなんですか」と聞いたら、「横に這《は》うところが気に入らない」と言う。「横に這ったっていいじゃないですか」、「イヤ、困る。何しろオレはタテの会だから」と言ったとか（編集部注・三島由紀夫が中心となって結成した会の名前が「楯《たて》の会」という）。これは私の作った冗談だが、蟹という字を怖がったというところまでは本当の話である。

（『ホンモノの日本語を話していますか？』　金田一春彦）

問一　二重傍線部a～dのカタカナを漢字で答えなさい。

問二　空欄（　１　）に入る適語を二字で答えなさい。

問三　空欄[A]～[D]に入る適語を次から選び、それぞれ記号で答えなさい。

ア　きっちり　イ　どっしり　ウ　パタパタ　エ　ゴタゴタ　オ　ピンと　カ　ちょっと　キ　こまごまと

問四　次の一文が入る適当な箇所を本文からさがし、直前の五字を抜き出しなさい。

日本の本屋さんだったら、大きな字で「言葉のロマンス」と書いてあるのですぐわかる。

問五　空欄（　２　）に入る一文として適当なものを次から選び、記号で答えなさい。

ア　どうしてあんなに細かな字にするのだろうか
イ　どうしてあんなにページ数が多いのだろうか
ウ　どうしてあんなに巧く収まっているのだろうか
エ　どうしてあんなに美しい挿し絵が描けるのだろうか

の面を見ると一ページから続く、二ページから続く、とそんな記事ばかりである。日本だったらそんな構成は中学生新聞でもやっては恥だと思っている。日本人のきちんとまとめる才能は大したものだとaケイフクする。

私が一番感心しているのは時刻表である。（　2　）。駅の名前や列車の本数が、すべて同じページの中に［B］入っている。少しでも余白があると、土地の名物の広告とか駅弁の紹介とかが入っていて、とにかく余白を作らない。スイスへ行ってヨーロッパ全体の列車の時刻表を買ったことがある。一ページの半分が真っ白になっていた。一行くらいしかないところもある。外国の人はきちっと一つに収めようなどとはしないで、実におおざっぱ。逆に日本人は、昔から一つの中に［C］まとめるような技術を磨いてきたようだ。

ちょっと横道にそれたので漢字の話に戻ろう。漢字というのは難しいと言えば難しい。しかし意味が発音と一緒にわかるという点ではすばらしいものである。例えば車で走っていると、前を行くトラックが硫酸とか砒素《ひそ》とか、恐い薬品を積んでいる。そんな車の後ろには危険の「危」の字が書いてある。これなど一目で「危ないなあ」という感じを受ける。ひらがなで「あぶない」と書いてあってもあまり［D］こない。ローマ字で「KIKEN」と書いてあっても、誰も危険とは感じないだろう。あの漢字のすばらしさ。これは漢字が読み方と意味を一緒に表すというおかげである。

中国へ行って、大学の中を案内してもらったことがあった。図書館には学問の本が分類して並べてある。どのように分類されているかというと、中国で書かれた本、日本で書かれた本、欧米で書かれた本、というように分かれている。中国人に言わせると、中国で書かれた本は誰でもわかる。欧米でできた本は語学を習わなくてはわからない。日本でできた本はその中間で、漢字を辿《たど》っていけば大体の意味はわかるそうだ。ただし助詞と助動詞はわからないが、①そこだけ文法を習えば、日本の学術的な本を読むのはやさしいという。これも②漢字の恩恵である。

日本人もこの恩恵を受けている。私たちが中国へ行って、デパートに入ると、どこが入り口でどこが出口かすぐわかる。出口の方は「出口」と書いてある。それに対して入る方は「進口」と書いているから、こっちが出口だな、こっちは入り口だろうと思う。手洗いなどもわかりやすい。「男厠」、こう書いてあれば男性用。もっとも読み方は難しい。日本語であれば「し」と読むのか。しかしどこが手洗いで、どっちが男性用かすぐにわかるのは非常にありがたい。これは漢字のおかげである。また、中国の唐の時代の詩、「国破れて山河あり、城春にして草木深し」は、漢字ばかり並べてあるが、われわれがすぐに理解できるというのも漢字の大きな力だと思う。これがもしローマ字か何かで書いてあるとしたら、全くわからないかもしれない。字を見ただけで意味がパッとわかる。漢字のすばらしさには何か（　3　）なものさえ感じることがある。

二〇一九年度

二松學舍大学附属高等学校

【国語】（五〇分）〈満点：一〇〇点〉

（字数制限のある問は、句読点も一字と数えること。）

一　次の文章を読み、後の問に答えなさい。

三番目は日本語の文字の話。日本語の文字は難しいと言えば難しい。いろいろな書き方があるからである。文字の種類だけでも、日本で発明されたカタカナ、ひらがなの二種類があり、さらに中国から伝わった（　１　）があり、ローマ字やアラビア数字もある。

ちょっと街を歩いても、「Ｙシャツ見切り品　￥２０００より」などと書いてある。たったこれだけでも「シャツ」はカタカナ、「見切り品」はひらがなと漢字、「Ｙ」はローマ字――昔ローマで発明された字である。「２０００」はアラビア数字、アラビアで発明され、ヨーロッパに伝わり、明治になって日本に伝わった。

このおかげで日本人は新聞などを開くと、パッと大事なことがわかる。中国の主席がいま日本に来て［Ａ］やっているとか、あるいは戦争をどこかでやっているとか、スポーツ欄でもどこが勝ったとかすぐにわかる。大切なことは見出しに大きく書いてあり、そこにある漢字を見ただけで大体の様子がわかるようにできている。本屋さんに行くと、もっとはっきりする。例えばロンドンの本屋さんに行くと、自分の欲しい本がなかなか見つからない。『ロマンス・オブ・ランゲージ』という本が欲しいと思っても、外国の本は背表紙に縦で小さな文字で、しかも読みにくい大文字ばかりで書いてある。中には横書きで書かれているものもあるから、体を斜めにしてみないとわからない。本屋さんで立ち読みなんてことはなかなかできない。こういう点、日本の漢字、カナの使い分けというのは、覚えるのは大変だが、身につけると非常に楽である。

日本の新聞の紙面は芸術だと思う。大切な記事は太く大きな字で書いてあり、それほどでもないものは小さな活字になっていて、途中に笑い話があったり、広告があったり、挿し絵があったりする。外国の新聞というものは、表紙、第一面を見ると、「中国の主席が日本を訪問した」と大きく書いてあるが、行の途中で言葉が切れても平気である。しかも一ページ目の記事の最後のところを見ると、「この続きは最後のページに続く」と書いてある。「ニューヨークタイムズ」というのはアメリカの有名な新聞だが、最後

2019年度／二松學舍大学附属高等学校

英語解答

1
1 あ left い bought
2 spring 3 ア 4 as old
5 Studying in English is difficult for me
6 After school
7 相手の言っていることが聞きとれず，笑うことしかできない戸惑いの気持ち
8 ウ 9 イ
10 (A)…イ (B)…エ
11 地図，ジェスチャー
12 (1) He went to the beach in February.
(2) His host mother did.

2
1 ウ 2 wear
3 あ his line い a big, fat fish
う a small fish
4 イ
5 え 釣り上げた大きな魚は逃がし，小さい魚だけを持ち帰ろうとしたから
お 小さいかごしか持っていなかったから

3
1 November 2 more
3 that〔which〕 4 from

4
1 Who do you think he is
2 It is too cold for us to swim
3 She has been sick since yesterday
4 What is this flower called in English

5
1 which〔that〕 was 2 was born
3 any other 4 has gone

6
(例) I have never read such an interesting book.

1〔長文読解総合―手紙〕

≪全訳≫3月28日／親愛なるウィルソン先生❶日本での春休みをいかがお過ごしですか。僕は12月に日本を出発して，3か月ほどが過ぎました。アデレードには日本人がほとんどいないので，僕は日本語を全く使いません。僕は英語を一生懸命勉強したいと思います。❷僕のホストファミリーはとてもすばらしいです。彼らはゆっくりと話しかけてくれるし，僕の言うことを理解しようとしてくれます。僕は毎日，ホストブラザーのアンディと一緒に学校へ行きます。彼と僕は同い年です。彼は僕を友達に紹介してくれたので，僕には今，たくさんの友達がいます。先月，アンディと僕たちの友達と一緒に路面電車でビーチに行きました。とても楽しかったです。学校では，僕はまだ授業をあまり理解できません。英語で勉強することは僕にとって難しいですが，先生やクラスメートがいつも助けてくれます。放課後には友達と一緒にスポーツをして楽しみます。ですから，僕は家でも学校でもうまくやっています。でも，街に出ると英語で苦労することがよくあります。❸数日前，僕は家の近くのスーパーマーケットに行きました。ボトル入りの水を買ったとき，レジ係が僕に話しかけました。彼女はとても早口でいくつかの単語を話しましたが，僕は意味がわかりませんでした。僕は彼女に「(A)もう一度お願いします」と言いました。彼女は同じ単語をもう一度繰り返して，僕にレジ袋を見せました。それでも僕は単語を聞きとることができず，何も言わずにほほ笑むことしかできませんでした。家に帰ってから，ホストマザーにこのことを話しました。彼女によると，買い物をするとレジ係は普通，「Do you need a bag？(レジ袋は必要ですか)」と言うそうです。しかし，ときには簡単に「Need a bag？」と言うこともあ

るそうです。そして，彼女は僕に英語の練習の方法を教えてくれました。彼女は「聞きとれない単語があるときには，ノートにその単語を書いてもらうようにその人に頼むといいわ。そうすれば，そのノートの単語を何度も声に出して読むことができるでしょう。こうすれば，その単語を言ったり，聞いたりすることに慣れるわよ」と言いました。翌日，僕は彼女の言うとおりにやってみて，聞きとれない単語を書くノートをつくるのは，僕にとってとても役に立つということがわかりました。❹昨日は市街地の書店に行きました。通りを歩いていると，１人の外国人が僕に「一番近いバス停はどこですか？」と尋ねました。僕には英語で道を教えるのは難しかったのですが，彼が持っていた地図とジェスチャーで道を教えました。彼はほほ笑んで「(B)ご親切にありがとうございます」と言いました。彼とコミュニケーションができて僕はうれしかったです。実際のところ，彼が僕に道を尋ねたときにはとても驚きました。アデレードで僕のような外国人に道を聞く人がいるとは思っていなかったのです。しかし，9ここにはいろいろな国の出身の人がたくさん住んでいるので，英語でコミュニケーションをとることは外国人にとって自然なことなのです。❺僕は今でもアデレードで言葉に苦労することがありますが，生活するうえでコミュニケーションをとることは不可欠だし，おもしろいことです。学んだ言葉を使ったり，ジェスチャーのような他の方法を使うことは大切です。この２つの方法を使えば，よりうまくコミュニケーションをとることができます。❻またお便りします。日本での生活を楽しんでください。／学より。

1＜語形変化＞あ leaveの過去形はleft。 leave－left－left　い buyの過去形はbought。 buy－bought－bought

2＜適語補充＞手紙の日付が３月28日なので「春休み」と考えられる。

3＜適語選択＞空所の前が「アデレードには日本人がほとんどいません」，空所の後が「僕は日本語を全く使いません」という意味なので，「それで，だから」という意味のsoが適切。

4＜書き換え―適語補充＞下線部は「彼と私は同い年です」という文。書き換える文にasがあるので「彼は私と同じくらい年を取っている」という文になると考え，‘as ～ as …’「…と同じくらい～」の形にする。

5＜整序結合＞主語の「勉強すること」は動名詞studying，「英語で」はin Englishで表せる。「～は私にとって難しい」は，～ is difficult for meとまとめられる。

6＜熟語＞「放課後」はafter school。

7＜文脈把握＞下線部⑥の直前にso「それで」があるので，下線部のような行動をとった理由は直前の文に書かれているとわかる。相手の言っている言葉を聞きとることができず，繰り返してもらってもわからなかったので，戸惑って何も言えずに笑うことしかできなかったと考えられる。

8＜文脈把握＞学が道を聞かれたときにとても驚いたのは，次の文に理由が述べられている。‘ask＋人＋物事’で「〈人〉に〈物事〉を尋ねる」。

9＜適文選択＞空所には，文の前半の「外国人が英語でコミュニケーションをとることは自然である」ことの理由が入る。いろいろな国の出身の人たちが一緒に暮らしているから，共通の言語として英語を用いることが自然だと考えられる。

10＜適文選択＞(A)会話の相手の言葉を聞き直すときの表現であるPardon？「もう一度お願いできますか」が適切。　(B)地図とジェスチャーを使って道を教えた相手の言葉なので，エの「ご親切にありがとう」が適切。

11＜要旨把握＞第４段落第３文参照。文の後半の I did so の so は「彼に道を教えること」を指している。with ～「～を使って」の後の，a map (he had)「(彼が持っていた)地図」と gestures「ジェスチャー」を答える。

12＜英問英答＞⑴「学は何月にビーチに行ったか」―「彼は２月にビーチに行った」　第２段落第６文参照。学は「先月，ビーチに行った」と書いている。手紙の日付が３月なので，ビーチに行ったのは２月である。　⑵「聞きとれない英単語の練習方法を学に教えたのは誰か」―「彼のホストマザー」　第３段落第10文参照。質問文が主語を尋ねる疑問文で時制が過去形なので，'主語＋did.' の形で答える。

2〔長文読解総合―物語〕

≪全訳≫❶ある朝，１人の男が狭い橋を渡っていた。彼は，下を流れる深く穏やかな川の日影になった川岸に１人の釣り人がいるのを見て，静かに眺めようと立ちどまった。その釣り人は茶色の帽子とグレーのコートを身につけ，黒い靴を履いていた。彼は釣りを楽しんでいるように見えた。❷数分後，釣り人が釣り糸を引いた。その先には大きく太った魚がかかっていた。釣り人は魚から釣り針をはずすと，水の中に戻してやった。そして再び釣り針をつけて釣り糸をたれた。さらに数分後，彼はまた大きな魚を釣り上げた。彼はまたそれを川に戻した。そして３度目に，彼は小さな魚を釣り上げた。彼はそれをかごに入れると，その場を離れる準備を始めた。❸橋の上の男はとても驚いたので，釣り人に話しかけた。彼は「なぜ大きく見事な魚を川に戻して，その小さい魚だけを持ち帰るのですか？」と言った。❹釣り人は見上げるとこう答えた。「小さいかごしか持っていないからさ」

1＜用法選択＞下線部の to watch は「～を観察する(見る)ために」という意味で，'目的' を表す副詞的用法の to不定詞。ウは「彼は野球をするために公園に行った」という意味で，to play は下線部と同じ '目的' を表す副詞的用法の to不定詞。アの to play baseball は「野球をすること」という意味で，名詞的用法の to不定詞。イの time to play baseball は「野球をする時間」という意味で，形容詞的用法の to不定詞。エは 'It is ～ to …'「…することは～だ」の形の文で，to play は名詞的用法の to不定詞。

2＜単語の関連知識＞wore の原形は wear。　wear－wore－worn

3＜指示語＞[あ]「それの先」の「それ」は直前の文の his line「釣り糸」を指す。　[い]釣り人が川に戻したのは，直前の文の a big, fat fish「大きく太った魚」。　[う]釣り人がカゴに入れたのは，直前の文の a small fish「小さい魚」。

4＜適語選択＞with shoes on で「靴を履いて」という意味になる。この with は '付帯状況' を表し，「～した状態で」という意味を表す。

5＜文脈把握＞[え]橋の上の男は，第２段落に書かれている釣り人の取った行動を見て驚いたのである。　[お]橋の上の男の「なぜ立派な大きな魚を逃したのか」という問いに対して，釣り人は「小さいかごしか持っていないから」と答えている。

3〔適語補充〕

1．「11月」は November。　「11月は１年で11番目の月である」

2．後に than ～「～よりも」があるので，比較の文。difficult の比較級は more difficult。　「この質問はあの質問よりも難しい」

3．空所に目的格の関係代名詞を入れて，we caught yesterday が直前の名詞 the first train を説明する形の文にする。先行詞に the first のような序数詞がつく場合，関係代名詞は which よりも that の方が好まれる。　「私たちが昨日乗った始発電車は新型である」

4．「～(見た目ではわからない原料)からつくられる」は be made from ～ で表す。　「バターは牛乳からつくられる」

4〔整序結合〕

1．「誰だと思いますか」のように Yes や No で答えられない間接疑問文は，‘疑問詞＋do you think＋主語＋動詞...?’ の語順になる。

2．語群に to, too, for があるので，‘too ～ for ― to …’「―が…するには～すぎる，―には～すぎて…できない」の形で表す。

3．「～からずっと」は ‘継続’ を表す現在完了形 ‘have/has＋過去分詞’ の文で表せる。「～から」は since ～。

4．「*A* を *B* と呼ぶ」は ‘call＋*A*＋*B*’ で表せるので，「この花は～と呼ばれる」は this flower が主語の受け身の文 this flower is called ～ となる。「何と呼ばれますか」はこの ‘～’ の部分が疑問詞 what になって前に出た形になる。疑問文なので be動詞は主語の前に出る。「英語で」は in English。

5〔書き換え―適語補充〕

1．「彼によって書かれたこの本はとても有名だ」　受け身の意味を表す過去分詞 written が直前の名詞を後ろから修飾する形の文を，関係代名詞節が修飾する形の文に書き換える。関係代名詞節は ‘物’ を先行詞とする主格の関係代名詞として which または that を用い，‘be動詞＋過去分詞’ の受け身の文にする。

2．「私は彼女の誕生日を知らなかった」→「私は彼女がいつ生まれたのかを知らなかった」　「生まれる」は ‘be born’ で表せる。「彼女がいつ生まれたか」という間接疑問は ‘疑問詞＋主語＋動詞...’ の語順になることに注意。

3．「信濃川は日本で一番長い川だ」→「信濃川は日本の他のどの川よりも長い」　最上級の文を，‘比較級＋than any other＋単数名詞’「他のどの～より…」の形に書き換える。

4．「彼女は芸術の勉強のためにパリへ行ったので，今ここにはいない」→「彼女は芸術の勉強のためにパリへ行ってしまった」　「～へ行ってしまった(今ここにいない)」は ‘完了’ を表す現在完了形の have/has gone to ～ で表せる。

6〔和文英訳―完全記述〕

「今まで～したことがない」は ‘経験’ を表す現在完了形の否定文 ‘have/has＋never＋過去分詞’ で表せる。「読む」read の過去分詞は read,「こんなに面白い本」は such an interesting book と表せる。

数学解答

1 (1) 4037　(2) 14　(3) −72
(4) $4\sqrt{2}$

2 (1) 1550m　(2) $\frac{1}{18}$　(3) 180ページ
(4) 10　(5) 1　(6) $x=3$, $y=-2$
(7) $(3a-7b+6c)(3a-7b-6c)$

3 (1) 13個　(2) 82
(3) 16段目の左から15番目

4 (1) 5：4　(2) 30°　(3) $\frac{19\sqrt{3}}{3}$

5 (1) $(0,\ 6a)$　(2) 3　(3) $\frac{4}{3}$

1〔独立小問集合題〕

(1)＜数の計算＞与式$=(2019+2018)(2019-2018)=4037\times1=4037$

(2)＜数の計算＞与式$=7-9\div(-4)\div\frac{9}{28}=7+\frac{9}{4}\times\frac{28}{9}=7+7=14$

(3)＜数の計算＞与式$=\{-8-(-9)\}\div\left(-\frac{1}{8}+\frac{1}{9}\right)=(-8+9)\div\left(-\frac{9}{72}+\frac{8}{72}\right)=1\div\left(-\frac{1}{72}\right)=1\times(-72)$
$=-72$

(4)＜平方根の計算＞与式$=\frac{14\times\sqrt{2}}{\sqrt{2}\times\sqrt{2}}-3\sqrt{2^2\times2}+\sqrt{3^2\times2}=\frac{14\sqrt{2}}{2}-3\times2\sqrt{2}+3\sqrt{2}=7\sqrt{2}-6\sqrt{2}$
$+3\sqrt{2}=4\sqrt{2}$

2〔独立小問集合題〕

(1)＜一次方程式の応用＞トンネルの長さをxmとする。長さ200mの列車の先頭がトンネルに入ってから，列車全体がトンネルから出るまでに走る道のりは，$x+200$mである。列車全体がトンネルから出るまでに秒速50mの速さで35秒かかったことより，列車が走った道のりについて，$x+200=50\times35$が成り立つ。これを解くと，$x+200=1750$より，$x=1550$(m)となる。

(2)＜確率―サイコロ＞大小2つのサイコロの目は1から6までの6通りあるので，aとbの組合せは全部で，$6\times6=36$(通り)ある。このうち，$a+2b=6$を満たすa，bの組は，$a=6-2b$より，$b=1$のとき$a=4$，$b=2$のとき$a=2$，bが3以上のとき，これを満たすaの値はないので，2通りとなる。よって，求める確率は$\frac{2}{36}=\frac{1}{18}$である。

(3)＜一次方程式の応用＞この本の全体のページ数をxページとおくと，1日目にxページの$\frac{2}{3}$を読んだので，その残りはxページの$1-\frac{2}{3}=\frac{1}{3}$より，$\frac{1}{3}x$ページとなる。次の日に残りの$\frac{1}{3}x$ページの$\frac{2}{5}$を読んだので，その残りは，$\frac{1}{3}x$ページの$1-\frac{2}{5}=\frac{3}{5}$より，$\frac{1}{3}x\times\frac{3}{5}=\frac{1}{5}x$(ページ)と表せる。これが36ページより，$\frac{1}{5}x=36$が成り立ち，$x=180$(ページ)となる。

(4)＜二次方程式の応用―$\boldsymbol{a}$の値＞$x^2-ax+21=0$に解の1つである$x=3$を代入すると，$3^2-3a+21=0$が成り立つ。これを解くと，$9-3a+21=0$，$3a=30$　$\therefore a=10$

(5)＜図形―長さ＞右図で，AD∥BCで，AM：MB＝DN：NC＝1：1なので，AQ：QC＝DP：PB＝1：1となる。これより，△ABCで，中点連結定理より，MQ$=\frac{1}{2}$BC$=\frac{1}{2}\times9=\frac{9}{2}$，△ABDで同様に，MP$=\frac{1}{2}AD=\frac{1}{2}\times7=\frac{7}{2}$となる。よって，PQ＝MQ−MP$=\frac{9}{2}-\frac{7}{2}=1$である。

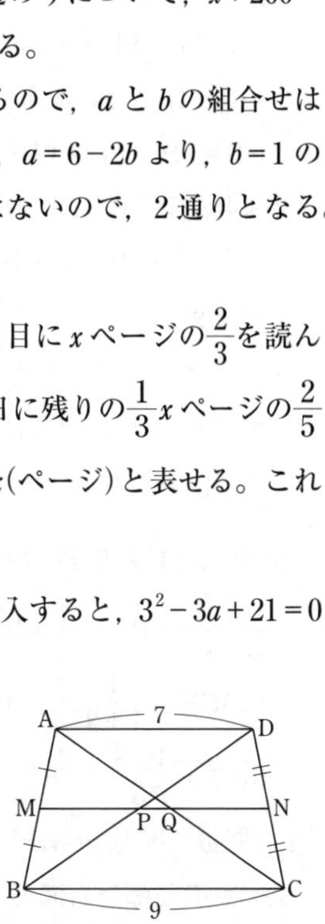

(6)<連立方程式>$3x-7y=23$……①　$5x+3y=9$……②とする。②×3－①×5より，$9y-(-35y)=27-115$，$44y=-88$　∴$y=-2$　これを②に代入すると，$5x+3\times(-2)=9$，$5x-6=9$，$5x=15$　∴$x=3$

(7)<因数分解>$9a^2-42ab+49b^2=(3a)^2-2\times3a\times7b+(7b)^2=(3a-7b)^2$となるので，与式$=(3a-7b)^2-(6c)^2$と変形でき，ここで，$3a-7b=A$とおくと，与式$=A^2-(6c)^2=(A+6c)(A-6c)$と因数分解できる。よって，与式$=(3a-7b+6c)(3a-7b-6c)$となる。

3〔特殊・新傾向問題―規則性〕

(1)<数の個数>自然数が，1段目に1個，2段目に3個，3段目に5個，4段目に7個と段数が1増えると数字は2個増える。よって，5段目には9個，6段目には11個，7段目には13個の数が並ぶ。

(2)<数の決定>各段の右端にある数は，1段目は$1=1^2$，2段目は$4=2^2$，3段目は$9=3^2$，4段目は$16=4^2$となる。よって，9段目の右端にある数は$9^2=81$より，10段目の左端にある数は，$81+1=82$である。

(3)<数の場所の決定>$15\times15=225$，$16\times16=256$より，15段目の右端にある数は225，16段目の右端にある数は256となる。よって，$240-225=15$より，240は16段目の左から15番目にある。

4〔平面図形―平行四辺形〕

≪基本方針の決定≫(3)　高さが等しい三角形は，底辺の比と面積の比が等しい。

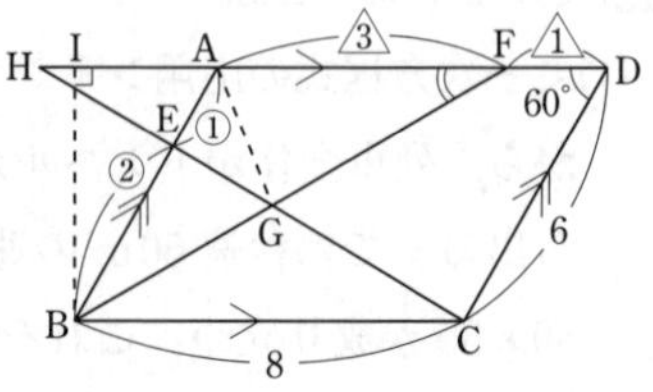

(1)<辺比―相似>右図のように，線分CEの延長と辺DAの延長の交点をHとする。HA∥BCより，△AEH∽△BECで，その相似比はAE：BE＝1：2だから，$\mathrm{AH}=\dfrac{1}{2}\mathrm{BC}=\dfrac{1}{2}\times8=4$となる。また，AF：FD＝3：1より，$\mathrm{AF}=\dfrac{3}{3+1}\mathrm{AD}=\dfrac{3}{4}\times8=6$である。よって，HF∥BCより，△FGH∽△BGCだから，相似比より，FG：GB＝FH：BC＝(AH＋AF)：BC＝(4＋6)：8＝10：8＝5：4となる。

(2)<角度>AB∥DCの同位角より，∠HAB＝∠ADC＝60°である。また，(1)よりAF＝6だから，AB＝AFとなり，△ABFは∠ABF＝∠AFBの二等辺三角形である。よって，△ABFで，内角と外角の関係より，$\angle\mathrm{AFB}=\dfrac{1}{2}\angle\mathrm{HAB}=\dfrac{1}{2}\times60^\circ=30^\circ$である。

(3)<面積―特別な直角三角形，辺比と面積比>点AとGを結び，S＝△AGF＋△AGEと考える。ここで，点Bから辺AHに垂線BIを引くと，△ABIは3辺の比が$1:2:\sqrt{3}$の直角三角形となるから，$\mathrm{BI}=\dfrac{\sqrt{3}}{2}\mathrm{AB}=\dfrac{\sqrt{3}}{2}\times6=3\sqrt{3}$となり，$\triangle\mathrm{ABF}=\dfrac{1}{2}\times\mathrm{AF}\times\mathrm{BI}=\dfrac{1}{2}\times6\times3\sqrt{3}=9\sqrt{3}$である。よって，(1)よりFG：GB＝5：4だから，$\triangle\mathrm{AGF}=\dfrac{5}{5+4}\triangle\mathrm{ABF}=\dfrac{5}{9}\times9\sqrt{3}=5\sqrt{3}$となり，$\triangle\mathrm{AGB}=\dfrac{4}{5+4}\triangle\mathrm{ABF}=\dfrac{4}{9}\times9\sqrt{3}=4\sqrt{3}$となる。さらに，AE：EB＝1：2より，$\triangle\mathrm{AGE}=\dfrac{1}{1+2}\times\triangle\mathrm{AGB}=\dfrac{1}{3}\times4\sqrt{3}=\dfrac{4\sqrt{3}}{3}$となる。したがって，$S=5\sqrt{3}+\dfrac{4\sqrt{3}}{3}=\dfrac{19\sqrt{3}}{3}$である。

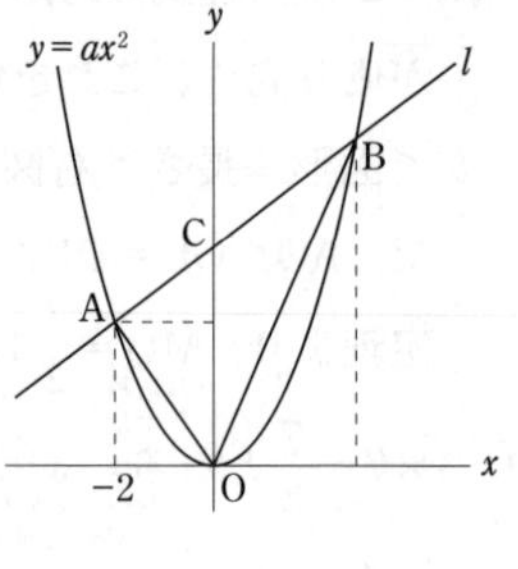

5〔関数―関数$y=ax^2$と直線〕

(1)<点の座標>右図で，点Aは放物線$y=ax^2$上の点で，x座標が$x=-2$だから，$y=4a$ より，A$(-2,\ 4a)$と表せる。ここで，点Cの座標を$(0,\ b)$とおくと，直線lは，傾きがaで，切片bであるから，その式は$y=ax+b$と表せる。点Aが，この直線上にあることから，$x=-2$，$y=4a$を代入して，$4a=-2a+b$，$b=6a$となる。よって，C$(0,\ 6a)$と表せる。

(2)＜交点の座標＞(1)より，直線lの式は$y=ax+6a$と表せ，点Bは，放物線$y=ax^2$と直線lとの交点のうち点Aでない方である。よって，2式からyを消去して，$ax^2=ax+6a$より，$ax^2-ax-6a=0$，aは0でないので，両辺をaでわると，$x^2-x-6=0$，$(x+2)(x-3)=0$，$x=-2,\ 3$となるので，点Bのx座標は3である。

(3)＜$\boldsymbol{a}$の値＞前ページの図で，△AOB＝△AOC＋△BOCと考える。△AOCと△BOCの共有する辺OC＝$6a$を底辺と見ると，高さはそれぞれ点A，Bのx座標より2，3である。よって，△AOB＝20のとき，$\frac{1}{2}\times 6a\times 2+\frac{1}{2}\times 6a+3=20$が成り立つ。これを解くと，$15a=20$より，$a=\frac{4}{3}$である。

2019年度／二松學舍大学附属高等学校

国語解答

一 問一 a 敬服 b 隣 c 譲
d 勇
問二 漢字
問三 A…エ B…ア C…キ D…オ
問四 できない。 問五 ウ
問六 助詞と助動詞
問七 漢字が読み方と意味を一緒に表す
［という恩恵］
問八 エ 問九 イ 問十 オ
問十一 鳥肌 問十二 ウ

二 問一 旅立ち 問二 見なれないこと。
問三 形容詞 問四 ウ
問五 こそ 問六 イ 問七 ウ
問八 6 問九 徒然草

三 ① カ・エ ② キ・オ
③ ケ・ウ ④ ク・イ
⑤ ア・コ

四 ① 目 ② 肝 ③ 口 ④ 足
⑤ 鼻

一〔論説文の読解─芸術・文学・言語学的分野─日本語〕出典；金田一春彦『ホンモノの日本語を話していますか？』「知っておきたい日本語の特徴」。

≪本文の概要≫日本語の文字は，いろいろな書き方があるので難しい。文字の種類だけでも，カタカナ，ひらがな，漢字，ローマ字やアラビア数字がある。このおかげで，日本人は，新聞などを開くとパッと大事なことがわかる。本屋さんでも，背表紙を見ると欲しい本がすぐわかる。こういう点，日本の漢字，カナの使い分けは，覚えるのは大変だが，身につけると非常に楽である。漢字は難しいといえば難しいが，意味が発音と一緒にわかるという点ではすばらしいものである。危険物を運ぶトラックの後ろに漢字で「危」と書いてあれば，一目で危ないという感じを受けるし，中国の人は，日本語の助詞と助動詞だけ習えば日本の学術的な本を読むのはやさしいという。これらは，漢字が読み方と意味を一緒に表すことの恩恵である。日本人もこの恩恵を受けていて，中国でデパートに行けば，入口・出口や手洗いなどが漢字で書かれているのですぐにわかる。中国の唐の時代の詩も，すぐに理解できる。字を見ただけで意味がわかる漢字は，本当にすばらしい。

問一＜漢字＞a．感心してうやまうこと。 b．音読みは「近隣」などの「リン」。 c．音読みは「譲歩」などの「ジョウ」。 d．音読みは「勇気」などの「ユウ」。

問二＜文章内容＞日本語で用いる文字のうち，中国から伝わったのは，漢字である。

問三＜表現＞A．中国の主席が日本に来て，あれこれやっている。 B．駅の名前や列車の本数が，すべて同じページの中に隙間なくぴったりと入っている。 C．「外国の人」が「きちっと一つに収めようなどとはしない」のと違い，日本人は昔から「一つの中」に多くの細かいことをまとめるような技術を磨いてきたようである。 D．ひらがなで「あぶない」と書いてあっても，直感的に「あぶない」ということを察知することはあまりできない。

問四＜文脈＞『ロマンス・オブ・ランゲージ』という本が欲しいと思っても，外国の本は，背表紙に縦で小さな文字で，しかも読みにくい大文字ばかりで書いてあるため，欲しい本がなかなか見つからない。中には横書きで書かれているものもあるので，体を斜めにしてみないとわからない。これでは，本屋さんで立ち読みということは，なかなかできない。日本の本屋さんなら，大きな字で

「言葉のロマンス」と書いてあるのですぐわかる。こういう点，日本の漢字，カナの使い分けは，覚えるのは大変だが，身につけると非常に楽である。

問五＜文章内容＞日本の時刻表は，同じページの中に「駅の名前や列車の本数」が全て入っている。それらがうまく収まっていることに，「私」は感心してしまう。

問六＜指示語＞助詞と助動詞はわからないが，その「助詞と助動詞」だけ文法を習えば，日本の学術的な本を読むのはやさしいと中国の人は言う。

問七＜文章内容＞漢字で「危」と書かれていると「一目で『危ないなあ』という感じを受ける」のは，「漢字が読み方と意味を一緒に表す」おかげである。中国の人が助詞と助動詞を習えば「日本の学術的な本を読むのはやさしい」と感じるのも，やはり「漢字が読み方と意味を一緒に表す」おかげである。

問八＜表現＞「字を見ただけで意味がパッとわかる」漢字には，何か人知を越えた不思議なものさえ感じることがある。

問九＜表現技法＞話が横道にそれることを，汽車や電車の車輪が線路から外れる「脱線」にたとえて表現している。たとえを用いて理解をわかりやすくする表現技法を，比喩(法)という。

問十＜文学史＞『金閣寺』は，昭和31(1956)年に発表された，三島由紀夫の小説。『雪国』は，昭和10～22(1935～47)年にかけて発表された，川端康成の小説。『細雪』は，昭和18～23(1943～48)年にかけて発表された，谷崎潤一郎の小説。『人間失格』は，昭和23(1948)年に発表された，太宰治の小説。『草枕』は，昭和39(1906)年に発表された，夏目漱石の小説。

問十一＜慣用句＞「身の毛がよだつ」は，恐怖や強い緊張のためにぞっとして，体の毛が逆立つように感じる，という意味。これに近い意味の慣用句は，「鳥肌が立つ」である。

問十二＜要旨＞日本語にはいろいろな文字があって，それを使い分けるのは，「覚えるのは大変だが，身につけると非常に楽」である(ア…○)。外国で本屋さんに行くと，タイトルが背表紙に縦で小さな文字で，それも大文字ばかりで書いてあるのでわかりにくく，欲しい本がなかなか見つからない(イ…○)。外国の人は，きちっと一つに収めようなどとはせず，実におおざっぱで，ヨーロッパの時刻表を買ったら，一ページの半分が真っ白だった(ウ…×)。中国のデパートでは，手洗いに漢字で「男廁」と書いてあり，読み方は難しいが，男性用だとすぐわかる(エ…○)。

二〔古文の読解―随筆〕出典；兼好法師『徒然草』第十五段。

≪現代語訳≫どこにであっても，しばらく旅に出ることは，目がさめる心地がする。

その辺り，ここかしこを見て歩き，田舎びた所や，山里などは，たいそう見慣れないことばかり多い。都へ便りを求めて手紙を送る。「そのこと，あのことを，適宜に(やっておくことを)忘れるな」などと言ってやるのは，おもしろい。

そのようなところでは，万事に自然に気配りのされるものである。持っている調度まで，よいものはよく，能力のある人，容姿の優れた人も，ふだんよりはすばらしいと見える。

寺や神社などに，密かにこもっているのもおもしろい。

問一＜古典文法＞「しばし」は，しばらく，という意味の副詞で，用言にかかる。「旅立ち」は，動詞「旅立つ」の連用形。

問二＜現代語訳＞「目なれぬ」は，見慣れる，という意味の動詞「目なる」の未然形と，打ち消しの助動詞「ず」の連体形からなる。「目なれぬ事」で，見慣れないこと，目新しいこと，という意味になる。

問三＜古典文法＞「多かる」の終止形は「多し」で，ク活用の形容詞である。

問四＜古典文法＞「忘るな」の「な」は，禁止を表す助詞。「忘るな」は，忘れるな，という意味になる。

問五＜古典文法＞文末が「をかしけれ」と已然形になっているので，係助詞の「こそ」が入る。

問六＜古文の内容理解＞家を離れて旅に出たときのことを述べているのをうけて「さやうの」と言っているので，「さやうの所」とは，旅先である。

問七＜古典文法＞「自然に」あることがなされる，ということを表すのは，自発である。

問八＜古典文法＞「しのび／て／こもり／たる／も／をかし」と分けられる。

問九＜文学史＞古典の三大随筆と呼ばれているものは，清少納言の『枕草子』，鴨長明の『方丈記』，兼好法師の『徒然草』で，このうち『方丈記』と『徒然草』が鎌倉時代の作品である。

三〔語句〕

①諸国を巡り歩くことを，「行脚(あんぎゃ)」という。　②あらゆることを知りつくしていることを，「知悉(ちしつ)」という。　③知恵のすばやいはたらきのことを，「才覚(さいかく)」という。　④意志が強くて動じない様子を，「毅然(きぜん)」という。　⑤賢く，物事の道理がよくわかって適切な判断ができることを，「賢明(けんめい)」という。

四〔国語の知識〕

①＜ことわざ＞何かのきっかけで，それまで気がつかなかったことに気づいたり，わからなかったことがわかったりすることを，「目から鱗が落ちる」という。　②＜慣用句＞勇気があって物おじしないことを，「肝が太い」という。　③＜慣用句＞言葉数が少ないことを，「口が重い」という。　④＜慣用句＞犯人の足取りがわかること，また，犯行が露見することを，「足がつく」という。　⑤＜慣用句＞頭のはたらきがよくて抜け目がないさま，また，非常に賢いさまを，「目から鼻へ抜ける」という。

═読者へのメッセージ═

ひらがなやカタカナができたのは平安時代で，それ以前は，日本語では，漢字を，その本来の意味から離れて音(読み)を借りて用いていました。『万葉集』に特にそのような表記が多く用いられていることから，これを「万葉仮名」と呼んでいます。

2018年度 二松學舍大学附属高等学校

【英　語】（50分）〈満点：100点〉

1　次の英文を読んで，あとの問いに答えなさい。

It was two days before Christmas and [A]I still felt sad. [B]Steve had passed away in late September and I was doing the best I could to celebrate the season. My two adult sons wanted to continue some of ①〔family tradition / our / decorating / like〕 our big Christmas tree, but I knew others would end.

Every year, Steve and I always put (a)a special gift for each other under the tree. I made sure he had something fun and he made sure I had something from (ア)Saffees, my favorite women's clothing store. No matter what other additional gifts we exchanged, these were the two that were important for us.

Although Steve is no longer here to celebrate, I kept wondering what I could give him. (イ)That might be strange to everyone, but for thirty-seven years we had exchanged gifts, and I just wasn't ready to stop. I asked my sons, (b)"What should I buy for your dad ?"

I finally decided to name a star after Steve. Because he was a big fan of space, I knew it was the perfect gift, and ②〔have / seeking / could / fun / I / it〕 out.

Later, when I finished wrapping presents, the phone rang. It was the manager of Saffees, whom we had known well over the years. "Vicki, could I stop by your house after work ? I've got something I need to give you."

I couldn't imagine what (ウ)Bonnie might have for me because I knew (あ)Steve was too ill to prepare for something three months in advance. So I waited patiently until she arrived at the door, and to my surprise, she was holding a beautifully wrapped present.

She explained that the owner of the store had suddenly woken in the middle of the night and thought, "What about Vicki ?" He knew (エ)our tradition and he and Bonnie had selected something they knew I would like. They wanted to continue Steve's traditional gift for me but it was very difficult on Christmas Day.

(c)As I accepted this special act of kindness, it was difficult not to cry. For one last time, our tradition was honored — I gave Steve a gift of fun, and my package from Saffees was under the tree.

注　patiently：辛抱強く

1．下線部[A]の筆者の名前を本文中から抜き出しなさい。

2．下線部[B]の人物は筆者にとって誰にあたるのか。英単語１語で表しなさい。

3．下線部(ア)～(エ)が指す内容を日本語で簡潔に説明しなさい。

4．下線部①・②を意味が通るように並べかえなさい。

5．下線部(あ)を次のように書きかえるとき〔　〕内に適語を入れなさい。

Steve was〔　　〕ill〔　　〕he〔　　〕prepare for something

6．下線部(a)～(c)についての以下の問いに対して，記号で答えなさい。

(a)　Which is correct about "a special gift for each other" ?

ア　The author always gave him something about space.

イ He gave the author's favorite clothes to her and she gave him something fun.
ウ The author gave him a strange thing.
エ He always gave the author something about Christmas tree.

(b) After saying "What should I buy for your dad ?", what did the author choose ?
ア To decorate a Christmas tree　イ To get on a spaceship
ウ To buy some clothes　エ To name a star

(c) As I accepted this special act of kindness, what did the author do ?
ア She did not cry at all.　イ She sat under the Christmas tree.
ウ She started to cry.　エ She smiled at Bonnie.

2 次の英文を読んで，あとの問いに答えなさい。

When we want to tell other people what we think, we can do it with the help of words. We can do it in many other ways, too. Sometimes we move our heads up and down when we want to say "yes", and we shake our heads when we want to say "no". Some people can't hear or speak. They talk with the help of signature or a sign language. People from other countries often〔 A 〕(ア. have to　イ. has to　ウ. had to　エ. having to) do so if they don't know your language.

Here is a story.

An American was once (B)〔have〕 his holiday in Italy, but he could not speak (C)〔Italy〕. One day he went to a restaurant and (D)〔sit〕 down at a table. When the waiter came, the American opened his mouth, put his fingers in it and took them out again. In this way he wanted to say, "(あ)〔eat / bring / me / to / something〕." The waiter soon brought him a cup〔 X 〕tea. The American shook his head and the waiter understood that he didn't want tea, so he took it away and brought him a grass〔 X 〕milk. The American shook his head〔 E 〕(ア. too　イ. again　ウ. before　エ. yet). He was very hungry now and looked worried. He was just going to leave the restaurant when another man came in. When this man saw the waiter he put his hands on his stomach. In a few minutes (い)〔plate / was / a / large / there〕 of bread and meat on the table〔 F 〕(ア. at　イ. in　ウ. on　エ. with) front of him.

1．〔A〕・〔E〕・〔F〕に入る適語を(　)の中から選び，記号で答えなさい。
2．(B)・(C)・(D)の英単語を適切な形に変えなさい。
3．下線部(あ)・(い)を文脈に合わせて正しく並べかえなさい。ただし，文頭に来る語も小文字にしてあります。
4．2か所ある〔X〕に共通して入る語を答えなさい。
5．次の質問に本文の内容に合わせて英語で答えなさい。
(1) How do people move their heads when they want to say "yes" ?
(2) What do people want to say if they shake their heads ?
(3) How do people talk if they can't hear or speak ?
6．次の質問に本文の内容に合わせて日本語で答えなさい。
(1) レストランのウェイターが勘違いをしたアメリカ人のしぐさはどのようなものでしたか。
(2) アメリカ人は自分の意図を伝えるためにどのようなしぐさをすべきでしたか。
(3) この文章の後，このアメリカ人はどのような行動をとったと思いますか。

3　それぞれの問いのア～カの語句を並べかえて，空所を補い，適当な文を完成させなさい。解答は下線部１～10に入れるもののみ記号で答えなさい。ただし，文頭に入る語も小文字にしてある。

1．A：Hiroki, __1__ _____ _____ _____ __2__ _____ every day ?
　B：I come here by bike.
　ア do　イ come　ウ school　エ how　オ to　カ you

2．A：I'm sorry, sir.　Mr. Suzuki is out now.
　B：Well, I see.　_____ _____ __3__ _____ __4__ _____ ?
　ア may　イ a message　ウ him　エ for　オ I　カ leave

3．A：Are you thirsty ?
　B：Yes, _____ _____ __5__ something _____ __6__ _____.
　ア like　イ cold　ウ drink　エ to　オ I　カ would

4．A：_____ _____ _____ __7__ __8__ _____ the department store ?
　B：She is my English teacher.
　ア the lady　イ was　ウ who　エ met　オ at　カ you

5．A：Do you have any plans this weekend ?
　B：I _____ __9__ _____ _____ __10__ _____ the volunteer activity.
　ア in　イ going　ウ to　エ part　オ am　カ take

4　空所に入る最適な語を語群から選んで記号で答えなさい。

1．I think basketball is〔　　〕exciting of all the sports.
　ア an　イ than　ウ many　エ the most

2．I remember the doctor〔　　〕took care of my brother at the hospital.
　ア which　イ why　ウ who　エ when

3．He went out of the room without〔　　〕goodbye.
　ア saying　イ to say　ウ say　エ said

4．It is very far from here,〔　　〕it ?
　ア is　イ does　ウ isn't　エ doesn't

5．When〔　　〕this hotel built ?
　ア does　イ did　ウ would　エ was

5　日本文の内容に合うように，空所に適語を入れなさい。

1．ジェイコブは先月，日本に来ました。
　Jacob came to Japan〔　　〕month.

2．水をたくさん使ってはいけません。
　Don't use〔　　〕water.

3．私は駅まで走らなければなりません。
　I〔　　〕run to the station now.

4．今すぐ行きなさい，そうしないと学校に遅れますよ。
　Go now,〔　　〕you'll be late for school.

5．彼は来年，上手に踊れるでしょう。
　He will be〔　　〕to dance well next year.

6 各組の英文が同じ内容になるように，空所に適語を入れなさい。

1．Do you know Risa's birthday ?
Do you know〔　　〕Risa was born ?

2．Why don't you go out for lunch today ?
How about〔　　〕out for lunch today ?

3．John is shorter than Tanner.
John is not as〔　　〕as Tanner.

4．Reading this book is not easy.
〔　　〕is not easy to read this book.

5．Jane came to Japan two months ago. She still stays here.
Jane has stayed in Japan〔　　〕two months.

【数　学】（50分）〈満点：100点〉

1　次の各式を計算して，最も簡単な形で表しなさい。

(1)　$7-48\div\{(-3+8)\times2-6\}$　　(2)　$\left\{\left(\frac{1}{2}\right)^3-\frac{3}{2^4}+\left(-\frac{1}{2}\right)^5\right\}\div\left(\frac{5}{8}-\frac{7}{4}\right)$

(3)　$(2-\sqrt{3})^2-(3+\sqrt{2})(3-\sqrt{2})$　　(4)　$70^2+73^2+66^2$

2　次の問いに答えなさい。

(1)　2次方程式 $(x+2)^2=7$ を解きなさい。

(2)　連立方程式 $\begin{cases}3x+2y=7\\5x-3y=-20\end{cases}$ を解きなさい。

(3)　$a^2b^2-a^2-b^2+1$ を因数分解しなさい。

(4)　右の図のように，正三角形が2つ重なっているとき，$\angle a\sim\angle f$ の角度の和を求めなさい。

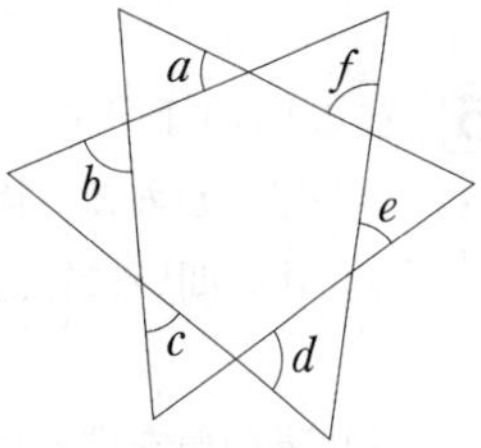

(5)　原点を出発点とし，x 軸上を動く点Pがある。コインを投げて，表が出たら正の方向に1だけ，裏が出たら負の方向に1だけ動くものとする。このとき，次の問いに答えなさい。

①　コインを3回投げたとき，点Pが $x=1$ にある確率を求めなさい。

②　コインを4回投げたとき，点Pが原点に戻る確率を求めなさい。

3 右の図のように，半径4の円Oに直角二等辺三角形ABCと正三角形ADEが内接しているとき，次の問いに答えなさい。ただし，BCは円Oの直径とする。

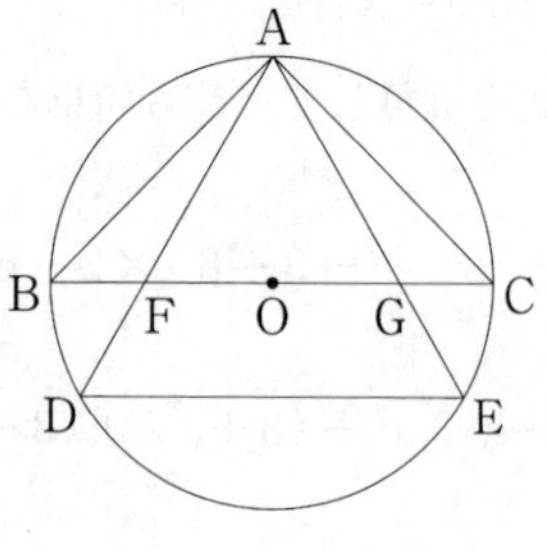

(1) ∠GACの大きさを求めなさい。

(2) AFの長さを求めなさい。

(3) △ABFの面積Sを求めなさい。

4 右のように，自然数の番号のついた球を1段目は1個，2段目は2個…と並べていくとき，次の問いに答えなさい。

1段目	①
2段目	②③
3段目	④⑤⑥
4段目	⑦⑧⑨⑩
5段目	⑪⑫⑬⑭⑮
⋮	⋮

(1) 10段目まで並べたとき，球は全部で何個ありますか。

(2) n段目まで並べたとき，球は全部で何個ありますか。nを用いて表しなさい。

(3) 10段目にある球の番号の和を求めなさい。

5 右の図のように，放物線$y=ax^2$上に2点A$(-4,8)$，B$(2,2)$がある。直線ABとy軸との交点をCとするとき，次の問いに答えなさい。

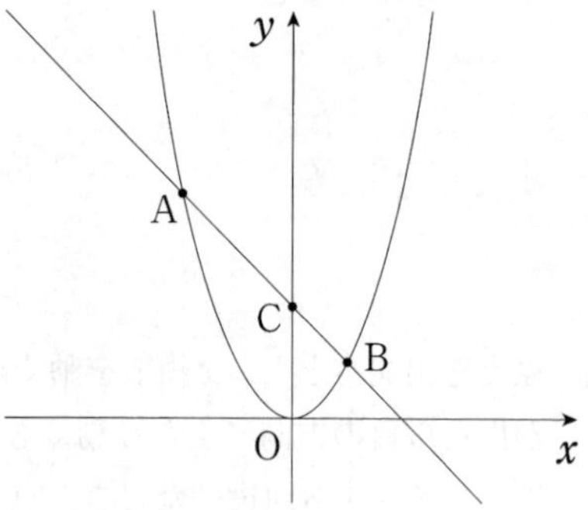

(1) aの値を求めなさい。

(2) 直線ABの方程式を求めなさい。

(3) △OABの面積Sを求めなさい。

(4) 点Aを通り△AOCの面積を2等分するような直線の方程式を求めなさい。

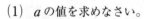

問四　傍線部3の意味を次から選び記号で答えなさい。

ア　朝がた　　イ　朝焼け　　ウ　お祝い　　エ　朝廷

問五　傍線部4を現代語訳しなさい。

問六　空欄［　Ⅰ　］は強調を表す言葉が入ります。ここに入れるのに最も適当なものを次から選び記号で答えなさい。

ア　つゆ　　イ　か　　ウ　や　　エ　え　　オ　なむ

問七　傍線部5「思へども…」の歌は何を題にして詠んだものか、十字以内で文中から抜き出して答えなさい。

問八　傍線部6は親王が感動してと言う意味だが、感動してどのような行動をとったのか答えなさい。

三

次の［　　］に正しい漢字を入れなさい。

1　A　計算が［　あ　］う。　　B　人と［　あ　］う時間。　　C　災害に［　あ　］う。

2　D　犯人の足［　あと　］。　　E　［　あと　］の祭り

四

次の空欄に適する漢字を補い四字熟語を完成させなさい。

1　一騎当［　　］　　2　首尾［　　］貫　　3　三寒［　　］温

4　［　　］花繚乱　　5　［　　］古不易

二　次の文章を読んで、後の問に答えなさい。

昔、男ありけり。(ア)童よりつかうまつりける[1]君御髪おろし給うてけり。[2]むつきにはかならずまうでけり。[3]おほやけの宮仕へしければ、[4]常にはえまうでず。されど、もとの心うしなはでまうでけるに［　Ⅰ　］ありける。昔つかうまつりし人、俗なる(イ)禅師なるあまた参りあつまりて、むつきなればことだつとて大御酒《おほみき》たまひけり。雪こぼすがごと降りてひねもすにやまず。みな人ゑひて「雪に降りこめられたり」といふを題にて歌ありけり。

[5]思へども身をしわけねばめかれせぬ雪のつもるぞわが心なる

とよめりければ、[6]親王いといたうあはれがり給うて、御衣《おほんぞ》ぬぎてたまへりけり。

（「伊勢物語」第八十五段）

（注）まうで…参上する　　俗なる…出家していない人　普通の人
ことだつ…年の初めにあらたまって祝いを行う　　雪こぼす…雪が勢いよく降る

問一　二重傍線部(ア)、(イ)の漢字の読みを現代仮名遣いで答えなさい。

問二　傍線部1はどうすることか、最も適当なものを次から選び記号で答えなさい。
ア　出家する　　イ　髪を洗う　　ウ　束ねていた髪を解く　　エ　髪を結う　　オ　還俗する

問三　傍線部2について次の問に答えなさい。
①　漢字に改めなさい。
②　何月のことか答えなさい。

問八　傍線部⑤「何も考えず数字を鵜呑《うの》みにしている」と同じ内容を表しているものを次のア～オから一つ選び、記号で答えなさい。

ア　非科学的な判断　　イ　自律的な生き方

ウ　他人任せ　　エ　進歩した暮らしやすい生活

オ　鼻や舌を使う

問九　空欄部（　F　）に入る語句として適切なものを次のア～オから選び、記号で答えなさい。

ア　急いては事を仕損じる　　イ　大は小を兼ねる

ウ　初心忘るべからず　　エ　一事が万事

オ　楽あれば苦あり

問十　本文には次の一文が抜け落ちている。どこに入るのが適当か。本文中の（1）～（4）から選び記号で答えなさい。

そうではなく生きものであることを忘れずに、その力を生かすことが必要であると思うのです。

問十一　傍線部①について、「日常のあり方を変革し、皆があたりまえに自然を感じられる社会を作」るためにはどうすればよいと筆者は考えているか。そのことを最もよく表している一文の最初の五字を抜き出して答えなさい。

かなり生活が変わり、そういう人が増えれば社会は変わるだろうと思うのです。常に自分で考え、自分の行動に責任を持ち、自律的な暮らし方をすることが、私の考える「生きものとして生きる」ということの第一歩です。

（中村桂子『科学者が人間であること』より）

問一　傍線部(a)～(e)のカタカナを漢字で答えなさい。

問二　空欄部（　A　）～（　C　）に入る語句として適切なものを次のア～クからそれぞれ選び、記号で答えなさい。（ただし同じ記号は二度使えない）

ア　だから　　イ　たとえば　　ウ　しかも　　エ　しかし　　オ　つまり
カ　なぜなら　　キ　なおいっそう　　ク　もちろん

問三　傍線部②「近代文明社会」とはどのような環境を指すか。本文中の表現を二十五字以内で、解答欄に合う形で抜き出し答えなさい。

問四　空欄部（　D　）に入る語句を本文中より三字で抜き出し答えなさい。

問五　傍線部③「称している」の意味として適切なものを次のア～オから選び、記号で答えなさい。

ア　似せている　　イ　取り違えている　　ウ　名乗っている　　エ　理解している　　オ　宣伝している

問六　傍線部④「それ」が指す内容を、本文中より十字以内で抜き出し答えなさい。

問七　空欄部（　E　）に入る語句として適切なものを次のア～オから選び、記号で答えなさい。

ア　科学が証明してくれるはず　　イ　科学が補助してくれるはず　　ウ　科学が保証してくれるはず
エ　科学が予測してくれるはず　　オ　科学が解決してくれるはず

に大事な役割が果たせるはずと考えています。（　C　）私自身この分野で学んだがゆえに、とくに意識せずに「生きものである」という感覚を身につけることができ、日常をそれで生きていけると実感するからです。簡単な例をあげるなら、(c)コウニュウした食べ物が賞味期限を越えてしまったような時でも、それだけで捨てることができません。まだ食べられるかどうか、自分の鼻で、舌で、手で確認します。（3）

鼻や舌などの「感覚」で判断するとはなんと非科学的な、そんなことで大丈夫なのか、もっと「科学的」でなければいけないのではないかと言われそうです。科学的とは多くの場合数字で表せるということです。具体的には冷蔵庫から取り出したかまぼこに書かれた日時をさすわけです。衛生的な場所で(d)セイゾウされお店に出されていると信じ、（　D　）の目安として書かれている期限を見て、その期間に食べているわけです。それを科学的と③称しているけれど、これでよいのでしょうか。こうした判断のしかたは、私には、自分で考えず科学という言葉に任せているだけに思えます。「科学への盲信」で成り立っているように思います。

もちろん、「感覚」だけではわからないことがたくさんあります。科学を通じて微生物による腐敗や毒物の生成などの危険性を知り、それに対処することは重要です。しかし、賞味期限内であれば危険はなく、それを過ぎたら危険と、数字だけできまるものではありません。科学的な知識があったとしても、毎日の生活の中で自分で病原菌や毒物を検出し、その食べ物が危険かどうかをチェックするわけではないのですから、科学による「保証」の限界を知ることが大事です。

食べ物を自らの手で作ったり、採ったりしていた時代には、安全性については自分で責任を持つしかありませんでした。科学・科学技術のおかげでより進歩した暮らしやすい生活ができるようになり、安全が保証された形で、食べ物が手に入るようになったのはありがたいことです。でも、そこに期限をきめる数字が印刷されるようになると、それに振り回され、④それに従うことが正しい暮らし方のようになってしまいました。自分ではまったく科学に触れているわけではなく、時には科学的な考え方をするでもなく、ただ「（　　E　　）」という(e)フンイキの中で⑤何も考えず数字を鵜呑《うの》みにしているのです。（4）

ネズミやイヌなどの他の生きものに比べたら嗅覚などはかなり感度が悪くなっているとはいえ、私たちの五感はよいセンサーです。もちろん、上手に使っていないと鈍くなるので、感度を保つためにも日常その力を生かすことは大事です。科学を知ったうえで、機械だけに頼らず生きものとしての自分の感覚をも活用するのが、私の考えている「人間は生きものである」ことを基本に置く生き方です。科学的とされる現代社会のありようは実は他人任せなので、これは「自律的な生き方」をしようという提案でもあります。

うっかり期限の過ぎたかまぼこをすぐには捨てずに鼻や舌を使うという小さなことですが、（　　F　　）、この感覚を生かすと

二〇一八年度　二松學舍大学附属高等学校

【国　語】（五〇分）〈満点：一〇〇点〉

（字数制限のある問は、句読点も一字と数えること。）

一　次の文章を読み、後の問に答えなさい。

「人間は生きものであり、自然の中にある」。これから考えることの基盤はここにあります。これは誰もがわかっていることであり、決して新しい(a)シテキではありません。（　A　）、現代社会はこれを基盤にしてでき上がってはいません。そこに問題があると思い、改めてこのあたりまえのことを確認するところから出発したいと思います。

まず、私たちの日常生活は、生きものであることを実感するものになっているでしょうか。朝気持よくめざめ、朝日を浴び、新鮮な空気を体内にとり込み、朝食をおいしくいただき……これが生きものの暮らしです。めざまし時計で起こされ、お日さまや空気を感じることなどまったくなしに腕の時計を(b)ナガめながら家をとび出す……実際にはこんな朝を過ごすのが、現代社会の、とくに都会での生活です。ビルや地下街など、終日人工照明の中で暮らすのが現代人の日常です。これでは生きものであるという感覚は持てません。（1）

生きものにとっては、眠ったり、食べたり、歩いたりといった「日常」が最も重要です。ですから、その①日常のあり方を変革し、皆があたりまえに自然を感じられる社会を作ればよいのですが、ここまできた②近代文明社会を一気に変換するのは難しいでしょう。（2）

そこで、ここでの提案は、まず一人一人が「自分は生きものである」という感覚を持つことから始め、その視点から近代文明を転換する切り口を見つけ、少しずつ生き方を変え、社会を変えていきませんかということです。一人一人の気持が変わらないまま、（　B　）エネルギーだけを脱原発、自然再生エネルギーに転換と唱えても、今すぐの実現は難しいでしょう。しかもそれはあまり意味がありません。自然エネルギーを活用する「暮らし方」が大切なのであり、その基本が「生きものである」という感覚なのです。

近代文明をすべて否定するのでなく、生きものとしての感覚を持てるようにするところから転換をはかろうとするなら、生物学

2018年度／二松學舍大学附属高等学校

英語解答

1
1 Vicki　2 husband
3 (ア) 筆者のお気に入りの女性服店
(イ) スティーブはもういないのに，彼に何をあげようか考え続けていること
(ウ) サフィーズの店長
(エ) お互いにクリスマスプレゼントを交換してきたこと
4 ① our family tradition like decorating
② I could have fun seeking it
5 so，that，couldn't
6 (a)…イ　(b)…エ　(c)…ウ

2
1 A…ア　E…イ　F…イ
2 (B) having　(C) Italian　(D) sat
3 (あ) Bring me something to eat
(い) there was a large plate
4 of
5 (1) They move their heads up and down.
(2) They want to say "no."
(3) They talk with the help of signature or a sign language.
6 (1) 口を開け，指を口に入れたり出したりする
(2) お腹に手を当てる
(3) (解答例)ウエイターを呼んでお腹に手を当てた

3
1 1…エ　2…オ
2 3…カ　4…エ
3 5…ア　6…エ
4 7…カ　8…エ
5 9…イ　10…エ

4
1 エ　2 ウ　3 ア　4 ウ
5 エ

5
1 last　2 much　3 must
4 or　5 able

6
1 when　2 going　3 tall
4 It　5 for

1〔長文読解総合―物語〕

≪全訳≫❶クリスマスの２日前のこと，私はまだ悲しさを感じていた。スティーブは９月の終わりに亡くなっていて，私はその季節を祝うためにできるかぎり最善を尽くしていた。成人した２人の息子たちは，我が家の大きなクリスマスツリーの飾りつけといった家族の伝統のいくつかを続けたがっていたが，私には他の習慣は終わるだろうということがわかっていた。❷毎年いつも，スティーブと私はツリーの下にお互いへの特別な贈り物を置いていた。私は，彼が必ず何か愉快なものを受け取るようにしていたし，彼は私が，私のお気に入りの婦人服店のサフィーズの物を手にするようにしてくれていた。たとえ他にどんな追加の贈り物を交換したとしても，私たちにとって重要なのはこの２つだった。❸スティーブはもうここにいてお祝いすることはできないのに，私は彼に何をあげられるだろうかと考え続けた。そのことは皆にとっては奇妙なことかもしれないが，私たちは37年間贈り物を交換してきたので，私はただ，それをやめる準備ができていなかったのだ。私は息子たちに尋ねた。「お父さんに何を買うべきかしらね？」❹私は最終的に，星にスティーブの名前をつけることに決めた。彼は宇宙の大ファンだったから，私にはそれが完璧な贈り物だとわかったし，星を探し出す楽しみも得られるだろう。❺その後，私がプレゼントを包み終わったときに電話が鳴った。それはサフィーズの店長からで，私たちは

もう何年もずっと彼女と知り合いだった。「ヴィッキー，仕事の後であなたの家に寄ってもいいかしら？　あなたに渡さなくちゃいけない物があるの」❻私には，ボニーが私に何を持ってくるのか想像できなかった。なぜならスティーブは，３か月も前に何かを用意するにはあまりにも具合が悪かったのを知っていたからだ。だから私は，彼女が戸口に到着するまで辛抱強く待った。そして驚いたことに，彼女はきれいに包装されたプレゼントを持っていた。❼彼女の説明では，店のオーナーが真夜中に突然目を覚まして「ヴィッキーはどうする？」と思ったというのだ。彼は私たちの伝統を知っていて，彼とボニーが，私が気に入りそうな物を選んでくれていたのだった。彼らは私のために，スティーブの伝統的な贈り物を続けたかったが，クリスマスの日にというのは非常に困難だったのだ。❽私はこの思いやりのある特別な行為を受け入れたとき，泣かないでいるのは難しかった。最後の１回の，私たちの伝統が守られたのだ―私はスティーブに愉快な贈り物を贈り，サフィーズからの私の包みはツリーの下にあった。

１＜要旨把握＞第５段落第３文参照。筆者の家に電話をしてきたサフィーズの店長がヴィッキーと呼んでいる。

２＜要旨把握＞第３段落最終文参照。息子たちに「お父さんに何を買うべきかしらね？」ときいているのだから，筆者にとっては「夫」に当たると確認できる。

３＜要旨把握・指示語＞(ア)直後の部分を参照。カンマの後に，直前の言葉の説明がされている。favorite「お気に入りの」　clothing「衣類」　(イ)ここでは That は物ではなく直前に出てきた文の内容を受けている。直前の文にあるのは，スティーブはもういないにもかかわらず，プレゼントを何にするか筆者が悩み続けているということ。　(ウ)「私には，ボニーが私に何を持ってくるのか想像できなかった」とあり，これは第５段落での電話の会話を受けて筆者が思っていること。渡したいものがあるから寄ると電話で言ってきたのは，第５段落第２文にあるようにサフィーズの店長。　(エ)tradition とは「伝統，慣例」で，ここでは第２段落第１，２文にある，夫婦でクリスマスプレゼントを贈りあう習慣のこと。スティーブは必ずサフィーズでプレゼントを買っていたので，オーナーとボニーは知っていたのである。

４＜整序結合＞①some of ～「～のうちのいくつか」に続く部分としてまず our family tradition「家族の伝統」を持ってくる。この後は，like を「～のような」の意味の前置詞として用いると判断できれば，like decorating our big Christmas tree「大きなクリスマスツリーの飾りつけのような」とまとめられる。　②have fun ～ing で「～して楽しむ」の意味。助動詞 could があるのでこれを前に置き，I could have fun seeking と続け，seek ～ out〔seek out ～〕「～を探し出す」の目的語 it を続ける。

５＜書き換え―適語補充＞‘too ～ to …’「～すぎて…できない，…するには～すぎる」は，‘so ～ that＋主語＋can't …’で書き換えられる。過去形の文なので，couldn't にする。

６＜英問英答＞(a)「『お互いへの特別な贈り物』について正しいのはどれか」―イ.「彼は筆者のお気に入りの服を贈り，彼女は何か愉快なものを彼に贈った」　第２段落第２文参照。　(b)「『お父さんに何を買うべきかしらね？』と言った後，筆者は何を選んだか」―エ.「星を名づけること」　第４段落第１文参照。　(c)「この思いやりのある特別な行為を受け入れたとき，筆者は何をしたか」―ウ.「泣き出した」　下線部直後の部分を参照。not to cry は to不定詞の否定形で，「泣かないこと」の意味。

2〔**長文読解総合─説明文**〕

≪**全訳**≫❶他の人に自分が思っていることを伝えたいとき，我々は言葉の助けを借りてそれができる。我々はまた，他のたくさんの方法でもそうすることができる。ときに我々は，「はい」と言いたいときに頭を上下に動かし，「いいえ」と言いたいときには頭を横に振る。聞いたり話したりすることができない人たちもいる。彼らは記号や手話の助けを借りて話す。他国から来た人々は，もし言葉がわからないなら，そうする必要がある。❷こんな物語がある。❸あるアメリカ人があるとき，イタリアで休暇を過ごしていたが，彼はイタリア語が話せなかった。ある日彼はレストランに行ってテーブルに座った。ウェイターがやってきたとき，アメリカ人は口を開け，口に指を入れて，また出した。このやり方で彼は，「何か食べる物を持ってきて」と言いたかったのだ。ウェイターはすぐにお茶を一杯持ってきた。アメリカ人が首を振ったので，ウェイターには彼はお茶が欲しいのではないとわかった。そこで彼はそれをさげ，グラスに入った牛乳を持ってきたのだった。アメリカ人はまた頭を振った。彼は今ではとてもおなかがすいていて，不安そうだった。彼がまさにレストランを出ようとしていたそのとき，別の男性が入ってきた。この男はウェイターを見て，おなかに両手を当てた。数分後，彼の前のテーブルには，パンと肉の大きな皿が出てきたのだった。

1＜**適語(句)選択**＞A．have to ～「～しなければならない」の正しい形を選ぶ問題。People from other countries という複数を示す名詞が主語で，文の後半が現在形なので，have to が適切。
E．直前の文でお茶が出てきたとき，アメリカ人は一度頭を振っている。ここでは牛乳が出てきたため「再び」違うと頭を振ったのだから，again が適切。　F．in front of ～ で「～の前に」。

2＜**語形変化**＞(B)前後に was という be動詞と動詞 have の目的語になる his holiday があるので，‘be動詞＋～ing’ の進行形にする。e で終わる単語は e をとって ing を付けること。なお，ここでの have は「過ごす」の意味なので進行形にできるが，‘所有’ を示す「持っている」という意味の場合は通常進行形にはしない。　(C)speak「話す」の後ろなので，言語を表す Italian「イタリア語」にする。　(D)and の後ろに主語 he が省略されている形。文の前半が過去形なので，過去形にする。　sit－sat－sat

3＜**整序結合**＞(あ)レストランで言いたかったことなので，食べ物を頼んだと推測できる。‘something to＋動詞の原形’ で「～する(ための)もの」なので，something to eat で「食べ物」の意味になる。語群に主語になれるものがないので，動詞 bring「～を持ってくる」で始めて命令文にする。「〈人〉に〈物〉を持ってくる」は ‘bring＋人＋物’ あるいは ‘bring＋物＋to/for＋人’ で表せるが，ここでは bring me something to eat となる。　(い)there と was があることから，there was ～「～があった」という文にする。was の後は a large plate とまとめると直後の of bread and meat「パンと肉の～」にうまくつながる。

4＜**適語補充─共通語**＞a cup of ～ で「カップ１杯の～」，a glass of ～ で「グラス１杯の～」。複数形は two cups of coffee「コーヒー２杯」のように入れ物を複数形にする。

5＜**英問英答**＞(1)「人々は『はい』と言いたいとき頭をどうやって動かすか」─「頭を上下に動かす」第１段落第３文参照。質問文の主語が people なので，答えるときはこれを代名詞にした They を主語にすること。　(2)「頭を横に振るとき人はなんと言いたいのか」─「『いいえ』と言いたい」　第1段落第3文参照。(1)と同様に質問文の主語が people なので，これを代名詞にした They を主語にして答えること。　(3)「聞いたり発話したりできない場合，人はどうやって話すか」―「記号や手話の助けを借りて話す」　第1段落終わりから2，3文目参照。

6＜要旨把握＞(1)第3段落第3文参照。これを見て第5文でウェイターは飲み物を持ってきている。(2)第3段落終わりの2文参照。男性がこのしぐさをしたら数分で食べ物が出されている。stomach「お腹，胃」　(3)第3段落終わりの2文で，食べ物が欲しいときのジェスチャーがわかったので，自分もウェイターを呼んで同じ動作をしたと推測できる。

3〔対話文完成―整序結合〕

1．A：ヒロキ，君は毎日どうやって学校に来るの？／B：僕はここには自転車で来るよ。∥Bが by bike「自転車で」と交通手段を答えているので，交通手段を尋ねる疑問文をつくる。「どうやって」how で始め，後ろに疑問文を続ければよい。「学校に来る」come to school を使い，do you come to school とする。　Hiroki, how do you come to school every day ?

2．A：申し訳ございません。スズキはただ今外出中です。／B：そうですか，わかりました。伝言をお願いできますか？∥「～してもいいですか？」の May I ～？で始め，leave a message と続け，残りを「彼に」for him と並べて最後に置く。　May I leave a message for him ?

3．A：のどは乾いていますか？／B：ええ，何か冷たい飲み物が欲しいです。∥まず主語 I に続けて「～が欲しいと思う」の would like を置き，I would like something「何か欲しいです」とする。'something to＋動詞の原形' で「何か～するもの」なので，something to drink とまとめられる。さらにここに cold「冷たい」のような形容詞を入れる場合，-thing の形の代名詞を修飾する形容詞は後ろに置かれるので，something cold to drink とする。　Yes, I would like something cold to drink.

4．A：あなたがデパートで会った女性は誰ですか？／B：私の英語の先生です。∥Bの答えが女性が何者かを説明しているので，「誰なのか」を尋ねる Who を文頭に置いて後ろに疑問文を続ける。Who was the lady「女性は誰だったのか」まで並べると，「あなたが会った」は you met，「デパートで」は at the department store とまとまる。これを続けた you met at the department store を the lady の直後に置けばよい。関係代名詞の目的格が省略された形。　Who was the lady you met at the department store ?

5．A：今週末は何か予定がある？／B：ボランティア活動に参加するつもりだよ。∥週末の予定をきかれているので，未来の予定を表す「～するつもりだ」be going to ～ の文がつくれる。I am going to に続けて，「～に参加する」の意味の take part in ～ を置く。　I am going to take part in the volunteer activity.

4〔適語(句)選択・語形変化〕

1．文の最後が of all the sports「全てのスポーツの中で」となっているので，'the＋最上級' の表現を選ぶ。　「私は全てのスポーツの中で，バスケットボールが一番おもしろいと思う」

2．空所以降が直前の名詞 the doctor を修飾している関係代名詞節になっている。'人' を先行詞とする主格の関係代名詞は who。　take care of ～「～の世話をする，面倒を見る」　「私は病院で私の兄〔弟〕の担当をしてくれた医者を覚えている」

3．without「～なしで，～しないで」は前置詞なので，後ろには名詞または動名詞(～ing)がくる。「彼はさようならを言わずに部屋を出ていった」

4．適切な付加疑問の形を選ぶ問題。肯定文では，カンマの後に‘否定形＋主語を受ける代名詞？’を文末に置く。　「それはここからはとても遠いですよね」

5．主語が this hotel「このホテル」なので，「建てられましたか」と受け身形(‘be動詞＋過去分詞’)の疑問文となる was が適切。　「このホテルはいつ建てられましたか」

5〔和文英訳―適語補充〕

1．「先月」は last month。

2．water「水」は‘数えられない名詞’なので，‘数えられない名詞’が「たくさんの，大量の」の意味の much を入れる。many「たくさんの」は‘数えられる名詞’に使い，a lot of ～ はどちらにも使うことができる。

3．「～しなければならない」は助動詞 must で表せる。

4．命令文に続けて，「…しなさい。さもないと～」と述べるときは‘命令文，or ～’で表す。‘命令文，and ～’は「…しなさい。そうすれば～」の意味になる。

5．be able to ～「～することができる」

6〔書き換え―適語補充〕

1．「あなたはリサの誕生日を知っていますか」→「あなたはリサがいつ生まれたか知っていますか」動詞 know の目的語が「リサはいつ生まれたか」という疑問文になっている間接疑問。間接疑問では‘疑問詞＋主語＋動詞’の語順になる。「いつ」なので when を入れる。

2．「今日はお昼を食べに出かけてはどうですか」　Why don't you ～？は「～してはどうですか？」と‘助言・提案’を表す表現。これは How about ～？「～はどうですか？」で書き換えられる。about は前置詞なので，後ろには名詞または動名詞(～ing)がくる。

3．「ジョンはタナーより背が低い」→「ジョンはタナーほど背が高くない」　‘not as ～ as …’で「…ほど～でない」の意味になる。

4．主語である「この本を読むことは」という部分を to不定詞を使って後ろに持ってきた形式主語構文にする。‘It is ～ (for＋人)＋to …’「(〈人〉が)…するのは～だ」の形。　「この本を読むのはたやすくない」

5．「ジェーンは2か月前に日本に来た。彼女は今でもここに滞在している」→「ジェーンは2か月間日本に滞在している」　「(ずっと)～している」は‘have/has＋過去分詞’の現在完了(‘継続’用法)で表せる。「～の間」のように‘期間’を表す場合は for，「～以来」のようにその動作が始まった過去の一時点である‘起点’を表すときは since を用いる。

2018年度／二松學舍大学附属高等学校

数学解答

1 (1) -5　(2) $\frac{1}{12}$　(3) $-4\sqrt{3}$　(4) 14585

2 (1) $x=-2\pm\sqrt{7}$　(2) $x=-1,\ y=5$　(3) $(a+1)(a-1)(b+1)(b-1)$　(4) 360°　(5) ① $\frac{3}{8}$　② $\frac{3}{8}$

3 (1) 15°　(2) $\frac{8\sqrt{3}}{3}$　(3) $8-\frac{8\sqrt{3}}{3}$

4 (1) 55個　(2) $\frac{1}{2}n(n+1)$個　(3) 505

5 (1) $\frac{1}{2}$　(2) $y=-x+4$　(3) 12　(4) $y=-\frac{3}{2}x+2$

1 〔独立小問集合題〕

(1)＜数の計算＞与式$=7-48\div(5\times2-6)=7-48\div(10-6)=7-48\div4=7-12=-5$

(2)＜数の計算＞与式$=\left\{\frac{1}{8}-\frac{3}{16}+\left(-\frac{1}{32}\right)\right\}\div\left(\frac{5}{8}-\frac{14}{8}\right)=\left(\frac{4}{32}-\frac{6}{32}-\frac{1}{32}\right)\div\left(-\frac{9}{8}\right)=-\frac{3}{32}\times\left(-\frac{8}{9}\right)=\frac{1}{12}$

(3)＜平方根の計算＞与式$=4-4\sqrt{3}+3-(9-2)=4-4\sqrt{3}+3-7=-4\sqrt{3}$

(4)＜数の計算＞与式$=70^2+(70+3)^2+(70-4)^2=70^2+70^2+70\times6+9+70^2-70\times8+16=70^2\times3+70\times(6-8)+25=14700-70\times2+25=14700-140+25=14585$

2 〔独立小問集合題〕

(1)＜二次方程式＞$x+2=\pm\sqrt{7}$　$\therefore x=-2\pm\sqrt{7}$

(2)＜連立方程式＞$3x+2y=7$……(i)，$5x-3y=-20$……(ii)とする。(i)×3より，$9x+6y=21$……(i)′ (ii)×2より，$10x-6y=-40$……(ii)′，(i)′+(ii)′より，$9x+10x=21+(-40)$，$19x=-19$　$\therefore x=-1$ これを(i)に代入して，$-3+2y=7$，$2y=10$　$\therefore y=5$

(3)＜因数分解＞与式$=(a^2b^2-a^2)-(b^2-1)=a^2(b^2-1)-(b^2-1)$と変形して，$b^2-1=X$とすると，与式$=a^2X-X=X(a^2-1)=(b^2-1)(a^2-1)=(b+1)(b-1)(a+1)(a-1)=(a+1)(a-1)(b+1)(b-1)$となる。

(4)＜図形―角度＞右図のように，2つの正三角形のそれぞれの辺の交点をA～Fとすると，$\angle a$～$\angle f$は六角形ABCDEFの外角である。よって，$\angle a$～$\angle f$の和は360°である。

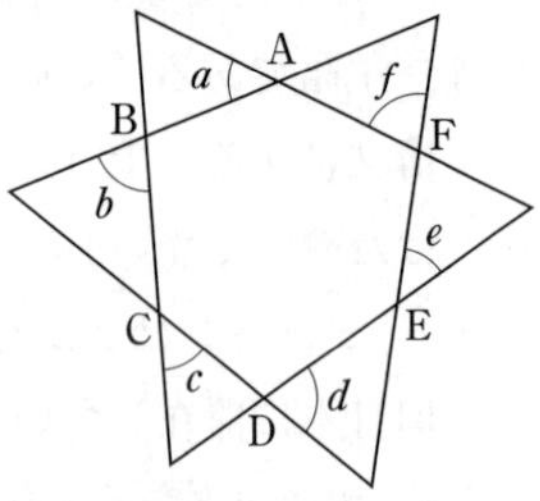

(5)＜確率―コイン＞①コインを3回投げたときのコインの表裏の出方は，$2\times2\times2=8$(通り)ある。このうち，点Pが$x=1$にあるのは，表が2回，裏が1回出るときである。3回のうち，表が1回出る場合は，表が1回目，2回目，3回目に出る3通りある。よって，求める確率は$\frac{3}{8}$である。　②コインを4回投げたときのコインの表裏の出方は，$2\times2\times2\times2=16$(通り)ある。このうち，点Pが原点に戻るのは，表が2回，裏が2回出るときである。このとき，表が2回出る場合は，表が1回目と2回目，1回目と3回目，1回目と4回目，2回目と3回目，2回目と4回目，3回目と4回目に出る6通りある。よって，求める確率は$\frac{6}{16}=\frac{3}{8}$である。

3 〔平面図形―円と三角形〕

≪基本方針の決定≫(2)，(3)　特別な直角三角形の辺の比を利用する。

(1)＜**角度**＞右図のように，直角二等辺三角形 ABC で，頂点Aと斜辺 BC の中点Oを結ぶと，AO⊥BC であり，△OAC は直角二等辺三角形だから，∠OAC $=45^\circ$ となる。また，正三角形 ADE の辺 DE の中点をMとし，辺 DE の垂直二等分線を引くと，この垂直二等分線は円の中心Oと頂点Aを通る。このとき，線分 MA は∠EAD の２等分線となるので，$\angle\mathrm{EAM}=\frac{1}{2}\angle\mathrm{EAD}=\frac{1}{2}\times60^\circ=30^\circ$ となる。よって，$\angle\mathrm{GAC}=\angle\mathrm{OAC}-\angle\mathrm{EAM}=45^\circ-30^\circ=15^\circ$ となる。

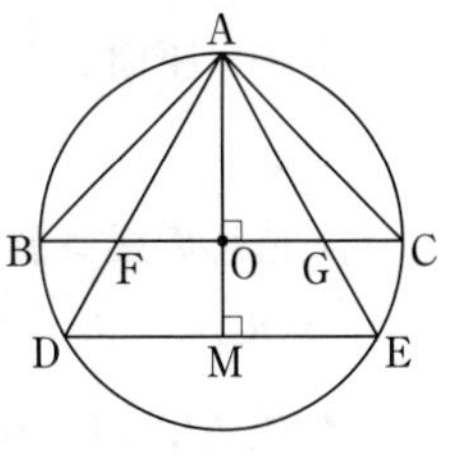

(2)＜**長さ**＞右上図で，$\angle\mathrm{AOB}=\angle\mathrm{AMD}=90^\circ$ より，同位角が等しいことから，BC∥DE である。これより，△AFO は，$\angle\mathrm{AFO}=\angle\mathrm{ADE}=60^\circ$ となるから，３辺の比が $1:2:\sqrt{3}$ の直角三角形である。よって，半径より，$\mathrm{AO}=4$ なので，$\mathrm{AF}=\frac{2}{\sqrt{3}}\mathrm{AO}=\frac{2}{\sqrt{3}}\times4=\frac{8\sqrt{3}}{3}$ である。

(3)＜**面積**＞(2)より，△AFO は３辺の比が $1:2:\sqrt{3}$ の直角三角形だから，$\mathrm{OF}=\frac{1}{2}\mathrm{AF}=\frac{1}{2}\times\frac{8\sqrt{3}}{3}=\frac{4\sqrt{3}}{3}$ である。これより，△ABF の底辺を $\mathrm{BF}=4-\frac{4\sqrt{3}}{3}$ と見ると，高さは $\mathrm{AO}=4$ となる。よって，$\triangle\mathrm{ABF}=\frac{1}{2}\times\left(4-\frac{4\sqrt{3}}{3}\right)\times4=8-\frac{8\sqrt{3}}{3}$ である。

4 〔数と式—数の性質〕

(1)＜**球の個数**＞自然数の番号のついた球は，１段目に１個，２段目に２個，……，９段目に９個，10段目に10個ある。よって，10段目まで並べたとき，球は全部で，$1+2+3+4+5+6+7+8+9+10=55$(個)ある。

(2)＜**球の個数**＞n 段まで並べたときの全部の球の個数を S 個とすると，$S=1+2+3+\cdots\cdots+(n-2)+(n-1)+n$ となる。右図のように，これと，足し算の項を逆から並べたものを書き，同じ順番のものどうしをたすと，それぞれ $n+1$ となるので，$2S=(n+1)\times n$ となる。よって，$S=\frac{1}{2}n(n+1)$ である。

$$\begin{array}{rcccccccccccc} & S= & 1 & + & 2 & + & 3 & +\cdots\cdots+ & (n-2) & + & (n-1) & + & n \\ +) & S= & n & + & (n-1) & + & (n-2) & +\cdots\cdots+ & 3 & + & 2 & + & 1 \\ \hline & 2S= & (n+1) & + & (n+1) & + & (n+1) & +\cdots\cdots+ & (n+1) & + & (n+1) & + & (n+1) \end{array}$$

(3)＜**球の番号の和**＞球を９段まで並べたときの全部の球の個数は，$55-10=45$(個)だから，10段目にある10個の球に書かれている番号は，46～55である。よって，求める球の番号の和は，(2)と同様に考えると，$46+47+48+\cdots\cdots+53+54+55=\frac{1}{2}\times10\times(46+55)=5\times101=505$ となる。

5 〔関数—関数 $y=ax^2$ と直線〕

≪**基本方針の決定**≫(3)　△OAB＝△AOC＋△BOC と考える。　(4)　点Aを通り，△AOC の面積を２等分する直線は，辺 OC の中点を通る。

(1)＜**比例定数**＞右図で，放物線 $y=ax^2$ は B(2, 2) を通るので，$y=ax^2$ に $x=2$, $y=2$ を代入して，$2=a\times2^2$ より，$a=\frac{1}{2}$ である。

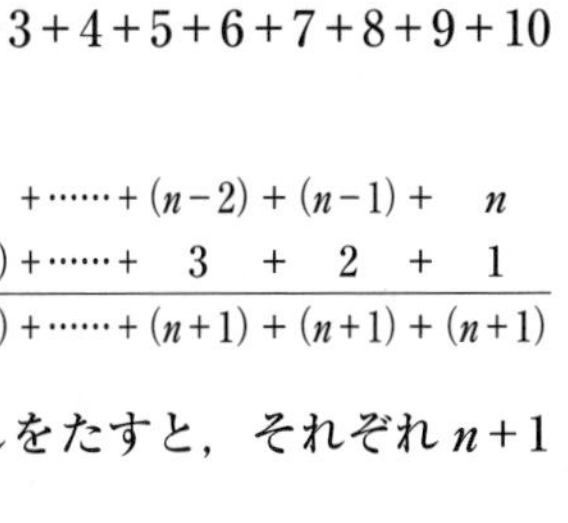

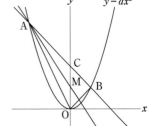

(2)＜**直線の式**＞右図で，直線 AB の傾きは，A(−4, 8)，B(2, 2) より，$\frac{2-8}{2-(-4)}=-1$ となるから，その式を $y=-x+b$ とおく。これが点Bを通ることから，$2=-2+b$ より，$b=4$ となる。よって，求める式は $y=-x+4$ である。

(3)＜**面積**＞右上図で，△OAB を，y 軸で△AOC と△BOC に分け，それぞれの底辺を共有する OC と見ると，直線 AB の切片より，$\mathrm{OC}=4$ である。このとき，それぞれの三角形の高さは，点A,

Bのx座標より，4，2である。よって，△OAB＝△AOC＋△BOC＝$\frac{1}{2}\times4\times4+\frac{1}{2}\times4\times2=12$となる。

(4)**＜直線の式＞**前ページの図で，線分OCの中点をMとして，2点A，Mを通る直線を引くと，OM＝OCより，△AOMと△ACMは底辺も高さも等しいから，△AOM＝△ACMとなる。よって，直線AMが，点Aを通り，△AOCの面積を2等分する直線である。OC＝4より，OM＝$\frac{1}{2}$OC＝$\frac{1}{2}\times4=2$となり，M(0，2)である。これより，直線AMの切片は2だから，その式を$y=mx+2$とおくと，点Aを通ることから，$x=-4$，$y=8$を代入して，$8=-4m+2$より，$m=-\frac{3}{2}$である。したがって，求める直線の式は$y=-\frac{3}{2}x+2$となる。

2018年度／二松學舍大学附属高等学校

国語解答

一　問一　(a)　指摘　(b)　眺　(c)　購入
　　　　(d)　製造　(e)　雰囲気

　問二　A…エ　B…イ　C…カ

　問三　ビルや地下街など，終日人工照明の中で暮らす［こと。］

　問四　安全性　　問五　ウ

　問六　期限をきめる数字　　問七　ウ

　問八　ウ　　問九　エ　　問十　4

　問十一　常に自分で

二　問一　(ア)　わらわ　(イ)　ぜんじ

　問二　ア

　問三　①　睦月　②　一［月］

　問四　エ

　問五　いつもは参上することができない。

　問六　オ

　問七　雪に降りこめられたり

　問八　お召し物を脱いで褒美としてくださった。〔御衣ぬぎてたまへりけり。〕

三　1　A　合　B　会　C　遭
　　2　D　跡　E　後

四　1　千　　2　一　　3　四　　4　百
　　5　万

一〔**論説文の読解―社会学的分野―現代文明**〕出典；中村桂子『科学者が人間であること』「『生きものである』ことを忘れた人間」。

≪本文の概要≫現代の日常生活では，人間は，自分が自然の中の生き物であることを実感できない。この日常を変えるために，私は，まず一人一人が「自分は生きものである」という感覚を持ち，その視点から近代文明を転換する切り口を見つけ，少しずつ生き方と社会を変えることを提案する。例えば，賞味期限を超えた食べ物の安全性を，自分の五感で確認することである。現代では，科学・科学技術のおかげで，安全が保証された形で，食べ物が手に入るようになったが，一方で，科学的に示された数字に，疑いを持たずに従うことが，正しい暮らし方になってしまっている。私たちは，科学を盲信せずに，生き物としての自分の感覚を活用して，自分で安全を確かめるべきなのである。これは，「自律的な生き方」をしようという提案でもある。常に自分で考え，自分の行動に責任を持ち，自律的な暮らし方をすることが，私の考える「生きものとして生きる」ことの第一歩である。

問一＜漢字＞(a)「指摘」は，問題点を明確に指し示すこと。　(b)音読みは「眺望」などの「チョウ」。　(c)「購入」は，支払いをして買い入れること。　(d)「製造」は，原料に手を加えて，商品となるものをつくること。　(e)「雰囲気」は，その場所や人の持つ，独特の気分や空気のこと。

問二＜接続語＞A.「人間は生きものであり，自然の中にある」ということは，「誰もがわかっていること」だが，「現代社会はこれを基盤にしてでき上がっては」いない。　B.「エネルギーだけを脱原発，自然再生エネルギーに転換」と唱えることは，「近代文明社会を一気に変換」しようとする姿勢の一例である。　C.「私」が，近代文明に関して，「生きものとしての感覚を持てるようにするところから転換をはかろうとするなら，生物学に大事な役割が果たせるはずと考えて」いる理由は，「私自身この分野で学んだがゆえに，とくに意識せずに『生きものである』という感覚を身につけることができ，日常をそれで生きていけると実感するから」である。

問三＜文章内容＞現代社会は，「お日さまや空気を感じることなどまったくなし」に，「ビルや地下街など，終日人工照明の中で暮らす」ような環境の社会である。

問四＜文章内容＞現代人は，食べ物の「安全性」の目安として書かれている賞味期限を見て，その数字に従って，食べ物を食べている。

問五＜語句＞「称する」は，～と名乗る，～と名づける，という意味。

問六＜指示語＞科学技術の進歩した現代では，食べ物の安全性を自分で確かめるのではなく，食べ物につけられた「期限をきめる数字」に従うことが，「正しい暮らし方のようになって」しまった。

問七＜文章内容＞私たちは，「自分で考えず」に，他人の決めた賞味期限が食べ物の安全性を，「科学が保証してくれるはず」と盲信して，「数字を鵜呑み」にしている。

問八＜表現＞現代人は，「自分ではまったく科学に触れているわけでは」なく，自分で食べ物の安全性の確認や，賞味期限の決定をすることもなく，「他人任せ」にしている。

問九＜ことわざ＞賞味期限切れのかまぼこを，「すぐには捨てずに鼻や舌を使う」という感覚は，「小さなこと」だが，この小さな一つのことが，他の全てのことにも生かされれば，「かなり生活が変わり，そういう人が増えれば社会は変わるだろう」と思われる。「一事が万事」は，一つの小さな事柄の調子が，他の全ての場合に現れる，という意味。

問十＜文脈＞科学が食べ物の安全を保証してくれることを盲信して，「何も考えず数字を鵜呑みに」するのではなく，人間が「生きものであることを忘れずに，その力を生かすことが必要」である。この生き物としての力というのが，「私たちの五感」である。

問十一＜文章内容＞「日常のあり方を変革し，皆があたりまえに自然を感じられる社会」をつくるためには，まず一人一人が「自分は生きものである」という感覚を持つことから始めるべきである。そして，「『生きものとして生きる』ということの第一歩」は，科学を盲信せず，自分の五感を活用することで，「常に自分で考え，自分の行動に責任を持ち，自律的な暮らし方をすること」である。

二〔古文の読解―物語〕出典；『伊勢物語』八十五。

≪現代語訳≫昔，男がいた。子どもの頃からお仕え申し上げていた方(＝親王)が，髪を下ろして出家なさった。(男は)一月には(出家した親王のもとに)必ず参上した。朝廷に出仕していたので，いつもは参上することができなかった。しかし，昔からの忠誠心を失わないで，参上していたのであった。昔お仕え申し上げていた人が，俗人も僧も，大勢参上し，集まって，一月なので，(親王は，集まった人たちに)特別なことをすると言って，お酒をお与えになった。雪がこぼれるように降って，一日中やまなかった。人々は皆酔っぱらって，「雪に降りこめられている」という題で歌を詠んだ。

あなたのことを思っていても，自分の身を二つに分けることができないので，あなたとお別れしなくてもよいように，雪が降り積もるのは，私の本望です。

と(男が)詠んだところ，親王は，たいそうしみじみと感動なさって，お召し物を脱いで(男に)お与えになった。

問一＜歴史的仮名遣い＞(ア)「童」は，「わらは」と書き，子どものこと。歴史的仮名遣いにおいて語頭以外のハ行は，現代仮名遣いでは，原則として，「わいうえお」と読む。　(イ)「禅師」は，ここでは僧の尊称のこと。

問二＜古文の内容理解＞「御髪おろし給うて」は，髪をそり落として出家なさって，という意味。男のお仕えしていた親王が，出家したのである。

問三＜古典の知識＞①「むつき」は，月の異名で，「睦月」と書く。　②「むつき」は，陰暦の一月を指し示す。

問四＜古語＞「おほやけ」は，ここでは朝廷のこと。皇居や天皇を指し示すこともある。

問五＜現代語訳＞「え～ず」は，～することができない，という意味。したがって「常にはえまうでず」は，いつも参上することはできない，という意味になる。

問六＜古典文法＞「なむ」は，強意の係助詞。係り結びの法則により，「なむ」に呼応して，文末が連体形の「ける」になる。

問七＜古文の内容理解＞雪が激しく降るので，人々は，「『雪に降りこめられたり』といふを題にて」歌を詠み合った。男も同じ題で，「思へども身をしわけねばめかれせぬ雪のつもるぞわが心なる」の歌を詠んだのである。

問八＜古文の内容理解＞男の詠んだ歌に感動した親王は，男に対する褒美として，「御衣ぬぎて」与えたのである。

三〔漢字〕

1．A．「合う」は，一致する，当てはまる，集まって一つになる，という意味。　B．「会う」は，人と面会する，あるいは偶然出くわす，という意味。　C．「遭う」は，良くない出来事を経験する，という意味。　2．D．「跡」は，何かが起こったり，存在したりした場所に残った印のこと。E．「後」は，何かが終わったのちのこと。

四〔四字熟語〕

1．「一騎当千」は，一人で千人と対決できるくらいに，強い力を持っていること。　2．「首尾一貫」は，最初から最後まで方針が変わらず，筋が通っていること。　3．「三寒四温」は，三日寒い日が続き，次に四日暖かい日が続くということが繰り返される天候のこと。　4．「百花繚乱」は，さまざまな花が色とりどりに咲き乱れること。　5．「万古不易」は，いつまでもずっと変わらないこと。

Memo

2025年度用
高校スーパー過去問

■編集人 声の教育社・編集部
■発行所 株式会社 声の教育社
〒162-0814 東京都新宿区新小川町8-15
☎03-5261-5061㈹ FAX03-5261-5062
https://www.koenokyoikusha.co.jp

二松学舎大学附属高等学校

別冊 解答用紙

丁寧に抜きとって、別冊としてご使用ください。

★合格者最低点

2024 年度	2023 年度	2022 年度	2021 年度	2020 年度	2019 年度	2018 年度
186	206	151	171	132	158	171

注意

- ○ 解答用紙は、収録の都合により縮小したものや、小社独自に作成したものもあります。
- ○ 学校配点は学校発表のもの、推定配点は小社で作成したものです。
- ○ 無断転載を禁じます。
- ○ 解答用紙を拡大コピーする場合、表示した拡大率に対応する用紙サイズは以下のとおりです。
  101%～102%＝B5　103%～118%＝A4　119%～144%＝B4　145%～167%＝A3
  (タイトルと配点表は含みません)

２０２４年度　二松学舎大学附属高等学校

英語解答用紙

番号		氏名	

評点	／100

1

1	A		B		C	
2	①		②		⑤	
3	③					
4	④	but　　　cricket and baseball				
	⑥	I　　　in the morning				
5	⑦					
6						
7						

2

1	①				
2	②				
3	③		4	④	
5					
6					

3

1		2		3		4		5	

4

1			2		
3			4		
5					

5

1	!
2	.
3	.
4	?
5	.

（注）この解答用紙は実物を縮小してあります。A３用紙に161％拡大コピーすると、ほぼ実物大で使用できます。（タイトルと配点表は含みません）

学校配点		計
	1　1　各２点×３　2　各３点×３　3　４点　4　各３点×２ 5　４点　6　各３点×２　7　５点 2　1　２点　２～６　各３点×６　3, 4　各２点×10 5　各４点×５	100点

２０２４年度　二松学舎大学附属高等学校

数学解答用紙

番号		氏名		評点	／100

1

(1)

(2)

(3)

(4)

2

(1) $x=$

(2) $x=$, $y=$

(3) $x=$

(4)

(5)

(6) 点

(7) AB＝ cm

3

(1) cm

(2) cm^2

(3) 枚

4

(1) OH＝ cm

(2) EP＝ cm

(3) △OPE：△ABC
：

5

(1) $a=$

(2) C（ , ）

(3) P（ , ）

(注) この解答用紙は実物を縮小してあります。Ｂ４用紙に141%拡大コピーすると、ほぼ実物大で使用できます。(タイトルと配点表は含みません)

学校配点		計
	1～5　各５点×20	100点

二〇二四年度　二松学舎大学附属高等学校

国語解答用紙

番号		氏名	

評点	/100

一

問一 (a)　(b)　(c)　(d)

問二 A　B

問三 C　D

問四 I

問五 II　III

問六

問七

問八

問九

問十

問十一

問十二

二

問一

問二

問三

問四

問五

問六

問七

問八

三

A　B　C　D　E

四

1　2　3　4　5

(注) この解答用紙は実物を縮小してあります。A3用紙に147%拡大コピーすると、ほぼ実物大で使用できます。(タイトルと配点表は含みません)

学校配点	計
一 問一　各1点×4　問二〜問五　各2点×7　問六〜問十二　各4点×8 二 問一、問二　各3点×2　問三〜問八　各4点×6 三、四 各2点×10	100点

２０２３年度　　二松学舎大学附属高等学校

英語解答用紙

番号		氏名		評点	／100

1

1			2	
3				
4	I (　　　　　) (　　　　　) to Harry's home for lunch.			
5				
6				
7	A		B	
8	C		D	
9	❶		❷	
10	(1)		(2)	
11	(1)		(2)	

2

1	①		②	
2	ア		イ	
	ウ		エ	
3	(イ)		(エ)	
4				
5				
6	(1)	(2)	(3)	(4)

3

1		2		3		4		5	

4

1	(　　) (　　)	2	(　　) (　　)	3	(　　) (　　)
4	(　　) (　　)	5	(　　) (　　)		

5

1	1600.
2	.
3	.
4	I'll　　　　.
5	Which　　　　, blue or green?

（注）この解答用紙は実物を縮小してあります。A3用紙に154％拡大コピーすると、ほぼ実物大で使用できます。（タイトルと配点表は含みません）

学校配点		計
	1　1～6　各3点×6　7～10　各2点×8　11　各3点×2 **2**　1　各2点×2　2　各1点×4　3～5　各2点×4　6　各1点×4 **3**　各2点×5　**4**, **5**　各3点×10	100点

2023年度　二松学舎大学附属高等学校

数学解答用紙

番号		氏名	

評点	／100

1

(1)

(2)

(3)

(4)

2

(1) 本

(2) $a=$, $b=$

(3) $x=$

(4) $n=$

(5)

(6) g

(7) BC＝

3

(1)

(2)

(3)

4

(1) AQ＝

(2) △APQ＝

(3) ：

5

(1) $a=$

(2) （ , ）

(3) △ABD＝

（注）この解答用紙は実物を縮小してあります。B4用紙に135%拡大コピーすると、ほぼ実物大で使用できます。（タイトルと配点表は含みません）

学校配点		計
	1～5 各5点×20	100点

二〇二三年度　二松学舎大学附属高等学校

国語解答用紙

番号　　氏名　　評点 /100

一

問一 (a) (b) (c) (d) (e)

問二 A B C

問三 性

問四

問五

問六

問七

問八 ～

問九

問十

問十一

問十二

問十三

二

問一

問二

問三

問四

問五

問六

問七

問八

三

A B C D E

四

A B C D E

(注) この解答用紙は実物を縮小してあります。Ａ３用紙に152%拡大コピーすると、ほぼ実物大で使用できます。(タイトルと配点表は含みません)

学校配点	計
一 問一　各1点×5　問二　各2点×3　問三～問七　各3点×5 問八　4点　問九～問十一　各3点×4　問十二、問十三　各4点×2 二 問一　3点　問二　4点　問三　3点　問四～問八　各4点×5 三、四　各2点×10	100点

２０２２年度　二松学舎大学附属高等学校

英語解答用紙

番号		氏名		評点	／100

1

1							
2							
3	～ not（　　　）food（　　　）～						
4							
5							
6							
7							
8							
9	poverty is（　　　）of（　　　）（　　　）～						
10	（　　　）（　　　）						
11	あ		い		う		え
12	❶		❷		❸		
13	i		ii				
14	X		Y		Z		
15	(1)		(2)				
16							

2

1						
2	～ was（　　　）big that people（　　　）send it!					
3						
4						
5	①		②		③	
6						

3

1		2		3		4		5	

4

1	（　　）（　　）	2	（　　）（　　）	3	（　　）（　　）
4	（　　）（　　）	5	（　　）（　　）		

5

1	I　　　tomorrow.
2	Kate　　　.
3	I've not　　　.
4	The woman　　　.
5	There　　　.

（注）この解答用紙は実物を縮小してあります。A３用紙に161％拡大コピーすると、ほぼ実物大で使用できます。（タイトルと配点表は含みません）

学校配点		計
	1　1～6　各２点×６　７，８　各３点×２ ９～15　各２点×16　16　３点 2　１　３点　２～６　各２点×７ 3～5　各２点×15	100点

２０２２年度　二松学舎大学附属高等学校

数学解答用紙

番号		氏名	

評点	／100

1

(1)

(2)

(3)

(4)

2

(1) $x=$　　, $y=$

(2) $x=$

(3)

(4)

(5) (ア)

(イ)

(6)

3

(1)

(2)

4

(1)

(2)

(3)

5

(1)

(2)

(3)

(4)

（注）この解答用紙は実物を縮小してあります。Ｂ４用紙に135％拡大コピーすると、ほぼ実物大で使用できます。（タイトルと配点表は含みません）

学校配点		計
	1～5　各５点×20	100点

二〇二三年度　二松学舎大学附属高等学校

国語解答用紙

番号　　氏名　　評点　/100

一

問一　(a)　(b)

問二　A　B　C

問三

問四　〜

問五

問六

問七

問八

問九

問十

問十一

二

問一

問二

問三

問四

問五　されど　なり

問六

問七

三

①　②　③　④　⑤

四

Ⅰ　Ⅱ　Ⅲ　Ⅳ　Ⅴ

(注)　この解答用紙は実物を縮小してあります。Ａ３用紙に149%拡大コピーすると、ほぼ実物大で使用できます。(タイトルと配点表は含みません)

学校配点	
一 問一、問二　各2点×5　問三　4点　問四〜問七　各5点×4 問八〜問十　各4点×3　問十一　各2点×2 二 問一　4点　問二　3点　問三　4点　問四、問五　各3点×3 問六、問七　各5点×2 三、四　各2点×10	計　100点

２０２１年度　二松学舎大学附属高等学校

英語解答用紙

番号		氏名		評点	／100

1

1				
2	At first　　,			
3				
4				
5				
6				
7				
8				
9	i	ii	iii	iv
10	X	Y	Z	
11	ア		イ	
	ウ		エ	
12	(1)	(2)	(3)	(4)

2

1			
2			
3	③A	③B	
4			
5	ア	イ	ウ
6	X	Y	
7			
8	1　(　　　), (　　　) (　　　).		
	2　(　　　), (　　　) (　　　).		

3

1		2	
3		4	
5			

4

1		2	
3		4	
5			

5

1	2	3	4	5

（注）この解答用紙は実物を縮小してあります。A３用紙に161％拡大コピーすると、ほぼ実物大で使用できます。（タイトルと配点表は含みません）

学校配点		計
	1　1　３点　２～５　各２点×５〔３は各２点×２〕　６　３点 ７　２点　８　３点　９～11　各２点×11　12　各１点×４ 2　１～３　各２点×４　４　３点　５，６　各２点×５ ７　３点　８　各２点×２ 3，4　各２点×10　5　各１点×５	100点

２０２１年度　　二松学舎大学附属高等学校

数学解答用紙

番号		氏名		評点	／100

1

(1)

(2)

(3)

(4)

2

(1) $x=$

(2)

(3) $x=$

(4) $x=$　　, $y=$

(5)

(6) BF：FD
：

(7) g

3

(1)

(2)

(3) △OAB：△OBP
：

4

(1)

(2)

(3) 1番目　　2番目

←選択した問題番号を記入して下さい。

(1)

(2)

(3)

（注）この解答用紙は実物を縮小してあります。Ｂ４用紙に141％拡大コピーすると、ほぼ実物大で使用できます。（タイトルと配点表は含みません）

推定配点		計
推定配点	1～5・6　各５点×20 ※5・6はいずれか１題選択	100点

二〇二二年度　二松学舎大学附属高等学校

国語解答用紙

番号　　氏名　　評点　/100

一

問一　問二　問三

問四　問五　③　⑤

問六

問七　問八　問九

問十　思想。

問十一　問十二

二

問一　問二

問三　問四

問五　問六

問七　問八

三

A　B　C　D　E

四

A　B　C　D　E

（注）この解答用紙は実物を縮小してあります。Ａ３用紙に147%拡大コピーすると、ほぼ実物大で使用できます。（タイトルと配点表は含みません）

学校配点	計
一 問一 3点 問二 4点 問三〜問五 各3点×4 問六 5点 問七、問八 各4点×2 問九 5点 問十 6点 問十一 4点 問十二 3点 二 問一 3点 問二 4点 問三 3点 問四〜問八 各4点×5 三、四 各2点×10	100点

２０２０年度　二松学舎大学附属高等学校

英語解答用紙

番号		氏名		評点	／100

1

1							
2	②			④			
3	crops						
4							
5	⑥			⑨			
6							
7							
8							
9	あ		い		う		
10	(A)			(B)			
11	ア		イ		ウ		
12	(1)		(2)		(3)		(4)

2

1	①		③		⑤		⑥
2	②	It　　and of course it's very cold.					
	④	He　　with a big smile all the time.					
3							
4	(1)						
	(2)						

3

1		2		3		4		5	

4

1			2		
3			4		
5					

5

1		①	
2		②	
3		③	
4		④	
5		⑤	

（注）この解答用紙は実物を縮小してあります。A３用紙に164％拡大コピーすると、ほぼ実物大で使用できます。（タイトルと配点表は含みません）

学校配点		計
	1　1　3点　2　各２点×２　3，4　各３点×２ 5　各２点×２　6～8　各３点×３　9～12　各２点×12 2　1～3　各２点×７　4　各３点×２ 3　各２点×５ 4，5　各１点×20〔4，5はそれぞれ各１点×10〕	100点

２０２０年度　　二松学舎大学附属高等学校

数学解答用紙

番号		氏名	

評点	／100

1

(1)

(2)

(3)

(4)

2

(1) 男子　　人・女子　　人

(2)

(3)

(4) $x=$

(5) $x=$　　　，$y=$

(6) 　　　cm^2

3

(1) 　　枚

(2) 　　枚

(3) 　　枚

4

(1) 　　cm

(2) 　　cm

(3) AQ：QE
　　　：

5

(1)

(2)

(3)

(4) (　　　,　　　)

(注) この解答用紙は実物を縮小してあります。B４用紙に135%拡大コピーすると、ほぼ実物大で使用できます。(タイトルと配点表は含みません)

学校配点	1～5　各５点×20	計
		100点

二〇二〇年度　二松学舎大学附属高等学校

国語解答用紙

番号　　氏名　　評点 /100

一

問一 (a) (b) (c) (d) (e)

問二

問三 2 3 4

問四

問五

問六

問七

問八

問九 ① ④ ⑧

二

問一

問二 道

問三

問四

問五

問六 ⑥ ⑧

問七

問八

問九

三

1 2 3 4 5

四

1 2 3 4 5

(注) この解答用紙は実物を縮小してあります。Ａ３用紙に154%拡大コピーすると、ほぼ実物大で使用できます。(タイトルと配点表は含みません)

学校配点	
一 問一～問三　各2点×9　問四～問七　各5点×4 問八、問九　各3点×4 二 問一　3点　問二、問三　各4点×2　問四、問五　各3点×2 問六　各2点×2　問七～問九　各3点×3 三、四　各2点×10	
計	100点

2019年度　二松學舍大学附属高等学校

英語解答用紙

番号		氏名	

評点	／100

1

1	あ		い		2		3
4	He is〔　　〕〔　　〕as I am.						
5							
6							
7							
8		9		10	A	B	
11	と						
12	(1)						
	(2)						

2

1		2		
3	あ		い	
	う			
4				
5	え			
	お			

3

1		2		3		4	

4

1	
2	
3	
4	

5

1			2		
3			4		

6

（注）この解答用紙は実物を縮小してあります。A3用紙に159％拡大コピーすると、ほぼ実物大で使用できます。（タイトルと配点表は含みません）

推定配点		計
	1　1～3　各2点×4　4～9　各3点×6 10, 11　各2点×4　12　各3点×2 2　1～4　各2点×6　5　各4点×2 3～5　各3点×12　6　4点	100点

２０１９年度　　二松學舍大学附属高等学校

数学解答用紙

番号		氏名	

評点	／100

1

(1)

(2)

(3)

(4)

2

(1) m

(2)

(3)

(4) $a=$

(5) PQ＝

(6) $x=$ 　　, $y=$

(7)

3

(1)

(2)

(3) 段　　番目

4

(1) FG：GB＝　　：

(2) ∠AFB＝　　°

(3) $S=$

5

(1) (　　,　　)

(2)

(3) $a=$

（注）この解答用紙は実物を縮小してあります。B４用紙に135％拡大コピーすると、ほぼ実物大で使用できます。（タイトルと配点表は含みません）

学校配点		計
	1～5　各５点×20	100点

二〇一九年度　二松學舍大学附属高等学校

国語解答用紙

番号　　氏名　　評点　／100

一

問一　a　b　c　d

問二

問三　A　B　C　D

問四

問五

問六

問七　という恩恵

問八

問九

問十

問十一

問十二

二

問一

問二

問三

問四

問五

問六

問七

問八

問九

三

①　②　③　④　⑤

四

①　②　③　④　⑤

学校配点	
一 問一　各2点×4　問二　3点　問三　各2点×4　問四、問五　各4点×2 問六　3点　問七　4点　問八～問十一　各3点×4　問十二　4点 二 問一　3点　問二　4点　問三　3点　問四　4点　問五　3点 問六、問七　各4点×2　問八　3点　問九　2点 三、四　各2点×10	
100点	計

（注）この解答用紙は実物を縮小してあります。Ａ３用紙に152%拡大コピーすると、ほぼ実物大で使用できます。（タイトルと配点表は含みません）

２０１８年度　二松學舍大学附属高等学校

英語解答用紙

番号		氏名		評点	／100

1

1		2	
3 ア			
3 イ			
3 ウ			
3 エ			
4 ①			
4 ②			
5	Steve was〔　　〕ill〔　　〕he〔　　〕prepare for something		

6	a		b		c	

2

1	A		E		F	
2	B		C		D	

3 あ	
3 い	
4	
5 (1)	
5 (2)	
5 (3)	
6 (1)	
6 (2)	
6 (3)	

3

1		2		3		4		5	
6		7		8		9		10	

4

1		2		3		4		5	

5

1		2		3	
4		5			

6

1		2		3	
4		5			

（注）この解答用紙は実物を縮小してあります。A３用紙に164％拡大コピーすると、ほぼ実物大で使用できます。（タイトルと配点表は含みません）

学校配点		計
	1　1　3点　2～6　各2点×11　2　各2点×15 3　各1点×10　4　各2点×5 5　各3点×5　6　各2点×5	100点

２０１８年度　二松學舍大学附属高等学校

数学解答用紙

番号		氏名		評点	／100

1

(1)

(2)

(3)

(4)

2

(1) $x=$

(2) $x=$　　　, $y=$

(3)

(4)

(5) ①

②

3

(1) ∠GAC=　　　°

(2) AF=

(3) $S=$

4

(1)

(2)

(3)

5

(1) $a=$

(2)

(3) $S=$

(4)

（注）この解答用紙は実物を縮小してあります。Ｂ４用紙に130％拡大コピーすると、ほぼ実物大で使用できます。（タイトルと配点表は含みません）

推定配点		計
	1～5　各５点×20	100点

二〇一八年度　二松學舍大学附属高等学校

国語解答用紙

番号　氏名　評点 /100

一

問一　(a)　(b)　め　(c)　(d)　(e)

問二　A　B　C

問三　こと。

問四　問五

問六　問七

問八　問九　問十

問十一

二

問一　(ア)　(イ)

問二

問三　①漢字　②月

問四

問五

問六

問七

問八

三

1　A　B　C

2　D　E

四

1　2　3　4　5

学校配点	
一 問一　各2点×5　問二　各3点×3　問三、問四　各4点×2 問五　3点　問六　4点　問七～問十　各3点×4　問十一　4点 二 問一　各2点×2　問二～問四　各3点×4　問五　4点 問六、問七　各3点×2　問八　4点 三、四　各2点×10	
100点	計

(注) この解答用紙は実物を縮小してあります。Ａ３用紙に147%拡大コピーすると、ほぼ実物大で使用できます。(タイトルと配点表は含みません)

Memo

Memo